정책의
배신

좌파 기득권 수호에 매몰된
대한민국 경제 사회 정책의 비밀

정책의
배신

윤희숙 지음

21세기북스

기득권 수호에 매몰된
지금의 정책을 말하다

우리나라는 지금 전환기입니다. 더 정확히 말하자면 전환이 요구되는데도 힘껏 버티는 전환 저항기라 할 수 있습니다. 흔히 전환기라 하면, 통상 환경이나 세계 질서가 변하고 기술이 진보하는 것을 언급하는 경향이 있지만, 우리나라는 국내적 환경 변화만 해도 가히 대전환기라 할 만합니다. 그런데도 사회 전반의 규칙을 정비하지 않고 버티는 바람에 고통을 받는 것은 우리의 청년들입니다.

전환기란 한 시대가 끝나고 다음으로 넘어가는 시기라는 뜻입니다. 고도성장기가 종료됨에 따라 사회 전반의 모든 기회가 대폭 줄었습니다. 경제가 활발하게 성장할 때는 기회도 많았고, 미래에도 여전히 사정이 좋을 거라고 기대했기 때문에 잡은 기회를 그만 내려놓으라고 이야기하는 사람도 없었습니다.

그런 시기에 많은 제도와 사회적 규칙이 만들어졌습니다. 대표적으로 노동시장이 그렇습니다. 청년들이 들어가기 원하는 대기업이나 공공 부문은 한번 진입하면 철밥통이라 불릴 만큼 보호되고, 보수도 시간의 흐름에 따라 따박따박 자동으로 올라가 노동비용이 크게 증가합니다.

예전에는 경제가 빠르게 성장해 신규 고용의 필요성이 지속되었기에 이런 구조가 무리 없이 운용될 수 있었습니다. 그러나 경제성장이 구조적으로 꺾였는데도 이런 구조를 유지하고 있으니 청년들이 비집고 들어갈 틈이 너무나 좁습니다. 예전에 자리 잡은 사람과 바깥에 줄을 서 있는 사람 간에 어떤 경쟁도 허용되지 않는 구조입니다. 과거 세대보다 더 많이 교육받고 기술 변화에도 밝은 청년들에게는 답답하기 짝이 없는 상황입니다.

그런데도 최근 만들어진 정책들은 청년을 더욱 희생시키는 내용들입니다. 최저임금의 대폭 인상이나 연금 개혁안, 정년 연장안 등이 대표적입니다. 그렇다고 기성세대에게 마냥 유리한 것도 아닙니다.

이런 구조적 병목으로 경제가 활력을 잃어가고 제도의 지속가능성이 망가지니 국민의 입장에서도 유리할 것이 없습니다. 기성세대 중에서도 과하게 보호받고 있는 이들, 그리고 그들의 조직력을 활용해 정치적 자산으로 삼는 정치 세력에게만 좋은 일일 뿐이지요.

그런데 이런 청년 차별적 불공정 규칙들에 대해 정작 당사자들이 문제를 제기하고 해결을 촉구하는 움직임은 별로 없습니다. 어쩌면 이는 자연스러운 일입니다. 자기 앞가림이 절실한 청년들로서는 아무리 좁은 입구라도 일단 뚫고 나가는 데 매진할 수밖에 없습니다. 노량진에서 몇 년씩 하급 공무원 시험을 준비하는 젊은이들, 아르바이트와 비정규직 일자리를 전전하며 결혼도 연애도 기약 없이 미뤄두는 젊은이들에게 현실을 넘어선 고민은 사치입니다.

그러나 이 상황을 타개하기 위해서는 왜 이렇게 입구가 좁은지, 연령이나 세대와 관계없이 각자가 가진 장점과 특징으로 경쟁하고 협력하는 것이 왜 불가능한지를 질문하는 젊은이도 있어야 합니다. 마음이 아무리 공정하고 반듯한 기성세대라도 각자의 삶 또한 팍팍하다고 느끼는 만큼 본인들에게 불리한 개혁을 위해 목소리를 높이기는 어려울 테니 말입니다.

사실 무엇이 문제인지를 정확히 인식하는 것 자체가 어렵습니다. 이 구조를 유지하기 위해 뭉친 세력에게 맞서기 힘든 가장 큰 이유는 미래를 어둡게 하는 정책일수록 사실이 어떻고, 이슈의 구조와 배경이 무엇인지 알기 어렵다는 점입니다.

변화하는 세상 속에서 오래전에 합리성을 잃어버린 각종 규칙들이 지속적으로 유지되는 것은 그것을 유지시킴으로써 이득을 보는 세력이 있기 때문입니다. 그리고 바로 그런 이유에서 누구를 희생시켜 누구의 이해를 추구하는지를 덮는 논리도 잘 개발되어 있기 마련입니다.

더구나 청년이 느끼는 좌절과 분노는 누군가에게는 편리한 정치적 자산입니다. 자칫 주의를 놓치면 그 분노의 에너지는 중구난방으로 폭발한 뒤 휘발되거나 엉뚱한 곳에 이용됩니다. 선거 때는 청년들에게 분노해야 한다고 부추기는 세력들이 막상 정권을 잡은 뒤엔 기득권 유지로 방향을 트는 것도 이 때문입니다.

정보와 지식의 접근성에서 불리한 위치에 있는 청년세대가 이런 구조의 본질을 명확히 이해하도록 돕는 것이 이 책의 목표입니다. 특히 최근에 시행된 주요 정책들은 우리 경제에 큰 타격을 입혔고, 이는 과거 개혁 세력을 자처했던 이들이 기득권을 수호하는 세력으로 변해버린 상황을 여실히 보여줍니다.

대표적으로 노조가 그렇습니다. 1987년 민주화 투쟁의 결과물을 직접 등에 업고 민노총이 태어났고, 이들을 중심으로 대기업의 노동귀족이 형성되었습니다. 이들은 본인들에게 유리하도록 제도 개혁을 막아냄으로써 공공 부문과 대기업이라는 좁고 쾌적한 영토를 본인들만의 것으로 만들고 진입로를 폐쇄해버렸습니다.

정치권에 입성한 '386세대'도 강력한 개혁 저지 세력입니다. 이들은 과거에 쌓은 막대한 평판 자본을 바탕으로 사회적 담론을 선점함으로써 지금 청년들에게 필요한 개혁을 미루고 저지하는 논리를 생산하고 있습니다. 노조와 정치권력이 서로를 자산으로 삼아 긴밀히 협력하면서 진입로를 열어달라는 요구를 효과적으로 차단하고 있는 것입니다.

박근혜 정부와 문재인 정부에서 공통적으로 국민들의 가장 큰 공분을 산 사건이 권력층 자녀의 편법 대학 입학이라는 점도 중요한 함의를 갖습니다. 가정환경의 차이가 부모의 능력과 인적 네트워크라는 강력한 도구와 결합해 교육 기회, 일자리 기회의 격차를 만들어 평생의 격차로 이어지는 구조가 고착화되었다는 게 명확해졌습니다. 스스로의 노력과 재능으로 무엇이든 될 수 있다는 희망을 다음 세대에게 말하기가 부끄러워진 것입니다.

그러니 진보가 무엇을 의미하는지에 대한 중요한 질문이 우리 앞에 놓여 있습니다. 노조 권익을 옹호하는 것이 예전처럼 사회가 진보하는 길과 같은 방향이기는커녕 정면으로 거스르게 된 이상, 과거 80년대 식의 계급론적 관점에 묶여 이들을 보호하는 정치권력도 수구이고 퇴행일 뿐입니다.

과거의 진보 이력도 현재 그들의 기득권적 행태 앞에서는 아무런 의미가 없습니다. 무엇이 퇴행이고 무엇이 진보인지를 판단하는 가장 쉬운 기준은 '아무런 기반이 없는 진입 희망자들이 기존에 자리 잡은 사람과 동등하게 경쟁할 수 있도록 판을 고치는 데 얼마나 적극적인가'입니다. 그러니 진입로를 넓혀 모두에게 공정하게 경쟁할 기회를 주어야 한다는 주장에 반대하는 이들은 스스로를 무어라 부르든 사회 진보의 장애물일 뿐입니다.

그러나 이들 기득권자들이 담합해 변화에 저항하는 이상, 한 시대를 퇴장시키는 것이 쉬울 리 없습니다. 진정한 진보를 다시 세우기 위해서는 미래지향의 명확한 관점과 에너지가 필요합니다. 그리고 이런 구조에서 고통받는 청년들이야말로 그것을 가능하게 만들 에너지를 가진 사람입니다. 가장 중요한 것은 마땅히 분노해야 할 청년들이 그 에너지를 기득권을 허물고 젊은 세대와 미래세대의 기회를 넓히는 개혁으로 연결시킬 수 있어야 한다는 점입니다.

이 책은 청년들에게 지대한 영향을 미치는 주요 정책과 관련된 사실과 배경들을 설명함으로써 현재의 정책 기획이 얼마나 기득권 수호에 매몰되어 있는지를 보여줍니다. 불확실하고 복잡한 글로벌 경제를 살아가야 하는 어마어마한 도전을 직면하고도 그간 우리가 얼마나 제대로 된 방향도 없이 '묻지 마' 식의 따라쟁이 정책을 펴 왔는지도 솔직하게 기술했습니다.

또한 학술적 논의도 간단하게나마 담아내려고 노력했습니다. 학계와 각국의 정책 서클이 그동안 쌓아온 지식과 공감으로부터 우리의 정책이 얼마나 동떨어져 있는지를 알면 무엇이 얼마나 비틀려 있는지가 훨씬 명확해지기 때문입니다.

2020년 3월
윤희숙

| 차례 |

머리말 기득권 수호에 매몰된 지금의 정책을 말하다 … 4

1부 대한민국을 병들게 한 6가지 정책

1장 최저임금─경제적 약자를 외면하다

최저임금, 무조건 오른다고 좋은 것은 아니다 … 17
어려운 사람을 더 어렵게 하는 최저임금 인상 … 21
모두를 위한 최저임금 정책이려면 … 24
최저임금과 일자리, 그 균형을 찾아서 … 28
최저임금 1만 원의 모순 … 33
누구는 받고, 누구는 받지 못하는 최저임금 … 38
이전투구장이 되어버린 최저임금위원회 … 41
이제는 틀을 깰 때 … 47

2장 주 52시간제─현실과 멀어진 장시간 근로 개선 정책

경제를 악화시킨 주범, 주 52시간제 … 51
20세기와 21세기 근로시간 단축의 차이 … 57
근로자에 따른 탄력적 정책이 필요할 때 … 60
근로시간이 줄어도 일자리는 늘지 않는다 … 65
근로시간, 1주가 아닌 1년을 보라 … 67
유연성이 필요한 이유 … 70
대한민국 근로시간 규제의 흐름과 문제점 … 73
벼랑 끝에 내몰린 중소기업 … 76
근로시간 규제, 이념이 아니라 미래를 봐야 한다 … 81

3장 비정규직 대책—정규직 전환이 좋은 일자리 창출이라는 환상

  비정규직 제로, 근로자에게는 오히려 손해 … 85
  노동시장의 이중구조란? … 89
  정규직과 비정규직 사이의 균형 … 93
  모호해지는 정규직과 비정규직의 경계 … 96
  고용보호법제의 내용과 한계 … 98
  노동시장의 이중구조화가 심화된 이유 … 102
  사회에는 비정규직이 필요하다 … 108
  정규직과 비정규직, 어떻게 보호해야 할까 … 111

4장 국민연금—미래세대의 무거운 어깨

  지금의 국민연금 정책은? … 117
  국민연금의 민낯 … 120
  선진국 연금의 실패 사례를 배워서는 안 된다 … 125
  고령화 흐름 속에서 더욱 절실해진 연금 개혁 … 128
  국민연금은 왜 위기에 봉착했을까 … 133
  소득대체율, 높이는 게 답일까? … 137
  정부는 무엇을 해결하고 있는가 … 141
  노조가 연금 정책을 좌우하는 구조 … 143
  지속가능한 국민연금을 향해 … 147

5장   정년 연장―청년도 중장년도 힘들다

소수를 위한 정년 연장 … 151
정년제도는 왜 존재하는가 … 156
임금피크제로 해결될 것인가 … 157
정년 연장이 청년 취업에 미치는 영향 … 160
연공급의 맹점 … 161
왜 연공급인가 … 163
형평성을 무너뜨린 연공급 … 166
고령자 고용 연장, 기피 원인부터 없애야 … 170

6장   신산업 정책―왜 환대받지 못하는가

뒤로 밀려난 신기술의 자리 … 177
기술혁신은 왜 불법이라고 홀대받나 … 181
신산업의 싹을 자른 택시제도 개편안 … 185
택시제도 개편안은 미래로부터의 후퇴 … 191
진정한 상생의 의미 … 193
방향을 잃은 산업 정책 … 196
상생을 위한 산업 정책이란 … 200

2부 재정·복지·분배, 시대를 읽어라

1장 재정 정책―청년에게 떠안긴 나라 빚

　국가 재정에 들어온 적신호 … 207
　큰 정부, 작은 정부의 공허한 대립 … 211
　국가 재정 관리의 어려움 … 214
　국채 비율은 어느 정도가 안전한가 … 218
　대한민국 재정 정책의 흐름 … 226
　우리나라의 재정은 지금 어떤 수준일까 … 230
　미래세대를 희생시키는 일은 없어야 한다 … 235

2장 모방형 복지―선진국 따라쟁이 대한민국

　후진국 콤플렉스, 무조건 따라하기 … 239
　복지 지출 때문에 골머리 앓는 OECD 국가들 … 243
　보편 복지, 모방이 아닌 핵심을 살려야 한다 … 247
　기본 소득, 청년을 위하지 않은 청년 지원 정책 … 252
　사전 분배와 재분배의 균형과 방향 … 259

3장 소득 불평등 대책―일자리 기회부터 넓혀라

　소득 불평등 문제는 무엇인가 … 263
　소득 불평등 문제, 평가는 제각각 … 267
　고도성장기 소득분배 개선의 비밀 … 270
　소득분배 악화의 요인 … 273
　소득분배 개선, 아직 갈 길이 멀다 … 276
　임금격차를 줄이면 소득 불평등이 완화될까 … 278
　일자리가 복지이자 불평등 대책이다 … 281
　불평등 심화를 막아라 … 283
　소득 불평등 대책이 나아갈 길 … 290

　맺음말 대한민국, 이제는 구조 개혁 요구에 응답할 때다 … 293

　주석 … 297

1부 /

대한민국을
병들게 한
6가지 정책

1장

최저임금—
경제적 약자를
외면하다

최저임금, 무조건 오른다고
좋은 것은 아니다

/

얼마 전 택시 안에서 들은 방송 내용입니다. 또랑또랑한 양희은 씨의 목소리로, '취준생(취업준비생)' 딸에게 보험을 들어주었다가 면박당한 엄마의 사연이 흘러나왔습니다. 취직을 못하는 스트레스로 몸무게도 꽤나 불고, 정신과 치료까지 받는다는 딸의 이야기를 전하며 엄마는 그저 예전처럼 살가운 모녀 사이로 돌아갈 수 있다면 좋겠다고 푸념했습니다.

그 엄마의 심정이 안타까워 나도 모르게 "저걸 어째!" 하는 소리가 흘러나왔습니다. 그때 택시기사님이 덤덤하게 자기 아들도 그렇다면서, 취업이 안 되니 콤플렉스만 쌓여 인간관계까지 망가지는 게 뻔히 보이는데 도울 길이 없다고 하시더군요. 아르바이트라도 하면 활기라도 있을 텐데, 요즘에는 인건비 부담 때문에 사람을 안 쓰니 그것도 어렵다며 우울해하셨습니다.

왜 이렇게 갑자기 일자리가 얼어붙었을까요. 미래 먹거리 산업은 좀처럼 새롭게 떠오르지 않고 고령화는 빠른 데다 구조 개혁은 제자

이렇게까지 결과를 잘못 예측하는 것도 어쩔 수 없는 오차 범위에 들어가는 걸까요? 무엇보다 이런 혼란과 갈등을 무릅쓸 정도로 최저임금 대폭 인상이 정말 필요한 조치였던 걸까요?

최저임금 대폭 인상이 얼마나 적절한 정책이었는지는 사실 복잡하거나 애매한 문제가 아닙니다. 최저임금 인상이 경제가 충격을 흡수하지 못해 고용을 떨굴 정도로 급격하지 않아야 한다는 것은 전문가가 아니어도 대부분의 사람들이 알고 있는 상식이고, 사실상 이는 모든 나라마다 최저임금 인상 시 가장 우선으로 고려하는 원칙입니다.

무엇보다 최저임금 인상폭의 적절성을 판단하기 위해서는 몇 가지 분명한 점검 포인트가 있습니다. 최저임금의 현재 수준이 얼마나 낮은지, 즉 경제가 얼마나 인상 여력이 있는지가 중요합니다. 최저임금 인상의 수혜자가 정책의 의도대로 어려운 사람인지, 최저임금 인상의 효과가 잘 나타날 수 있는 경제구조인지를 파악하는 것도 중요합니다.

이런 문제들을 검토한 결과와 최저임금 정책이 심하게 어긋난다면 결정구조에 심각한 문제점이 있는 게 아닌지 점검해야 합니다. 비합리적인 수준의 인상이라면 그런 비합리성이 발생하는 구조적 원인이 있는 법이니까요.

최근 우리나라의 최저임금 인상은 어떤 각도에서 보더라도 전문가들이 도저히 논거를 찾기 어려울 정도로 높습니다. OECD조차 말을 돌리고 돌려 표현하긴 했지만 '유례없이 높은' '신중해야' 등의 코멘트를 했을 정도입니다. 누가 보아도 한국의 경제 상황이 이 정도의 인상을 흡수할 수 있다고 보기는 어렵습니다.

그렇다면 이런 결정이 합리적인 범위를 얼마나 넘어서고, 도대체 무엇 때문에 이런 일이 벌어졌는지를 제대로 따져볼 필요가 있습니다. 특히 어려운 사람을 돕는다고 표방해놓고 사실상은 다른 그룹이 수혜를 보는 구조라면, 그 왜곡의 발생 원인을 명확히 인식하는 것이 그것을 시정하기 위한 첫 단계일 테니까요.

명심해야 할 것은, 그게 누구라 하더라도 특정 그룹의 이해가 사회의 약자들을 압도할 만큼 중요시되어서는 안 된다는 점입니다. 누군가의 이해를 밀어붙이기 위해 경제활동을 시작해 한참 일을 배워야 할 청년들이 집에서 우울증을 앓는 상황을 만드는 것은 정당화될 수 없습니다.

특히 지난 3년간 우리 사회에 나타난 문제가 원래부터 그다지 필요치도 않은 정책 때문이었다면, 이것은 정책을 만들고 시행한 사람들로서는 매우 떳떳하지 못한 일이며, 언제고 그들에게 책임을 물어야 하는 문제입니다.

어려운 사람을 더 어렵게 하는
최저임금 인상

/

최저임금을 대폭 인상하는 것에 호의적인 이들은 "어려운 사람을 돕고 살아야죠"라고 말합니다. 정이 많은 우리나라 사람들로서는 최저임금이라는 단어 자체에 공감하고, 약간의 불편함이 있더라도 어려운 사람들을 위해 참아야 한다고 생각하는 게 당연합니다. 사실 최저임금 인상을 합리화하기 위해 관련자들이 가장 자주 언급하는 목표도 '빈곤 완화와 분배 개선'입니다.

임금이란 노동시장의 가격신호이므로 정부가 개입해 이를 인위적으로 조작하면 경제가 제대로 작동하기 어렵다는 것은 잘 알려져 있습니다. 신호등이 교통 상황을 잘 반영해야 신호에 따라 움직이는 게 안전하고 효율적일 수 있기 때문입니다. 따라서 정부가 강제로 임금 수준을 정하는 게 일반적으로 바람직하지 않다는 것은 모두 인정하지만, 어려운 이들을 배려한다는 사회적 목표를 위해 시장 왜곡을 어느 정도 용인한다는 게 최저임금 정책의 존재 이유이기도 합니다.

그런데 문제는 최근 수십 년간의 경제구조 변화로 인해 최저임금 제도가 최초로 만들어진 20세기 전반과는 매우 다른 상황이 전개되고 있다는 점입니다. 주로 최저임금이 효과적으로 빈곤을 완화할 수 있는지의 여부가 크게 변화했습니다. 이는 인구구조와 경제구조 그리고 경제활동 패턴 변화로 인해 각 가정에서 최저임금 근로자가 감당해야 하는 역할이 달라졌기 때문입니다.

과거 한 가구당 남성 가장 한 명이 노동시장에 참여해 가족을 부양하던 시기에는 최저임금 인상이 가구소득 격차를 축소하고 빈곤을 완화하는 주요 수단으로서의 효과가 컸습니다. 유일한 소득자인 아버지의 임금 수준이 곧 가구원의 복지 수준이어서 아버지의 임금이 낮을 경우 그것을 억지로라도 끌어올리면 직접적으로 빈곤 가구의 소득을 향상시키는 효과를 볼 수 있었으니까요.

그러나 현대의 노동시장에 나타난 가장 큰 변화는 저임금 근로자를 빈곤층으로 보기 어렵다는 점입니다. 우리나라 역시 현재 최저임금 근로자 중 빈곤층에 속하는 비율이 30% 정도밖에 되지 않습니다. 이렇게 저임금 근로자와 빈곤층 간의 일치율이 낮아진 이유는 무엇보다 각 가구에서 소득을 창출하는 사람의 수가 다양해졌기 때문입니다.

예를 들어 여성의 교육 수준과 경제활동 참가율이 높아짐에 따라 맞벌이 부부가 보편화되었습니다. 게다가 서비스업의 비중이 높아지면서 작업의 형태도 예전 제조업 중심의 경제와 사뭇 달라졌습니다. 모든 근로자들이 같은 시간, 같은 공간에 모여 작업하던 제조업과 달리, 사용자나 근로자의 사정에 따라 단시간의 선택적 근로가 가능해진 것입니다.

그렇다 보니 전일제로 일하면서 가족의 생계를 책임지는 형태뿐 아니라, 다양한 방식의 취업활동이 흔해졌습니다. 단적으로 육아 중인 주부들도 낮은 임금이나마 가능한 시간 동안 경제활동을 하는 경우가 많습니다. 또 부모와 생계를 같이하는 젊은이들의 상당수가 서비스업의 저임금 노동에 종사하지만, 이들의 생활수준이 모두 낮은 것만은 아닙니다. 주거와 식사 등 기본적인 생활의 수요를 부모의 소득에 의지하는 경우가 많기 때문입니다.

대학생 아르바이트의 상당수가 최저임금을 받는 저임금 서비스 업종인 것을 보아도 그렇습니다. 이들의 임금을 보조하는 것이 이들의 기를 살리고 근로 의욕을 고취하는 데 도움이 될 수는 있겠지만, 우리 사회의 빈곤을 완화하고 소득분배를 개선하는 데에 직접적으로 기여할 거라고 단언하기는 어렵습니다.

무엇보다 가장 어려운 가정은 취업자가 없는 가구입니다. 빠른 고령화로 인해 소득 없는 가구 비중이 늘고 있는 현실이 빈곤 문제의 가장 큰 어려움입니다. 저임금이든 고임금이든 돈을 벌어오는 사람이 없어 생계 위협을 받는 게 가장 치명적인 문제이므로 최저임금을 올린다고 해서 도움이 되지는 않습니다.

특히 경제활동 능력이 있는 고령 초반의 가구원은 어떤 일이든 해서 소액의 소득이라도 얻고 싶지만 여의치 않은 경우가 많습니다. 이런 분들은 최저임금 인상은 그저 '그림의 떡'일 뿐이고, 이로 인해 일자리 사정이 어려워지는 게 오히려 치명적인 타격입니다.

실제로 현재 빈곤 가구의 대부분은 근로소득자가 아무도 없는 가정입니다. 전체 가구 중 취업자가 포함되지 않은 가구 수가 2015년 현재 18.1%인데, 소득 1분위에서는 77.4%에 달했습니다. 게다가 이런 현상은 고령화와 함께 더욱 심화되고 있습니다.

모두를 위한
최저임금 정책이려면
/

최저임금 인상으로 빈곤 완화를 크게 기대하기 어려워졌다는 것은 최저임금 정책을 결정할 때 유의해야 할 근본적인 변화입니다. 한마디로 이제는 가구원 중 돈을 버는 사람이 있는지, 있다면 맞벌이인지 아닌지가 소득 계층이 결정되는 데 가장 중요하게 작용한다는 뜻입니다. 이것이 바로 많은 선진국에서 사회 정책의 강조점을 고용률 위주로 선회한 이유이기도 합니다.

OECD는 1990년대 이후 가장 중요한 정책적 변화를 '고용률 위주로의 전환'이라고 평가한 바 있습니다. 한마디로 '고용이 최대의 복지'라는 말은 그저 듣기 좋은 소리가 아니라, 빈곤과 소득분배 완화를 위한 가장 중요한 요소가 취업이라는 뜻이 담겨 있습니다.

그렇다면 최저임금 인상의 부작용으로 저숙련도의 일자리가 줄어드는 것을 어떻게 이해해야 할까요. 최저임금 정책이 고용에 어떤 영향을 미치는지에 대해서는 뒤에서 보다 자세히 살펴보겠지만, 취업 역량이 떨어지는 계층이 최저임금 인상의 충격을 우선적으로 받는다는 것에 동의하는 사람은 많습니다. 한마디로 사용자 입장에서 꼭 필요하지 않은 인력부터, 또는 기계로 쉽게 대체할 수 있는 인력부터 줄이기 때문이지요.

그래서 최저임금 인상은 원래 정책이 지원 대상으로 삼았던 '어려운 사람'의 일자리 사정을 악화시킴으로써 빈곤 완화라는 정책 목표와 상충되는 결과로 이어지기 쉽습니다.

그렇다면 자연스럽게 제기되는 질문은 빈곤 완화를 위해 어떤 수단을 써야 하며, 최저임금 정책이 지속적으로 담당해야 하는 역할이 무엇인가 하는 것입니다. 저임금 근로자 중에서도 생계를 주로 책지 않은 사람 간의 임금격차가 수용하기 어려울 정도로 과하다면, 개개인의 박탈감을 높이고 시장에 대한 신뢰를 훼손해 사회가 합리적인 결정을 내리는 데 장애가 될 수 있기 때문입니다.

그러므로 비록 예전처럼 빈곤 완화와 소득분배를 개선시키는 역할까지 하던 시절은 상당 부분 지나갔지만, 최저임금 제도는 임금격차를 줄임으로써 아직 긍정적인 역할을 담당하고 있다고 할 수 있습니다. 결국 최저임금 제도의 운영은 경제에 미치는 충격을 통해 가장 취업 역량이 떨어지는 사람들을 더 어렵게 만드는 부정적 기능과 취업자 간의 임금격차를 줄이는 순기능 간의 경중을 비교해 균형을 맞추며 적절한 인상률을 찾는 노력이라 할 수 있습니다.

최저임금과 일자리,
그 균형을 찾아서
/

흔히 최저임금이라고 하면 일자리를 줄이느냐 아니냐 하는 논쟁에 집중하는 경향이 있지만, 사실 최저임금 인상이 고용에 미치는 영향에 대해서는 아직 학계의 논쟁이 완료되지 않은 상황입니다. 더구나 각국의 노동시장 상황에 따라 경험적으로 고찰해야 하는 문제여서 사전적으로 예단할 수도 없습니다. 그래서 새로운 상황이 나타나면 새로운 주장이 출현할 여지가 넓게 열려 있기도 합니다.

즉 최저임금의 고용 효과는 국가에 따라, 처한 사정에 따라, 경제 발전 단계에 따라 다르게 나타날 수 있는 만큼, 우리의 노동시장은 우리만의 사정을 고려해 우리의 데이터를 바탕으로 분석하고 판단해야 한다는 의미입니다. 다만 경험적 사실을 잘 이해하기 위해서는 그간 축적된 이론적인 내용을 숙지하고, 각국의 구체적인 상황에서 나타나는 경향성을 널리 관찰하는 것이 중요합니다.

우선 전통적인 경제 이론에서 최저임금은 고용에 악영향을 미치는 존재로 간주되었습니다. 수요와 공급을 일치시키는 수준보다 높은 임금을 인위적으로 강제함으로써 노동 공급을 늘리고 수요를 줄여 실업이 발생한다는 것입니다. 그러니 고용이 유지되고 임금이 오른 사람들은 좋겠지만, 이런 혜택은 일자리를 잃은 사람들을 희생시킨 대가인 셈입니다. 초기의 실증 연구 역시 최저임금이 고용을 감소시킨다는 결론이 일반적이어서 전통적인 이론 예측과 잘 부합했습니다.

특히 청년 노동에 대해서는 최저임금이 10% 인상될 때 1~3%의 고용 감소가 나타난다는 관찰 결과가 널리 동의되었습니다. 앞에서도 말했듯이 인건비 부담이 적다는 장점 덕에 취업이 가능했던 저숙련 근로자들이 인건비 부담이 상승하면 우선적으로 일자리를 잃고, 이들 대신 고숙련 노동력과 기계가 그 자리를 대체한다는 것은 빈번히 관찰되어 온 현상입니다. 즉 최저임금이 고용에 부정적인 영향을 미친다는 대략적인 공감대 속에서 저숙련 근로자에 대한 충격이 더 크다는 점이 우려된 것이 1세대 연구 내용입니다.

그런데 2세대 연구의 시작으로 간주되는 데이비드 카드David Card

와 앨런 크루거Alan Krueger의 연구(1993)는 최저임금이 크게 오른 지역의 고용 변화를 인접한 지역의 고용 변화와 비교한 결과 오히려 최저임금 인상이 있었던 지역의 고용이 늘었다는 결과를 보였습니다. 최저임금을 올렸는데 오히려 고용이 늘어났다는 놀라운 결과였습니다.

클린턴 대통령 당시 이 연구를 인용하며 최저임금 인상을 추진한 로버트 라이시Robert Reich 노동부 장관에게 상원의원들이 "그럼 최저임금을 올리면 올릴수록 고용이 창출되는 것이냐"라고 질문해 노동부 장관의 말문이 막혔던 일화는 유명합니다. 다시 말해 기존 이론과 다른 연구 결과였을 뿐 아니라 직관적으로 설명하기도 어려운 내용이다 보니 놀랍고도 이상한 결과로 받아들여진 것입니다.

결과적으로 이 연구는 그 분야의 활발한 논쟁과 후속 연구를 촉발했습니다. 어떤 조건 아래 이런 결과가 나타날 수 있는지를 파악하는 과정에서 노동시장에 대한 이해가 넓어지는 데 기여한 것입니다. 이에 대한 대답은 사용자의 독점력입니다. 여러 가지 마찰 요인으로 근로자들이 쉽게 직장을 바꾸지 못하는 상황이라면, 사용자가 어느 정도 독점력을 갖기 때문에 원래 임금과 고용이 낮은 수준으로 억눌려 있다가 임금이 소폭 오를 경우 고용이 늘어날 수 있다는 것입니다.

최근 연구에서는 관찰 각도가 보다 다양해지고 있습니다. 가장 주목받은 것은 2016년부터 시작된 시애틀 시의 최저임금 인상입니다. 최저임금이 크게 오르자 저임금 근로자의 근로시간이 줄어들어 저소득 가구의 소득이 오히려 줄었다는 결과가 보고되었는데, 이는 상당히 전통적인 예측과 부합하는 결과입니다.

반면 2000년대 초반 최저임금을 크게 올린 헝가리의 경우, 수출 제조업은 상당한 타격을 받았지만 다른 부문에서는 가격을 인상해 소비자에게 최저임금 인상의 충격을 전가함으로써 고용 감소 효과는 크지 않았다는 연구 결과가 있습니다. 산업구조나 경기 상황, 저임금 노동시장의 규모, 기계로의 대체 용이성, 기업 간 경쟁도와 소비자로의 비용 전가 용이성, 그리고 무엇보다 최저임금 인상의 정도에 따라 고용 감소 효과가 다르게 나타날 수 있기 때문에 선행 결과를 참조할 때는 신중할 필요가 있다는 것입니다.

이렇게 방법론이나 관찰 기간을 예전보다 더 포괄적으로 설정하는 최근 연구들을 제3세대 연구라 할 수 있습니다. 이들의 문제의식은 시간적으로도 확장됩니다. 최저임금이 높아질 때 이에 대처하기 위한 고용 조정은 1~2년 만에 완료되지 않기 때문에 시간을 두고 관찰해야 정책 효과를 정확하게 파악할 수 있습니다.

예를 들어 인건비가 늘어났을 때 기계로 사람을 대체하는 경우는 흔히 관찰되지만 문제는 이런 대체가 즉시, 그리고 일시적으로 나타날 수 없다는 것입니다. 즉 최저임금 인상 효과를 관찰할 때 단기간 동안의 관찰에 그치는 경우가 대부분인데, 이 경우 실제보다 축소된 결과가 나타날 가능성이 높습니다.

이런 맥락에서 기업의 진입과 퇴출 양상도 주의 깊게 고려해야 할 요소입니다. 몇몇 연구는 최저임금 인상 이후 요식업처럼 인건비가 많이 드는 업체들이 퇴출되어 좀 더 노동 절약적인 업종으로 진입하는 현상을 보고하고 있습니다. 새로 창업하는 기업들이 노동 절약적인 기술을 활용해 인건비 부담을 줄이는 것인데, 이것 역시 같은 기업을 단기간 관찰할 경우 놓치는 부분입니다. 최근 인건비 부담을 피해 1인 창업이 급증하는 것 역시 마찬가지입니다. 국내에서도 서울대학교의 김대일 교수가 최저임금 인상 후 기업들이 기존의 근로자를 줄이기보다 신규 채용을 줄이는 방식으로 대응하는 양상을 관찰한 바 있습니다.

근래 우리나라에서 무인 주문 시스템이 급속하게 확대된 것은 이런 맥락에서도 주목해야 할 현상입니다. 예전에는 대형 프랜차이즈 매장 구석에나 한두 대 설치되어 있는 정도였으나 요즘에는 저생산성 영세 요식업에도 크게 확대되고 있습니다.

사실 무인 주문 시스템은 고도의 기술력을 요하지도 않고 그리 비싸지도 않아서 설치에 별 어려움이 없습니다. 그간의 인건비 수준에서는 굳이 도입할 필요를 느끼지 않다가 인건비 부담이 크게 늘면서 이 정도의 투자가 인건비 부담보다 훨씬 낫다는 판단을 하게 된 것이지요. 4~500만 원 정도의 비용을 들여 기계 한 대를 설치하면, 주문을 받고 식대를 계산하는 인력을 한 명만 줄여도 불과 2~3개월 만에 비용 회수가 가능하니까요.

앞으로도 점점 더 다양한 장치로 노동력을 대폭 대체하는 것이 어렵지 않은 세상이 될 것입니다. 그렇기 때문에 정책을 결정할 때 쉽게 대체 가능한 저숙련 노동력이 노동시장에서 얼마나 비중이 높은지는 중요하게 고려해야 할 요인입니다. 저임금 노동시장이 넓게 분포한 나라의 경우, 사용자로 하여금 이 정도의 투자를 감행하게 할 만큼 최저임금 인상률이 높으면 고용에 미치는 부정적인 효과가 클 수밖에 없습니다.

나아가 최근 이루어진 연구들을 살펴보면 최저임금 인상 효과가 인상폭과 함께 경제구조의 특징과 경제 상황에 따라서도 큰 영향을 받는다는 것을 알 수 있습니다. 경제 상황이 다르고 최저임금 인상의 형태도 다른 국가의 고용 효과를 직접적으로 차용하기는 어렵다는 뜻입니다.

특히 최근 우리나라처럼 경기가 좋지 않은 상황에서 2년에 29%를 인상한 경우는 아예 비교 가능한 국가를 찾는 것 자체가 어렵습니다. '경기가 양호했던 국가에서, 그것도 완만한 인상을 했던 경우'의 일자리 변화를 그대로 가져와 부정적인 효과가 없을 거라고 주장하는 경우가 왕왕 있었던 것은 이런 이해가 부족했기 때문입니다.

최저임금
1만 원의 모순
/

최근 최저임금에 대한 입장을 물으면, 많은 이들은 거의 일률적으로 "방향에 대해 동의하지만 너무 빠르게 오르는 것은 문제가 있다"고 대답합니다. 한마디로 저임금 근로자의 임금을 최저임금을 통해 올리는 데는 찬성하지만 경제에 무리가 갈 정도는 곤란하다는 뜻입니다. 그렇다면 논점은 경제가 최저임금 인상의 영향을 무리 없이 흡수할 수 있을 정도의 인상률이 어느 정도인가 하는 것입니다. 가장 바람직하게는 지속적으로 올려 임금격차를 줄이되 인상의 충격이 잘 흡수되어 고용을 위축시키지 않을 정도겠지요.

그런데 충격을 흡수할 정도가 얼마인지는 현재의 최저임금 수준에 따라 달라집니다. 최저임금이 경제 수준에 비해 낮다면, 대략 충격 흡수의 여지 또한 크다고 할 수 있습니다. 그러니 인상률이 좀 높아도 별문제 없겠지만, 이미 상당히 높은 수준에 도달해 있다면 저숙련 근로자의 임금 수준이 생산성에 비해 높다는 뜻이므로 충격 흡수 버퍼buffer가 약한 셈입니다.

그러니 이들의 임금을 강제로 올리면, 이들을 해고하거나 사업체를 접는 등의 부작용이 커져 인건비 부담이 경제의 발목을 잡게 되는 것이지요. 비슷한 맥락에서 경제성장률도 중요합니다. 경제가 잘 굴러간다면 저숙련 근로자의 임금을 상당폭 올리더라도 그 충격을 흡수할 공간이 어느 정도 존재할 것이기 때문입니다.

우리나라의 최저임금 수준을 되돌아볼 때, 2000년대 초반에 있었던 10% 인상이 현재의 10% 인상과 근본적으로 다른 의미를 갖는 것은 그 때문입니다. 그러므로 중위임금에 비교한 최저임금 수준은 경제성장률, 평균임금 인상률과 함께 충격 흡수 버퍼의 용량을 나타내는 요소들입니다. 그렇다면 우리나라의 충격 흡수 버퍼

용량은 어느 정도일까요?

[그림 1]에서 알 수 있듯이 2017년 우리나라의 최저임금은 중위임금의 56%에 달해 이미 어지간한 OECD 선진국보다 높은 수준이었습니다. 이는 박근혜 정부 동안 7~8%의 높은 인상률을 유지하면서 전체 평균임금보다 최저임금이 단기간에 현저히 올랐기 때문입니다.

여기에 우리의 제도적 특수성인 주휴 수당(주5일 일할 경우 하루치의 임금을 더 보장받는 것)을 고려하면 약 20%를 더해야 하므로 최저임금이 높기로 유명한 프랑스보다 사실상 더 높습니다. 반면 가까운 일본은 40% 수준에 불과합니다. 한마디로 우리나라의 최저임금은 세계 최고 수준입니다.

그런데도 문재인 정부 첫해 최저임금이 16.4%나 올랐으니 경제가 충격을 감당하기 어려운 것은 불 보듯 뻔했습니다. 불과 1년 새 최저임금은 [그림 2]에서 보듯이 중위임금 대비 65%로 훌쩍 뛰어올라 OECD 국가 중 최저임금이 높은 국가들도 대부분 따돌렸습니다. 이나마도 2년 연속된 두 자릿수 인상 중 첫해만이 반영된 결과이니 지금 한국 경제가 시름시름 앓고 있는 현상이 놀랍지도 않습니다.

2000년대 초반 최저임금 인상률이 높았던 것은 최저임금이 워낙 낮기 때문에 빠르게 올려야 한다는 논리를 기반으로 했고, 이는 나름 합당한 근거였다고 할 수 있습니다. 그러나 문재인 정부 출범 시점에서 보았을 때는 더 이상 그렇지 않습니다. 이미 높아질 만큼 높아졌기 때문이지요.

참고로 박근혜 정부에서 높은 인상률을 유지했던 것은 되도록 빨리 OECD 평균에 가까운 중위임금 50% 수준에 도달한다는 목표 때문이었습니다. 이 목표도 박근혜 정부 초반에 이미 달성한 바 있습니다. 어느 정도 수준까지는 좀 무리를 해서라도 최저임금을 빠르게 끌어올려야 한다는 사회적 합의의 유효기간이 다한 셈입니다. 그렇다면 경제의 충격 흡수력이 현저히 떨어진 이상 최저임금 인상률은 보다 신중하고 합리적으로 설정해야 하는 것이지요.

그러나 중위임금 50% 목표가 달성된 이후 우리나라 노동계는 새로운 목표로 '최저임금 1만 원'을 제시했습니다. '1만 원 달성' 목표를 제시했던 2016년, 노동계가 심의과정에서 요구한 인상률은 66% 인상이었습니다. 66% 인상을 주장하는 것은 경제에 가해질 충격이 어떻든 상관하지 않겠다는 것과 마찬가지이니 논의 테이블에 참여한 공적인 주체의 주장으로 보기는 어렵습니다.

더욱 개탄스러운 것은 최저임금 1만 원을 주장하는 근거가 너무나 빈약했다는 점입니다. 당시 난데없이 튀어나온 '최저임금 1만 원' 슬로건의 근거는 최저임금 시급으로 적어도 갈비탕 한 그릇을 사먹을 수 있어야 한다는 것이었습니다. 언뜻 듣기에도 감성적인 이 슬로건은 사실 냉정하게 말해 '고용이 거의 완벽하게 보장된 조직근로자에게는 시급으로 갈비탕 보장, 불안정한 일자리 근로자에게는 컵라면도 안 보장'이나 마찬가지입니다.

노조가 대표하는 조직근로자로서는 고용이 안정되어 있으니 최저임금이 대폭 인상되어 경제에 충격을 주어도 잃을 것은 없고 얻을

그림 1 | OECD 국가의 중위임금 대비 최저임금 비율(2017)

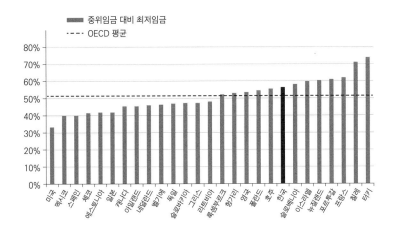

자료: OECD(2019), 한국 수치는 최저임금위원회(2018)

그림 2 | OECD 국가의 중위임금 대비 최저임금 비율(2018)

자료: OECD(2019), 한국 수치는 최저임금위원회(2019)

것만 있으니 본인들의 이해만 주장하는 것이지요. 전체 경제에 미치는 충격 면에서나 근로자 간의 형평 차원에서나 합리화되기 어려운 이런 주장이 최저임금 결정 테이블에 파고들었고, 결국 2017년 대선 국면에서 정치권이 이를 적극 수용해 심지어 공약으로 내세웠습니다. 우리나라의 최저임금 정책이 얼마나 취약한 논리와 포퓰리즘 정서에 기반하고 있는지를 여실히 보여주는 부분입니다.

누구는 받고,
누구는 받지 못하는 최저임금
/

최저임금 인상률이 적정한지를 판단할 때는 실효성이 제대로 보장될 수 있는 경제구조인지도 중요합니다. 최저임금을 인상했는데도 많은 사업장이 이를 기피하고 근로자에게 낮은 임금을 지급한다면, 그 실질적 효과는 반감됩니다. 이는 개발도상국에서 흔히 나타나는 문제로, 최저임금 미준수는 근로기준법을 위반하는 중대한 과실이지만 사실 비공식 부문에서 매우 흔하게 발생합니다.

비공식 부문이란 최저임금을 비롯해 당연히 지켜야 할 법규나 사회보험 행정, 조세 행정으로부터 비껴난 제도 밖의 사업체와 그 근로자들을 의미합니다. 기본적으로 이들을 모니터하고 징벌해 제도 내로 끌어들이는 행정력이 미비하거나 공식적 통제가 어려운 저생산성 부문이 넓을 때 비공식 부문의 규모가 커집니다. 이렇게 비공식 부문이 넓다면 이를 고려해 법규를 현실적인 수준으로 설정해야 하는데 그렇지 못할 경우 비공식 부문이 더욱 넓어지고 문제점도 증폭됩니다.

우리나라 역시 선진국에 비해 비공식 부문의 비중이 큰 편입니다. 압축 성장 과정에서 업종별·산업별 생산성 격차가 커져서이기도 하고, 그간 비공식 부문 축소에 행정의 우선순위를 두지 않아서이기도 합니다. 무엇보다 모양새에 집착해 최저임금을 비롯한 제도를 비현실적으로 운영한 것도 문제를 가중시킨 원인입니다. 비공식 부문이 원래도 넓은데다 그동안 최저임금이 급속히 상승하면서 산업 현장과 제도 사이에 괴리가 커졌기 때문입니다.

이를 잘 나타내는 지표가 최저임금의 미준수율 문제입니다. 2018년 현재 최저임금 미준수율은 15.5%에 이르며, 대부분 10인 미만 근로자를 고용한 영세 사업장에 집중되어 있습니다. 200만 명이 넘는 근로자가 최저임금보다도 낮은 임금을 받고 일하고 있는 것입니다.

생각해보십시오. 법정 최저임금이라는 것이 국가의 '최저' 수준을 보장한다는 뜻인데 200만 명이 넘는 근로자가 그보다 낮은 임금으로 일하고 있다면 도대체 '최저임금'을 법으로 정할 논거가 무엇인지조차 불분명할 정도로 상황이 심각하다는 뜻입니다. 안정적으로 최저임금을 보장받을 수 있는 부문의 근로자만 혜택을 보게 되는 것이지요. 그런데 아이러니하게도 최저임금이 급격하게 오를 때 미준수율 문제는 더 악화되기 때문에 이는 최저임금 인상률이 과하지 않도록 주의해야 하는 또 하나의 이유입니다.

물론 최저임금 위반을 보다 철저히 관리해야 한다는 주장도 일리가 있지만 저생산성 부문에서 도저히 최저임금을 준수하면서 사업을 유지하기 어려운 사업체들은 점점 더 제도를 무시하고 기피하는 방식을 선택하게 됩니다. 한마디로 '배 째라'는 식이 되어버리는 것입니다.

현재 숙박음식업 등 일부 저생산성 부문은 미준수율이 40%가 넘습니다. 부문별 생산성 격차도 크고, 일부 부문은 제도적 최저수준을 훨씬 밑돌고 있습니다. 최근 최저임금의 업종별 차등화가 뜨거운 이슈가 된 배경이 바로 이것입니다.

무엇보다 미준수율이 이 정도라는 것은 단속을 강화한다고 해서 해결될 규모가 아니라는 뜻입니다. 오히려 최저임금 제도가 시장과 괴리되어 홀로 독주하고 있다는 것을 여실히 보여주는 것과 같습니다. 이런 현상이 나타날 때, 애초 보호의 목표였던 취약 근로자는 제도의 보호로부터 더 밀려나는 모순이 발생하고, 제도 속 근로자와 제도 밖 근로자의 격차는 제도의 취지와 달리 더욱 심화됩니다.

이는 법 시행 측면에서도 중요한 문제점을 갖습니다. 법정 최저임금 제도를 확립했다는 것은 이를 지키지 않을 경우 엄히 다스린다는 것인데, 미준수율이 높다는 것은 많은 사람이 제도를 위반하고 있다는 뜻입니다. 이 경우 단속자의 재량에 의지해 선택적으로 법을 집행하기가 불가피하기 때문에 제도가 더 후진적으로 운영

됩니다. 최저임금의 사각지대를 오히려 더 넓히고, 감독자의 재량과 자의적 판단에 의존하며, 단속자와의 유착이 형성되는 등 부작용이 심해지는 것입니다.

이는 근로감독관을 늘린다고 해결될 문제가 아니라 제도를 현실적으로 설계해 현실과 제도의 괴리를 방지해야 할 문제입니다. 한 나라의 '최저' 수준을 '법'으로 정해 보호가 필요한 약자를 분명하게 보호하는 것이 최저임금의 취지입니다. 그런데 제도의 보호를 충분히 받고 있으며 고용도 안정된 핵심 근로자의 임금 인상에 더 힘을 보태기 위해 저생산성 부문이 견딜 수 없을 정도의 인상률을 강제하면, 취약 근로자들은 일자리를 잃거나 비제도권으로 밀려날 수밖에 없습니다.

이전투구장이 되어버린
최저임금위원회
/

지금까지 여러 가지를 점검해보았지만 도대체 우리나라에서 근래처럼 최저임금을 대폭 인상한 것을 정당화할 수 있는 근거를 찾기는 어렵습니다. 이럴 때는 최저임금의 결정구조를 들여다볼 필요가 있습니다. 우리나라 최저임금 제도와 관련해 가장 비정상적인 점은 최저임금을 심의하는 과정이 고성이 난무하는 전쟁터라는 것입니다. 최저임금 인상의 긍정적이거나 부정적인 효과에 대한 경험적 사실, 취약 근로자 고용 감소와 미준수율 현황, 저임금 근로자 가구의 취업자 구성, 다른 복지제도와의 역할 분담 상황 등 주요 검토 사항은 진지하게 고려하지도 않을뿐더러, 경험적 결과를 통해 생각을 바꾸는 이도 없습니다. 철저하게 진영 논리가 관철되는 싸움터일 뿐입니다.

이는 최저임금 정책을 이해 당사자인 노사가 결정하는 구조이기 때문입니다. 최저임금위원회는 근로자위원, 사용자위원, 공익위원 각 9명씩 총 27명으로 구성됩니다. 위원회 방식이 채택된 것은 1986년 최저임금 제도 도입 시 당시 집권당이었던 민정당이 주도해 노사와 공익위원이 함께 참여한다는 모양새를 내세웠기 때문입니다. 아마도 군사독재 치하 집권 여당으로서는 논의구조를 어떻게 설계하더라도 정부의 뜻을 관철시킬 수 있으리라 쉽게 생각했을 것입니다. 그러나 이후 정치 상황이 크게 변했고, 민정당이 주도해 만들어놓은 구조는 이제 노사가 이전투구를 통해 나라의 주요 정책을 결정하는 장이 되어버렸습니다.

언뜻 보아도 이는 매우 이상한 일입니다. 시장에 정부가 인위적으로 개입해 가격을 강제하면서까지 약자를 배려하는 재분배 정책을 노사가 임금 협상하듯이 결정할 이유가 전혀 없기 때문입니다. 개별 사업장의 임금 결정이라면 노사가 교섭력에 의해 경영 성과를 나누어 갖는 것이 자연스럽지만, 국가 정책을 노사가 나누어갖듯이 결정하는 것은 앞뒤가 맞지 않습니다.

최저임금이 재분배 정책이라는 것은 임금을 시장에 맡겨두었을 때에 비해 임금을 조정함으로써 손해를 보는 사람과 이득을 보는 사람이 생기기 때문입니다. 재분배 정책은 정부 정책 중에서도 가장 책임 소재가 예민한 사안인 만큼, 정부는 목표가 무엇이고 그에 따른 어떤 조치를 취했으며 그 성과는 어떠한지를 명확히 밝힐 의무가 있습니다. 어떤 이유로 일부 사람들에게 피해를 주면서까지 이를 추구했고, 그 결과가 무엇인지를 분명히 밝혀 국민으로부터 언제든 그 정책의 평가를 받아야 하는 것입니다.

더구나 최저임금 인상의 부정적 영향을 직접적으로 받는 사람은 고용이 불안정한 저임금 근로자와 아직 노동시장에 진입하지 못한 저숙련 근로자입니다. 지금처럼 노조가 대표하는, 고용이 안정적으로 보장된 근로자들이 임금 협상 수단으로 최저임금 제도를 활용하는 구조에서는 고용이 불안한 저숙련 근로자와 미취업자들을 배려하기 어렵습니다. 일자리를 얻기 위해 고군분투하는 구직자들의 이해를 전혀 고려하지 않는 노사가 최저임금 정책을 결정하는 것은 합리화되기 어렵습니다.

더 미묘한 쟁점도 존재합니다. 정권의 성향에 따라 최저임금 인상률이 큰 폭으로 차이나는 것은 최저임금위원회의 공익위원 인선 자체가 정부 권한이기 때문입니다. 특히 공익위원의 선정은 심의 진행 방식과 인상률에 정부가 암묵적으로 영향을 미치는 경로입니다. 그리고 심의 과정에서 다양한 경로로 정부와 공익위원 간의 교감이 이루어집니다. 따라서 현재의 구조를 요약하면, 정부의 대략적

인 의지와 부합하는 범위 내에서 노사가 전국 단위로 임금 협상을 하는 형태입니다.[2]

이런 구조를 잘 나타내는 것이 대선공약에 등장한 최저임금 인상률입니다. 법에서 규정한 대로 독립적인 위원회로 운영되고 있다면 대통령 후보가 이를 선거공약의 대상으로 삼아서는 안 되는 일이며, 최저임금 인상률이 낮게 결정되었다고 대통령이 사과할 일도 아닙니다. 그런데도 대통령 후보들이 대놓고 최저임금 인상률을 공약으로 내세우는 것은 본인들이 정권을 잡으면 최저임금 결정에 어떤 방식으로든 권한을 행사할 수 있다고 알리는 것과 같습니다.

사실 원칙적으로는 정부가 재분배 정책의 일환인 최저임금 정책에 영향을 미치는 것이 비난할 일은 아닙니다. 오히려 노사가 아닌 정부가 책임지고 결정할 일이 맞습니다. 그러나 현재의 구조에서 가장 심각한 문제는 정부가 뒤로만 영향을 미치기 때문에 책임은 물론 설명할 의무도 지지 않는다는 점입니다.

실제로 어떤 이유로 최저임금 인상률이 결정되었는지를 상세히 설명하는 이는 아무도 없습니다. 매년 심의가 끝나면 공익위원 대표가 소득분배 개선을 위해 몇 퍼센트, 심지어는 협상 촉진을 위해 몇 퍼센트 하는 식으로 대략적인 설명을 하지만, 그 숫자가 무슨 근거를 갖는지에 대해서는 아무런 뒷받침이 없습니다. 그냥 선언이지요.

다시 말해 국가의 가장 중요한 재분배 정책 중 하나인데도 정부가 이를 제대로 설명할 의무와 정치적 책임을 지지 않으면서 영향은 영향대로 미치고, 종국에는 노사의 진흙탕 싸움의 결과로 숫자가 결정되는 것입니다. 게다가 노사 교섭의 당사자는 취약 근로자에 미칠 영향에 관심도 없고 상대방과 진지하게 대화할 의도도 없기 때문에 합리적인 논의가 이루어지지 않는 구조입니다.

그렇다면 다른 나라는 최저임금을 어떻게 결정할까요. 주요 선진국의 최저임금 결정은 심의회 방식으로 노사 의견을 수렴하긴 하나, 주로 정부 주도로 결정이 이루어지는 구조입니다. 영국, 프랑스, 일본 등이 이런 구조로 운영되고 있습니다.

그중 가장 잘 운영되는 사례로 꼽히는 영국은 정부가 위촉한 전문가 위원이 노사의 의견을 청취하고 현황을 분석해 인상률을 건의하면 정부가 이를 받아들이는 구조입니다. 전문가 위원회와 정부가 함께 책임지는 구조인 셈입니다. 일본의 경우는 거시 변수를 기반으로 안정적으로 결정하되, 산업과 지역별 생산성을 고려해 차등화한다는 점이 주목받고 있습니다.[3]

반면 미국이나 네덜란드는 공식적인 노사 의견 청취 없이 정부가 일방적으로 결정하는 경우입니다. 미국의 경우 행정부가 인상 필요성이 적거나 경제 여건이 따르지 않는다고 판단하면 10년에 이르는 시간 동안 동결한 경우도 여러 번 있을 정도입니다.[4]

우리나라는 노사 협상에 맡겨놓는 경우인데, 이는 많은 남미 국가들이 택하는 방식입니다. 이런 경우 최저임금이 취약계층을 돕는 수단으로 광고되지만 실제로는 소득 수준과 상관없이 전체 임금을 올리는 수단으로 쓰입니다. 전체 근로자의 임금을 올리는 것을 목표로 최저임금 결정 과정을 노사 단체의 전국 단위 임금 협상처럼 악용하는 것이지요.

게다가 이렇게 최저임금을 노사에 맡기는 것은 최저임금을 법으로 정하는 것의 근본 목표와 충돌합니다. 현재 OECD 국가 중 노르웨이, 스웨덴, 핀란드, 오스트리아 등 8개국은 법정 최저임금 제도가 존재하지 않으며, 산별 단체 협상의 일부로 임금의 최저 수준을 포함시킬 뿐입니다. 협조적이고 수준 높은 노사관계를 기반으로 정부가 개입하지 않는 가운데 산별 단체 협상이 임금의 최저 수준을 명시하는 것이지요. 이런 경우 최저임금이 법정 제도가 아니기 때문에 사용자가 최저임금을 지키지 않아도 위법이 아닙니다. 그러니 법정 최저임금 제도를 가진 나라보다는 훨씬 행정적·도덕적 구속력이 약합니다.

우리나라의 경우 사실상 전국 단위의 임금 협상처럼 최저임금 제도를 활용한다면 이 결과를 법으로 보장해 미준수 사업자를 범법자로 처벌하는 것 자체가 이상한 일입니다. 최저임금을 법으로 정한다는 것은 재분배 목표를 위해 시장에 개입하고 법정 수준을 준수하지 않을 경우 범법자로 처벌한다는 강력한 정책 의지이기 때문입니다.

법정 최저임금 제도를 채택한 이상, 지금처럼 이를 노사 교섭의 대상으로 만들어놓고 대기업 정규직을 대표하는 핵심 노조가 결정권을 갖는 구조는 시정되어야 합니다. 현장 상황과 전문성, 정책적 의지를 조화롭게 반영하기 위해서는 노사의 의견을 신중히 청취하되 결정은 정부와 전문가가 담당함으로써 정치 열기와 임금 투쟁으로부터 최저임금 결정 과정을 분리하는 개혁이 절실합니다.

　그러나 문제는 양 노총이 최저임금을 결정하는 권한을 이미 본인들의 기득권으로 인식하고 있다 보니 결정 주체나 결정 방식의 변화에 결사적으로 저항할 것이라는 점입니다. 이런 제약 속에서 대안을 찾는다면, 일정한 규칙에 의거해 최저임금을 결정하도록 하되 성장률과 평균임금 상승률 등 거시 변수를 중시해 교섭이나 재량이 좌우할 여지를 줄일 필요가 있습니다.

이제는
틀을 깰 때
／

최저임금이 결정되는 방식과 근래의 결과는 이 제도가 얼마나 원래의 취지와 멀어져 비합리적인 정치 싸움으로 전락했는지를 잘 보여줍니다. 우리나라는 최저임금이 이미 상당히 높은 수준에 달해 충격 흡수 능력이 현저히 떨어져 있었는데도 2017년 대선 국면에서 대폭 인상 공약이 만들어지고 최저임금위원회를 거치면서 2년간 29%나 오르는 상황이 벌어졌습니다.

　사실 어느 정도의 최저임금이 적절한 수준인지는 각국의 경제와 노동시장 상황에 따라 다르고, 적정 인상 속도 역시 각국의 충격 흡수 버퍼의 용량에 따라 달라집니다. 하지만 대체로 전체 임금의 인상률보다 약간 더 인상함으로써 임금 격차를 차분히 줄여나가는 것이 바람직합니다. 저임금 근로자의 고용에 부정적 영향이 없을 정도의 속도를 유지하는 것이 관건입니다. 여기에 더해 우리나라처럼 가장 어려운 근로자들이 제도로부터 소외된 경우에는 미준수율의 문제와 영세 자영자의 애로도 중요시되어야 합니다.

근래 우리나라의 상황을 보면, 지금처럼 정치 슬로건과 정책 결정이 구분되지 않는 결정구조를 그대로 방치해서는 안 된다는 게 분명합니다. 어떤 이는 일자리를 잃고 어떤 이는 사업을 접는데도 재분배 정책을 노사가 임금 협상의 논리로 나누어 가지면서 아무런 책임도 지지 않는 것은 적절하지 않습니다.

원칙적으로 노사의 의견을 청취하되 의결권을 부여하지 않음으로써 사실과 전문성을 토대로 한 결정이 이루어지도록 하는 개혁이 절실합니다. 노동계의 반발 때문에 결정 주체를 변화시키기가 어렵다면 적어도 결정 방식이라도 정치적 분위기에 좌우되지 않도록 재정립하는 노력이 절실합니다. 성장률과 평균임금 인상률을 주로 고려해 룰베이스rule base로 인상률을 결정하는 일본의 결정 방식은 유용한 시사점을 제공합니다.

성장률 2%의 경제에서 최저임금이 2년에 걸쳐 30% 가까이 인상된 것은 경제의 일자리 창출 메커니즘과 사회의 지속가능성을 파괴하는 결과를 낳을 수밖에 없습니다. 정부가 바뀌었다고, 또 정부가 바뀌는 데 공헌한 정치 세력이 원한다고 해서 이런 결정이 이루어지는 구조를 방치하는 것은 미래세대에게 큰 죄를 짓는 일입니다. 최저임금을 대폭 인상시킨 이들은 근래 몇 년간 일자리를 잃었거나 일자리를 찾지 못하는 많은 젊은이들에게 이미 큰 죄를 지었습니다. 이에 대해서는 어떤 방식으로든 경위를 설명하고 책임을 져야 마땅할 것입니다. 하지만 미래를 위해 가장 시급한 것은 이런 구조를 개선하는 일입니다.[5]

2장

주 52시간제—
현실과 멀어진
장시간 근로
개선 정책

경제를 악화시킨 주범,
주 52시간제

/

2017년 대선공약이었던 근로시간 단축의 내용은 '주 52시간 근로제 등 노동시간 단축으로 일자리 50만 개 창출'이었습니다. 우리나라 근로자는 살인적인 장시간 근로에 시달려왔기 때문에 근로시간을 줄여야 한다는 주장이 꾸준히 제기되었고, 이번에는 이를 통해 일자리 문제까지 해결할 수 있다는 주장까지 합쳐진 것입니다.

그런데 일자리가 창출되기는커녕 주 52시간 근로제는 현재 경제를 급격히 악화시킨 주범으로 최저임금 대폭 인상과 함께 순위를 다툴 정도입니다. 더군다나 9시 출근, 6시 퇴근이 사회적인 표준으로 자리 잡은 지 오래이며, 하루 8시간 노동은 많은 국가에서 표준적 근로시간으로 받아들여지는 수준입니다. 그런데 왜 우리가 너무나 낙후된 나라이며 근로시간을 억지로라도 줄여야 한다는 것일까요.

그 판단을 위해서는 무엇보다 우리 경제의 특성을 고려할 필요가 있습니다. 한국 경제는 낙후된 부문과 선진적인 부문 간의 격차가 커서 어디를 주목하느냐에 따라 진단이 달라집니다. 잘 알려진 대로 우리나라는 고도의 압축 성장을 이루었습니다. 불과 60년밖에 안 되는 시간 동안 세계에서 가장 가난한 나라에서 가장 부유한 나라 중 하나로 뛰어올랐습니다. 그러나 압축적으로 성장했다고 해서 모든 분야가 고도로 발전했다는 뜻은 아닙니다.

현재 우리나라에는 생산성이 높은 대기업도 있지만 옛날과 크게 다르지 않은 작업 방식의 저생산성 부문도 다수 공존하고 있습니다. 동대문 시장이 중국 관광객들의 수요 변화를 그때그때 소화할 수 있는 것은 길 건너 창신동 골목 반지하의 작업장들 덕분입니다. 여름날 창신동 골목을 지나다 보면, 선풍기 바람에 의지해 종일 재봉틀을 돌리는 근로자들을 볼 수 있습니다. 그렇게 작업을 해야 TV 화면에 비친 옷들이 하루도 안 되어 시장에 걸릴 수 있기 때문입니다. 그들의 작업 방식은 1970년대와 크게 달라지지 않았습니다.

이들과 같은 저생산성 부문의 근로자들은 임금도 낮아 장시간 근로를 해야 가족을 부양할 수 있고, 사용자들 역시 장시간 기계를 돌려야 비용을 뽑을 수 있다고 믿습니다. 이렇게 장시간 노동 관행이 굳어진 가장 큰 이유는 매우 광범위한 부문의 생산성이 여전히 낮기 때문입니다.

국민소득이 3만 달러인 시대인데도 우리나라에는 장시간 근로가 상당 부분 존재합니다. 물론 경제구조의 특성이 그렇다고 해서 그냥 두어도 되는 것은 아닙니다. 만약 하루 10시간이 넘는 근로시간을 계속해서 유지한다면 근로자의 건강과 활력을 위한 휴식이나 인적 자본 투자가 가능할 거라고 보기는 어렵습니다. 나라 전체의 소득 수준이 올라감에 따라 사회의 기준으로 간주되는 삶의 방식도 보다 높은 수준으로 맞춰져야 하는 만큼 거기에서 뒤처진 부문은 보다 빨리 향상시켜야 합니다.

다만 그 근본 원인이 누군가의 악의 때문이 아니라 경제 상당 부문의 생산성이 낮기 때문이라면 문제의 해결이 훨씬 복잡해집니다. 저생산성 사업체를 대상으로 하루 8시간 근로를 무조건 준수하라고 갑자기 강요하는 것은 사업을 접으라는 것과 같기 때문입니다.

뚜렷한 기술이 있어 다른 일자리로 무리 없이 옮겨갈 수 있는 경우가 아닌 이상, 낙후된 저생산성 중소기업을 퇴출시키는 것은 이들 근로자들의 소득 수단을 뺏는 것과 같습니다. 이들에게 저녁이 있는 삶이 중요한지, 저녁을 먹을 수 있는 삶이 중요한지 물어본다면 십중 팔구 후자가 보장되어야만 전자도 의미 있다고 대답할 것입니다.

생산성 향상을 유도해 근로시간을 줄여나가고 이 문제의 중요성에 대한 노사의 인식을 제고하면서 어느 정도의 강제를 부여해 변화를 촉진하는 것은 중요하지만, 급작스런 규제로 이들의 소득활동 자체를 위협하고 경제를 경색시키는 것은 합리화되기 어렵습니다.

이런 관점에서 볼 때 문재인 정부의 출범과 함께 근로시간 단축을 강행한 것은 많은 비판의 여지를 남깁니다. 과거 2015년 노사정이 합의한 방식이 있었는데도 2018년에 훨씬 더 급박하고 단호한 방식으로 근로기준법을 개정한 것입니다. 일자리가 창출되고 저녁이 있는 삶이 확대될 거라는 주장을 곁들여서 말이지요. 더군다나 규제의 획일성이라는 측면에서도 시대착오적이라 할 만큼 과도한 수준입니다.

그런데 가장 큰 모순은 이 조치 이후 내세운 긍정적인 변화가 원래부터 근로조건이 좋았던 부문들이라는 것입니다. 대기업이나 공공 부문 근로자들의 삶의 질이 향상되었다는 칭찬이 자주 들립니다. 초과 근로 자체를 과거보다 훨씬 어렵고 번거롭게 만들었기 때문에 여가 시간을 안정적으로 즐길 수 있게 되었다고 말입니다. 그러나 이들은 이전부터도 살인적인 장시간 노동과는 거리가 멀었던 그룹입니다. 일부 업종은 일이 몰릴 때가 있었을 뿐이고, 또는 근로 관행 자체가 느슨해서 야근 등을 별로 신경 쓰지 않던 업종들이 많습니다.

물론 법률이나 컨설팅 등 일부 고소득 직종에서 노동 강도가 높고 장시간 노동이 자주 발생한다고 하지만, 이들을 노동시장 전체에 부담을 주면서까지 사회적 배려가 필요한 계층으로 보기는 어렵습니다. 노동 강도가 높고 보상도 좋은 업무를 본인들이 선호한 것이고, 사용자와의 교섭 역량 또한 적다고 보기 어렵기 때문에 당사자들이 알아서 규칙을 정하면 되는 것이지요.

얼마 전 고용노동부는 근로시간 단축으로 광화문과 여의도에서 근무하는 근로자들의 근로시간이 각각 39분, 10분 줄었다며 떠들썩하게 발표했습니다. 광화문은 공무원과 대기업이, 여의도는 금융업이 밀집된 지구입니다. 우리나라 노동시장에서 처우가 가장 좋은 곳으로 꼽히는 부문이지요. 이들의 근로시간이 자연스럽게 줄어들었다면 모르되, 정부가 규제를 동원해 근로시간을 단축한 것의 성과로 이들을 내세우는 것은 앞뒤가 맞지 않는 이야기입니다. 애초 정부 스스로 원하는 결과가 무엇인지, 즉 정책의 목표 자체가 무엇이었는지 불분명했다는 것을 드러낼 뿐입니다.

훨씬 더 중요한 문제는 저녁이 없는 고단한 조건의 근로자들에게 미치는 영향입니다. 애초 규제 필요성이 인정되는 것도 이들을 배려한다는 취지인데 정작 이들의 근로 현황이 어떻고, 또 어떻게 배려해야 일자리를 위협하지 않으면서 근로시간을 줄여갈 수 있을지를 구체적으로 파악하는 노력은 찾기 어렵습니다.

게다가 경제에 미친 충격을 보건대 현재 근로시간 단축으로 일자리가 늘었다고 주장하기는 어려운 상황입니다. 노선버스나 건설업 등 적어도 단기적으로 노동 수요를 충족시켜야 하는 일부 업종을 제외하고는 근로시간 단축으로 더 많은 사람을 고용한다는 이야기는 들리지 않습니다. 오히려 흉흉한 이야기들만 들릴 뿐이지요. 연구개발 직종이나 건설업 등 계절적 변동이 큰 업종에서는 근로시간 규제 강화로 인한 병목이 심각하게 나타나고 있습니다. 특히 본격 적용을 앞둔 중소기업의 위축은 지금도 경제를 경색시키는 주요 원인이 되고 있습니다.

이런 상황을 어떻게 보아야 하는 걸까요. 표방한 목표와 전혀 다르게 나타나고 있는 이런 결과들이 정말 예상할 수 없었던 것일까요. 정책은 합리적으로 기획되었는데 불가피한 혼란이 나타났을 뿐일까요.

만약 그렇다면 진정한 의도가 무엇인지 의심할 필요가 없겠습니다만, 이런 결과가 충분히 예상된 것이었고 굳이 무릅쓸 필요도 없는 혼란과 어려움이었다면 왜 이런 불합리한 정책이 기획되고 시행되었는지 따져보아야 합니다.

우선 다음과 같은 질문을 던질 필요가 있습니다. 우리나라의 근로시간이 정말 어이없을 정도로 장시간인가. 근로시간을 줄여 일자리를 창출한다는 목표는 얼마나 근거가 있는가. 일률적인 입법은 장시간 근로를 개선하기 위한 바람직한 방식인가. 도대체 왜 이런 획일적인 방식이 채택되었으며, 결국 누가 이득을 보고 누구의 희생을 대가로 하는가 등입니다.

이런 문제를 살펴보기 전에 한 가지 지적한다면, 우리나라의 근로시간 규제는 근래 진행되어온 각국의 정책적 흐름과 그 배경을 전혀 인지하지 못한 것처럼 구태의연합니다. 무엇보다 장시간 노동이 인권 문제로 대두되던 산업혁명 초기에 비해 경제구조가 너무나 달라진데다, 근로시간 규제로 일자리를 창출한다는 목표에 더 이상 근거가 없다는 것 또한 잘 알려졌습니다. 그 결과 이제는 장시간 근로의 문제가 심각한 곳을 정확히 파악해 대응하되, 규제는 탄력적으로 운용해 경제에 미치는 충격을 최소로 해야 한다는 것이 널리 공유되는 원칙입니다.

그런데도 우리나라는 정반대로 주 52시간 근로제를 획일적이고도 강력하게 밀어붙여 노동시장에 최대의 충격을 주는 방식을 사용했습니다. 결국 이로 인해 피해를 보는 것은 일자리 기회에 목마른 청년들, 일자리 유지가 절실한 저숙련 장시간 근로자들입니다.

20세기와 21세기
근로시간 단축의 차이

/

근로시간 단축은 노동운동 역사의 가장 오래된, 그리고 가장 오랫동안 지속된 슬로건이라고 할 수 있습니다. 사실상 노동운동 발전사를 돌이켜보면 근로시간 단축을 내건 투쟁의 과정이었다고 할 수 있을 정도로 근로시간은 중요한 어젠다였습니다.

산업혁명이 한창이던 19세기, 비싼 기계를 최대한 오래 작동시켜 생산을 늘리는 구조 속에서 장시간 노동은 보편화되었습니다. 당시에는 하루 12~16시간, 주 100시간 노동이 만연할 정도였으니 얼마나 비인간적인 근로조건이었는지 상상조차 어렵습니다. 사람의 체력과 생체리듬상 지속가능하지 않은 환경이었습니다.

이런 상황에서 영국의 노동운동가이자 공장주였던 로버트 오웬Robert Owen이 주장한 '하루 8시간 노동, 8시간 자유 시간, 8시간 휴식' 운동은 이후 많은 이들에게 익숙해진 '8시간 노동' 슬로건의 시작입니다. '8시간 노동' 슬로건은 유럽에서는 그저 공상적인 것에 머물렀지만, 19세기 후반 들어 미국에서는 입법 운동으로 발전했습니다.

1867년, '8시간 노동' 관련해 시카고에서 발생한 경찰과 근로자 간의 유혈 충돌은 오늘날 많은 국가에서 노동절로 기념되고 있습니다. 국제노동기구ILO가 1919년 제1호 협약으로 공표한 것 역시 '8시간 노동제'였으니 이것이 당시 얼마나 파급력이 강한 구호였는지 짐작이 갑니다.

실제의 노동 현장에서 이를 수용해 노동시간의 표준을 바꾸기 시작한 것은 미국의 자동차 제조사인 포드사가 1926년, 주 5일 40시간 노동을 적용하면서부터로 알려져 있습니다. 당시 포드사는 여러 가지 혁신을 통해 미국의 자동차 산업이 향후 수십 년간 전 세계에서 압도적 우위를 점하는 데 전적으로 기여한 회사입니다.

당시 발표한 성명문에서 포드사 창설자 헨리 포드Henry Ford는 "여가가 상류계층의 특권이라거나 근로자의 여가가 낭비일 뿐이라는 관념을 불식해야 할 때"라고 밝힌 바 있습니다. 충분한 여가를 보장할 때 생산성도 향상될 수 있다는 새로운 시각이 혁신적 기업가에 의해 표현된 것입니다. 이런 흐름은 1938년 미국 근로기준법에 하루 8.8시간 노동이 표준으로 명시되는 성과로 이어졌습니다.

1950년대부터 1990년대까지 40여 년간 서구 선진국의 실근로시간은 꾸준히 감소해왔고, 근래에는 더 이상 감축되지 않고 유지되는 경향을 보이고 있습니다. 이제는 근로시간이 더 감축되어야 한다는 정책적 필요나 개인적 요구도 거의 두드러지지 않는 상황입니다. 생산성이 발전하고 소득 수준이 향상됨에 따라 예전과 같은 정책 이슈로서의 절실함은 더 이상 찾아보기 어려워진 셈입니다.

그간 근로시간이 단축되어온 과정으로부터 끌어낼 수 있는 대체적인 함의는 다음과 같습니다. 우선 어느 정도까지는 소득 수준이 증가함에 따라 근로시간이 감소하는 것이 기본적인 흐름입니다. 소득 수준이 높아질수록 여가 시간에 대한 가치 부여도 커지기 때문입니다. 그러니 근로시간과 관련해서는 대략 소득 수준이 가장 지배적인 결정 요인이라 할 수 있습니다. 또한 소득 수준이 높은 국가는 통상 생산성도 높고 그런 만큼 근로시간이 짧게 나타납니다.

그런데 근로시간이 어느 정도 수준까지 감소한 뒤에는 소득 수준 외 다른 요소들도 상당한 영향을 미치게 됩니다. 각국의 문화나 생활 습관, 노동시장 규제, 세제 등도 유의미한 영향을 미친다고 알려져 있습니다.

예를 들어 1950년대까지만 해도 유럽이 미국보다 노동시간이 길었던 데 반해, 요즘에는 미국의 근로시간이 유럽보다 연 300시간 정도 더 길게 나타납니다. 여기에는 유럽의 소득 세율이 높아진 게 주요 원인이었다고 인식됩니다. 양 대륙의 문화가 갑자기 바뀌었다고 보기는 어렵고 소득 수준도 큰 변화가 없지만 정책 변수가 근로 행태에 영향을 미친 경우라고 할 수 있습니다.

보다 중요한 함의는 근로시간 규제의 표면과 이면의 괴리에 대해 정책 서클이 가져야 하는 조심성입니다. 과도한 장시간 근로가 횡행했던 산업화 초기에는 근로시간 규제가 인권 차원에서도 보편적인 설득력을 가졌습니다.

그러나 이후 근로시간이 줄어들면서 근로자의 건강과 안전이라는 명분은 사실상 일반적인 차원에서 유지되었을 뿐입니다. 특히 처우가 상대적으로 좋은 조직근로자들이 추가적인 근로시간 단축을 요구할 때는 노동공급을 제약해 사용자에 대한 근로자들의 교섭력을 강화시키는 의도가 크게 자리했습니다.

물론 조직근로자의 권익을 위해 존재하는 노조가 이렇게 힘의 균형을 유리하게 바꾸려는 동기를 근로시간 단축에 얹어 제기하는 것이 마냥 비난받을 일은 아닙니다. 중요한 것은 이들의 동기와 주장이 가진 긍정적인 측면과 부정적인 측면을 함께 고려해 정부가 균형을 잡아야 한다는 것이지요.

선진국의 경우 노동계의 이 같은 복합적인 동기를 고려하되 처지가 열악한 근로자와 경제 전체에 피해가 가지 않도록 하는 정부의 노력이 함께 이루어졌습니다. 근로시간 단축의 효과에 관한 실증연구들이 축적되어 통념적 인식이 붕괴된 것도 정부의 이런 고민이 실용성을 갖도록 도운 요소입니다. 사실 우리나라에서 근로시간 규제와 관련해 지금과 같은 혼란이 발생한 것은 정부와 국회가 도그마적인 낡은 인식에 갇혀 균형 감각을 갖지 못한 데다 당연히 인지했어야 하는 관련 사실과 정보에 어두웠기 때문입니다.

근로자에 따른
탄력적 정책이 필요할 때
/

우리나라의 연간 노동시간이 2018년 기준 1980시간 정도인 반면, OECD 국가는 대략 1750시간입니다. 이렇게 연 200시간에 달하는 차이 때문에 그간 법정 근로시간을 줄여야 한다는 의견이 강하게 개진되었습니다. 그러나 이렇게 근로시간을 국가 간 평균으로 비교하는 것은 더 이상 적절하지 않습니다. 특히 국가 간 비교를 주로 하는 국제기구들이 이렇게 평하는 것은 각국 노동시장의 다양성이 증가해 평면적 비교가 유용하지 않기 때문입니다. 이제 낮은 생산성과 장시간 근로가 광범위하게 나타나는 개발도상국을 제외하고는 연간 총 근로시간이 몇 시간인지는 큰 의미가 없습니다. 유독 우리나라에서만 정부와 노동계를 중심으로 이런 논의가 반복되고 있습니다.

국가 간 평균 근로시간의 비교가 의미를 대폭 상실한 것은 근래 크게 늘어난 시간제 근로 비중이 국가 간에 상당한 차이를 보이기 때문입니다. 예를 들어 네덜란드는 시간제 근로 비중이 47%로 근로자 두 명 중 한 명에 가까운 사람이 단시간 근로를 하는 셈입니다. 반면 우리나라는 아주 최근 들어 최저임금의 대폭 인상으로 근로시간 쪼개기가 확산되어 단시간 근로자와 초단시간 근로자가 급증했는데, 이전까지는 단시간 근로가 불과 10% 초반 정도였습니다.

이런 차이가 있는데도 전체 근로자의 노동시간을 합쳐 근로자 수로 나눈 평균 수치만 비교한다면 우리나라 근로자가 턱없이 장시간 동안 노동하는 것으로 비춰집니다. 일종의 착시가 더해진 결과입니다. 국제노동기구 역시 개인 간 근로시간의 이질성 정도가 국가마다 크게 차이나기 때문에 한 국가의 평균 노동시간을 비교하는 것이 전체 그림인 양 간주해서는 안 된다고 강조합니다.

더 이상 국가 간 평균 근로시간에만 근거해 근로시간을 더 단축해야 한다고 주장하는 것은 별 의미가 없을뿐더러, 상황에 따라서는 심각한 문제를 야기하기도 합니다. 예를 들어 독일과 같은 국가는 연간 실근로시간이 1400시간 정도로 제일 짧은 축에 속하지만, 규제의 근거가 되는 법정 근로시간은 주 40시간(주 5일 근로 산업)/48시간(주 6일 근로 산업)으로 우리와 큰 차이가 없습니다.

이는 법정 근로시간과 실근로시간이 상당한 차이를 갖기 때문인데, 법정 근로시간을 줄여 실근로시간에 직접 영향을 미칠 수 있는 경로가 제한적이라는 함의도 갖습니다. 그러나 법정 근로시간을 줄일 경우 경직된 규제를 부가함으로써 산업이나 업종에 심각한 병목을 초래하기가 쉽습니다. 이런 점을 신중하게 고려하지 않고 평균 실근로시간이 길다는 이유로 법정 근로시간을 대폭 줄일 경우 원했던 결과에서 벗어날 위험이 큽니다.

물론 평균 근로시간이 큰 의미가 없다고 해서 우리나라 근로자들의 근로시간을 점검하고 장시간 근로의 문제점을 개선할 필요가 없다는 것은 아닙니다. 경제 전체의 생산성 수준이 상당히 높아졌는데도 부문 간의 생산성 격차는 여전히 크고, 저생산성 부문에는 실근로시간이 과도한 사업체들이 상당수 존재하기 때문입니다.

하루 10시간이 넘는 장시간 노동이 항시적으로 계속될 경우 개인과 사회에 미치는 폐해가 크다는 데 반대하는 이는 드뭅니다. 이렇게 장시간 근로의 심각성으로 인해 산업재해 등 근로자의 안전과 건강을 해치는 점에 대해서는 설령 강제적 수단을 동원하더라도 근로시간을 규제할 필요가 있다는 것 역시 다수가 동의하는 바입니다. 특히 근로시간과 관련한 노사의 여러 행태가 낡은 관행을 답습하는 경우가 흔한 만큼 이들의 행태를 바꿔나가려면 공적인 장치와 계기가 필요합니다. 게다가 장시간 근로자 중 이를 원하지 않는데도 사용자와의 힘의 관계에 눌려 이에 대해 교섭하지 못하는 경우가 존재한다면, 이런 상황을 개선하기 위한 정부의 계도와 조치가 필요한 것 역시 분명합니다.

그러나 장시간 근로 관행을 일거에 해소할 수 있다고 믿거나 이를 위해 규제에만 의존하는 것은 지나치게 단순한 접근입니다. 인간의 역사는 소득이 증가함에 따라 삶의 질과 여가에 대한 필요가 커지는 과정이었습니다. 우리나라의 장시간 근로 중 대부분은 저생산성 부문으로 근로자들 역시 저소득 근로자일 가능성이 높습니다. 이들 저임금, 저소득 근로자들이 여가 시간에 부여하는 가치가 대체적으로 높지 않다는 것입니다.

다시 말해 이들의 삶의 질을 높이기 위해 무엇이 필요한지를 당사자보다 정부가 대신 판단하는 것이 꼭 합당하다는 법은 없습니다. 정부가 여가의 중요성을 강요한다고 해서 장시간 근로 관행이 근절되지는 않습니다. 저생산성 부문이 발전해 근로자의 소득이 증가하고 선호하는 바가 바뀌는 것이 훨씬 더 중요합니다.

그렇다고 사람을 상하게 할 만큼 심각한 장시간 근로를 그냥 두고 보자는 게 아닙니다. 근로자의 건강과 안전을 해칠 만큼 열악한 조건은 시급히 개선해야 하고 필요한 규제를 부과해야 합니다. 그러나 경제 내의 생산성 격차만큼 근로조건의 차이가 큰 우리 노동시장에서 근로시간 규제는 가장 열악한 곳부터 초점을 맞춰 현실적인 기준을 적용해 점진적으로 개선시킬 필요가 있습니다. 고도로 발전된 부문도 있지만, 아직도 전근대적인 기술과 생산방식에 의존하는 부문이 혼재해 있어서 일률적인 규제로 이를 모두 해소하기도 어렵고, 다양한 부문을 한데 뭉뚱그려 획일적으로 통제하는 게 바람직하지도 않기 때문입니다.

예를 들어 일본은 우리보다 잘살고 경제 내 생산성 격차도 적지만 주 60시간 이상의 심각한 장시간 근로 비율을 2020년까지 6%로 줄이는 것에 초점을 맞추고 있습니다. 시급한 것부터 부작용을 줄이며 해결하는 현실적인 방식입니다.[6]

반면 저생산성 부문의 비중이 높은 우리나라가 갑자기 주 52시간을 넘는 사업장을 불법으로 처벌하겠다는 것은 경제에 큰 충격을 야기할 수밖에 없는 방식입니다. 많은 선진국에서 초과 근로시간의 관리를 월 단위나 연 단위로 전환시킨 것과 달리 아직도 일주일 단위로 고집하는 것도 과도한 경직성입니다.

같이 짚어야 할 점은 고생산성 부문에 대한 규제입니다. 대기업이나 공공 부문, 사무직 일반은 장시간 근로의 폐해도 드물 뿐 아니라 경직된 규제를 지양해야 할 부문입니다. 연구개발 부문이나 계절성을 갖는 사무직 등은 본인들의 업무를 무리 없이 진행시키기 위해 특정 시기에 작업을 집중적으로 몰아서 수행하는 경우도 흔합니다. 대학 입학처들이 경직된 근로시간 규제로 인한 어려움을 호소하는 대표적인 경우입니다. 무엇보다 이런 부문의 종사자들이 본인의 건강을 지키고 증진하는 것에 정부가 개입해야 할 정도로 경제적인 어려움이나 억압적인 환경에 놓여 있다고 보기도 어렵습니다.

이공계 연구소처럼 실험의 지속 시간이 길고, 근로 방식에 대한 본인들의 재량도 상당히 높은 업종에서 규제 때문에 저녁 시간에 사무실의 불을 꺼야 한다고 강제하는 것은 사실 우스꽝스러운 상황입니다. 이들은 기본적으로 기업 내 노사 간 대화 채널을 통해 본인들의 선호를 잘 표현하고 근로시간의 변동성을 유연하게 조정할 수 있도록 의사소통을 위한 제도의 틀을 튼튼히 해주는 것이 훨씬 더 중요합니다.

근로시간이 줄어도
일자리는 늘지 않는다
/

2017년 대선 슬로건으로 '근로시간 단축을 통한 일자리 창출', '근로시간 단축으로 50만 개 일자리 창출'이 강조되었습니다. 그러나 근로시간 단축으로 일자리가 창출되는지의 여부는 그간 많은 연구의 주제가 되어왔기 때문에 상당한 연구 결과들이 축적되어 있습니다. 근로시간 단축으로 일자리가 늘지 않았다는 결과 역시 널리 알려진 바입니다. 그냥 되는 대로 주장한 뒤 나중에 '몰랐다'고 하며 덮기에는 너무나 많은 근거들이 축적되어 있는 사안이라는 뜻입니다.

그간의 실증연구에 따르면, 1980년대 이후 프랑스나 독일 등 일자리 창출을 위한 근로시간 단축을 시도했던 대표적인 국가들에서 고용 증진 효과는 관찰되지 않았습니다. 결과적으로 일자리 창출을 내건 근로시간 단축은 대략 정책 실패로 간주되는데, 이는 경험적 사실뿐 아니라 이론적 근거도 갖추고 있습니다. 즉 근로시간 단축을 통해 일자리를 만든다는 목표 자체가 애초 지나치게 단순한 가정에 근거했기 때문이라고 합니다.

간단히 말해 근로시간 단축을 통한 일자리 창출은 '한 사람당 근로시간이 줄어들면 같은 일감을 소화하기 위해 더 많은 사람이 필요하다'는 가정을 기반으로 합니다. 일감, 즉 노동 수요가 제도 변화에도 불구하고 동일하게 유지된다는 가정입니다. 근로시간을 줄여도 현재의 작업량이 동일하게 필요하니 신규 채용이 이루어질 수밖에 없다는 가정은 '노동 수요 불변 가정의 오류Lump of labor fallacy'라고 알려진 실책입니다. 이는 한동안 근로시간 단축을 통해 일자리를 창출할 수 있다는 주장의 근거로 사용되었습니다.

그러나 노동 수요 불변 가정은 실제 생산 현장에서 작동되지 않는 것으로 관찰되는데, 이는 근로시간 단축 규제가 몇 가지 이유로 노동비용을 상승시켜 기업으로 하여금 생산 규모와 노동 수요를 억제하게 만들기 때문입니다. 따라서 신규 채용이 어려워지고 비용이 많이 오를 경우에는 고용이 오히려 감소하기도 합니다.[7]

작업 현장에서 진행되는 문제뿐 아니라 보다 넓은 차원에서 기술의 발전이나 노동시장의 제도적 요인 역시 근로시간 단축의 부정적인 영향을 증폭시키는 요인입니다. 근래의 기술 발전 속에서 노동 강도를 높이고 노동력을 기계로 대체하는 것이 더 쉬워졌기 때문에 근로시간을 단축한다고 해서 일자리가 늘어나기는 어렵습니다. 노동시장의 경직성 역시 그렇습니다. 노동시장이 경직되면 고용 조정이 어려워져 변화가 있어도 신규 고용을 꺼리게 만듭니다.

대표적으로 프랑스는 2000년에 주당 근로시간을 35시간으로 줄이는 법을 통과시켜 전 세계의 주목을 받았지만, 고용조정이 어렵다는 기업 측의 우려로 인해 일자리 창출로 이어지지 않았습니다. 우리나라에서도 이런 문제는 공통적으로 나타나고 있습니다. 근로시간 규제로 인력난이 악화될 중소기업들이 지금 허둥지둥하면서도 인력을 더 고용하지 않는 것은, 시장 상황에 따라 추후 고용 규모를 줄여야 할 시점이 되어도 조정이 어려울 거라는 우려 때문이기도 합니다.

근로시간, 1주가 아닌 1년을 보라

/

근로시간에 관해 흔히 사용되는 규제의 틀은 정규 노동시간의 길이를 명시하고 이를 넘어설 경우 임금에 가산해야 하는 초과 임금 보수를 명시하는 방식입니다. [표 1]에 나타난 것처럼 국가 간 비교

표 1 | 법정 근로시간 규제의 국가별 비교

	근로시간 제한			초과 근로수당
	정규 근로	초과 근로 상한	근로시간 상한	
스웨덴	40	12	52	규정 없음
프랑스	39	9	48	25
이탈리아	48	12	60	10
독일	48	12	60	25
스위스	45/50	16	61/66	25
호주	38-40	없음	없음	50
뉴질랜드	40	없음	없음	25
일본	40	연 360	초과 연 720	25
캐나다	40-48	없음	없음	50
영국	없음	없음	없음	단체협약
미국	40	없음	없음	50
한국	40	12	52	50

자료: OECD(1998)

가 쉬운 기본 규제 항목은 기준이 되는 법정 근로시간, 연장 근로 가능 시간, 연장 근로에 적용되는 임금 가산율입니다. 더불어 이런 기본 사항을 보다 잘 활용할 수 있는 다양한 부가적 제도 장치, 규제 적용 제외 부문이나 업종, 특례 제도 등도 근로시간 규제의 주요 구성 요소입니다. 근로시간 규제의 강도를 가늠할 수 있는 기본적 지표로는 근로시간 상한이 존재하는지, 초과 근로수당이 얼마나 높은지 등이 사용됩니다.

근래 각국의 뚜렷한 흐름은 탄력적 운용을 위해 일률적 강제를 지양하고, 사업장 내 노사 간 협상에 의해 결정될 여지를 넓게 남겨 놓는다는 것입니다. 따라서 정규 근로시간과 초과 근로시간의 합계가 법에 명시되었다고 하더라도 일정 기간 동안 이를 넘길 수 있는 여지가 넓어 실제로는 근로시간 제한이 엄격하지 않습니다.

특히 우리나라의 '주 52시간 근로제'처럼 일주일 단위로 근로시간을 규제하는 것은 근로시간을 엄격히 규제한다고 알려진 독일이나 네덜란드에서도 이미 존재가 희미해졌습니다. 이들 나라의 근로시간 법은 6개월 정도를 기준으로 평균 하루 8시간을 넘지 않도록 규정하고 있습니다. 총량은 규제하되 일이 많을 때는 근로시간을 늘렸다가, 일이 없을 때 쉽게 줄이게 함으로써 탄력적으로 운용하는 것입니다. 독일의 경우 주 5일제 적용 산업은 하루 8시간, 6일제 적용 산업은 주 48시간을 기준으로 하되 하루 10시간이 넘지 않는 한도 내에서 6개월간의 평균 근로시간이 하루 8시간을 넘지만 않으면 됩니다.

더구나 기업 현장의 노사가 협상을 통해 이 기간을 확대할 수 있기 때문에 근로시간 제한을 1년 단위로 연간화annualize하는 것도 흔합니다. 연간 총 근로시간의 한도를 맞추면 됩니다. 또한 근로시간 한도를 어겼을 때도 처벌 여부를 판단하기 위해서는 과도한 근로시간이 근로자의 건강과 안전을 실제로 해쳤는지의 여부를 조사하도록 하고 있습니다. 개별 기업에 맞도록 탄력성을 보장하지 않고는 시장 변화에 대처할 길이 없다는 인식이 법률에 반영되어 있을 뿐만 아니라 제재에 대해서도 신중하게 접근하는 것입니다.

　그리고 이렇게 탄력성을 보장하는 장치들이 중요시되는 것은 바로 과거 근로시간 단축의 실패 경험 때문이기도 합니다. 1980년대와 1990년대 경기 둔화와 실업률 상승을 타개하기 위해 시도된 근로시간 단축은 임금 상승만 초래했을 뿐 오히려 일자리 감소로 귀결되었다는 평가가 이루어졌고, 그에 따라 정책 실패에 대한 성찰과 수정이 이루어졌습니다. 특히 독일의 경우 한때 근로시간 단축에 성공한 나라의 본보기로 꼽혔지만 이런 실패를 경험하면서 경직된 근로시간 단축 규제의 역효과를 완화하기 위한 다양한 탄력성 보장 장치를 활용하고 있습니다.

유연성이
필요한 이유
/

경제에 부작용을 주지 않아야 하는 것도 중요하지만 경제 환경과 인구구조가 변화하는 메가트렌드 속에서 획일적인 근로시간 규제가 더 이상 의미 없다는 것도 근로시간 유연성이 강조되는 이유입니다. 우선 노동 수요와 공급 패턴이 모두 크게 변화했습니다. 노동 공급측 원인으로는 근로자 구성의 변화가 무엇보다 중요합니다.

　여성 근로자가 증가하고, 남녀 간의 가정 내 역할 분담 형태가 달라지면서 근로시간과 관련한 근로자 개인의 필요와 선호가 달라졌습니다. 즉 언제 일하고 얼마나 일할 것인지에 대한 개인의 선호가 다양해졌고, 노동과 삶을 조화시키려는 선호 또한 강해졌습니다. '저녁이 있는 삶'을 원하는 사람도 있지만, '아침이 있는 삶'이나 '여름이 있는 삶'을 원하는 등 다양한 요구가 증가한 것입니다. 결국 근로자가 얼마나 재량을 가지고 근로시간을 통제할 수 있는지가 사용자와의 중요한 교섭 항목이 되고 있습니다. 기업으로서도 근로시간을 유연하게 맞춤형으로 제공해 근로자 복지를 향상하고 효율을 높일 수 있다면 자연스럽게 이를 중요시 하게 될 것입니다.

노동 수요 측면에서도 근본적인 변화가 진행되고 있습니다. 단지 제조업의 계절성만의 문제가 아니라 대중의 라이프 스타일 자체가 변화하고 있는 것입니다. 이제 모두 비슷한 아침 시간에 일어나 활동하다 비슷한 밤 시간에 잠자리에 드는 구조를 표준으로 생각하지 않습니다. 기술의 발전과 함께 각자가 활용하기 편한 시간에 일을 하거나 여가를 즐기는 것이 가능해짐에 따라 이런 라이프 스타일을 뒷받침하는 서비스 산업이 24시간 내내 작동하고, 이런 변화는 다시 제조업과도 융합하며 변화를 보이고 있습니다.

아무 때나 야식을 배달시키고 주말에도 각종 서비스를 주문하는 등 삶의 형태가 변화하면서 생산방식에 영향을 주고 있는 것입니다. 이는 대중들의 삶의 방식 변화를 시장 수익으로 연결시키고자 하는 이들 역시 24시간 체제에 속한다는 것을 의미합니다. 근로시간의 기본 틀이 바뀌면 근로자들은 그 안에서 본인의 선호를 최대한 구현하기 위해 노력하게 됩니다. 예전과 같은 '휴가와 휴일을 제외한 1년 내내 전일제 근무'라는 표준이 허물어지고 있는 것입니다.

근래 다양화되고 있는 근로 형태를 보면 전통적인 전일제 주중 근무 외에도 시간제 근무, 유연 근무, 호출 대기 근로on-call뿐 아니라, 배달 등 특수 형태의 근로를 일정 기간 강도 높게 한 뒤 상당 기간 쉬거나 본인이 원하는 활동을 하는 형태도 늘어나고 있습니다. 예전 같으면 상상하기 어려운 생활 방식입니다.

이렇게 노동 수요와 공급의 양쪽 영역에서 근로시간이 다양화되는 흐름이 확연한 이상, 근로시간의 규제 또한 과거와 같은 획일적이고 경직된 방식을 탈피할 필요가 큽니다. 과거처럼 주당 최대 몇시간이라는 중앙 통제의 규제 형태로는 거대한 사회경제의 변화에 발맞추기 어렵기 때문입니다.

그도 그럴 것이 생산품 시장과 서비스 시장의 가변성이 늘어나 노동 수요가 시기별·시간별로 들쭉날쭉하고, 근로자들의 선호와 처지 또한 다양해지고 있습니다. 이를 수용하려면 근로시간을 탄력적으로 운용하면서 근로자 개인 사정에 맞게 조정할 여지를 넓히는 것 외에는 다른 방법이 없습니다.

근래 각국에서 널리 사용되는 근로시간 규제 방식은 일반적으로 근로자의 건강과 안전을 해치지 않기 위해 필요하다고 동의되는 최소 수준은 뚜렷하게 규정하되(대략 하루 10시간), 기준 근로시간(하루 8시간)을 일정 기간 내에 평균적으로만 준수하도록 허용하는 방식 balancing periods입니다. 이 기간 동안 평균적으로만 기준 시간을 넘지 않으면 가산 임금이 아닌 정규 임금이 적용되기도 하니 기준 시간을 초과하는 것이 사용자에게 큰 부담을 주지 않는 유연한 시스템입니다. 그리고 그 평균 기준을 6개월로 할지, 1년으로 할지 등은 사업장 단위의 구체적인 상황에 맞춰 노사가 협의하도록 하는 노사 자치 확장형 방식입니다.

결국 이는 '방향은 제시하되 구체적인 구현 방식은 사업장 사정에 맞도록 노사 자체가 탄력적으로 결정하는' 것입니다. 중앙에서 획일적으로 강제하는 방식으로는 복잡해진 시장과 다양화된 현장 사정에 대처하기 어렵기 때문입니다. 다른 한편으로는 사업장마다의 구체적인 상황을 모른 채 취약 근로자가 아닌 교섭력이 높은 근로자들까지 정부가 개입해 편을 들어주는 것은 바람직하지 않다는 인식 때문입니다.

대한민국 근로시간 규제의
흐름과 문제점
/

우리나라의 근로시간은 소득 증가와 함께 꾸준히 감소해왔습니다. 경제개발기의 장시간 노동은 말할 것도 없고, 1998년의 연간 근로시간도 2880시간에 달했습니다. 그러나 2008년에는 2120시간, 2018년에는 1986시간으로 불과 20년 사이 대략 900시간이나 감소했습니다. 통계청에 따르면 2000년에 52시간이었던 주간 근로시간이 2019년에는 41시간까지 떨어졌습니다.

아직도 OECD에서 평균 근로시간이 가장 높은 국가군에 포함되어 있다는 점이 근로시간 규제 강화 주장의 논리였지만, 이미 '살인적 근로시간'이라는 말을 평균적 근로자에게 사용할 정도는 아닙니다. 사실 누가 보더라도 평균 주 41시간의 근로가 근로자의 건강과 안전을 해치는 수준이라고 보기는 어렵습니다.

또한 선진국보다 훨씬 장시간이라고는 하지만 시간제 근무 비중이 낮고, 저생산성 부문과 고생산성 부문 근로자의 근로시간 차이가 크기 때문에 일률적으로 선진국과 비교할 문제는 아닙니다. 다시 말해 전체의 문제가 아니라 일부 저생산성 부문의 장시간 근로가 문제인 것이지요.

그동안 우리나라의 근로시간 규제는 크게 세 단계를 거쳐 변화해왔습니다. 법정 기준 근로시간은 1953년 근로기준법 제정 시 1일 8시간, 주 48시간 근로제를 채택한 이후 1989년에는 주 44시간제, 2004년에는 주 40시간제로 변경되었습니다. 현재 근로시간 규제의 기본은 법정 기준 근로시간이 1주간 40시간이고 1일 8시간이며, 연장 근로시간은 개별 근로자가 동의한 경우 주 12시간 한도 내에서 허용됩니다.

우리나라의 규제 방식에 대해 몇 가지 주목할 점이 있습니다. 첫째는 앞의 [표 1]에 제시된 선진국 사례에 비해서도 근로시간 규제가 강하다는 점입니다. 주간 근로시간 상한을 명시하지 않는 국가도 다수 있는 데 반해 우리는 52시간으로 낮게 책정했을 뿐 아니라 연장 근로 가산 임금율도 높은 수준입니다. 더구나 주간 근로시간 상한이 있는 나라이더라도 탄력 근로제를 통해 그 경직성을 누그러뜨리는 것과 달리 우리나라는 탄력 근로 자체도 과하게 경직되어 있습니다.

현재 이를 도입하기 위해서는 근로자 대표와 서면 합의가 필요하며, 그 합의 내용은 적용 대상 근로자, 근로일과 해당 근로일별 근로시간 등을 반드시 포함해야 합니다. 대략적인 계획안 정도가 아니라 근로일과 일별 근로시간, 대상을 미리 서면 합의한다는 조건이 있는 한 탄력 근로라는 말에 적합한 탄력성이 실제로 제고되기는 어려운 구조입니다. 무엇보다 아직 주 단위로 근로시간을 규제한다는 것 자체가 규제 수준이 과하다는 것을 의미합니다.

두 번째는 현실과의 괴리입니다. 시작부터 그랬지만 관념적인 인식을 기반으로 한 비현실성은 우리나라 노동 관련 규제의 고유한 특성이 되어버렸습니다. 1953년 근로기준법에서 명시한 주 48시간 근로는 현재 선진국의 법정 근로시간과도 큰 차이가 없을 정도입니다. 전쟁의 폐허 속에서 세계에서 가장 빈곤한 국가로 꼽혔던 시절, 산업화 과정에서 초장시간 근로가 만연했던 것을 고려하면 이런 법 규정은 사실상 허황되다고밖에 말할 수 없습니다. 실정에 맞는 입법을 할 정도의 지적인 인프라가 갖춰지지 않은 상태에서 선진국의 법을 그대로 모방한 결과입니다.

다시 말해 당시의 경제 상황에서 사업자로서는 근로기준법을 준수하면서 사업을 유지하는 것이 불가능했고, 근로자로서도 법에 규정된 근로시간만으로 생계를 꾸릴 수 없는 상황이었습니다. 근로기준법을 준수하라는 요구 자체가 별로 현실성이 없었던 것입니다. 저생산성 부문의 장시간 노동이 당연하게 여겨진 그간의 관행은 법 규정이 불명확했던 점에서 기인하기도 하지만, 다른 한편으로는 법규와 현실의 지나친 괴리에서 나타나는 구속력 부족의 문제점도 여실히 보여줍니다.

이렇게 법이 현실과 완전히 괴리되는 경우 법 규정은 사실상 사문화되는데, 이는 저생산성 사업장에서 아직도 전근대적일 만큼 장시간의 근로가 계속되는 원인 중 하나이기도 합니다. 그리고 이것은 현재의 규제 방식에 대해서도 오히려 실효성을 떨어뜨릴 것이란 우려를 제기합니다. 현실을 제대로 반영하지 못하고 규제자의 욕심만 앞세워 경직적으로 강도를 높임으로써 오히려 구속력이 미미했던 과거로부터 현재의 시사점을 찾아야 할 것입니다.

벼랑 끝에 내몰린
중소기업
/

2004년 이후 주 52시간(주 40시간 근로에 연장 근로 12시간)으로 근로시간 상한이 명시되었습니다. 하지만 휴일 근로와 연장 근로를 구분해 운용하는 관행이 통용되다 보니 평일 52시간(주중 5일 각 8시간 +연장 근로 12시간), 토요일과 일요일 각 8시간 노동으로 사실상 주

68시간제 사업장이 저생산성 부문 중심으로 상당수 존재했습니다. 이 정도의 근로시간이 일시적이 아니라 항시적으로 지속되는 사업장이라면 근로자의 건강을 위해서도 지속가능하다고 말하기 어려운 수준입니다. 게다가 이는 휴일 근로를 연장 근로와 중복 계산해 가산수당 할증률을 50%로 할지 100%로 할지를 둘러싼 임금 분쟁과도 연계되어 다양한 분쟁의 소지를 내포했습니다.

이는 2018년 3월, 근로기준법 개정의 배경이 됩니다. 장시간 근로 관행을 개선하고 임금 관련 분쟁의 소지를 줄이기 위해 기본적인 규범을 보다 분명히 할 필요가 있었습니다. 법 개정은 ① 1주당 최대 근로시간 상한을 휴일 근로 포함 52시간으로 명확히 하고, ② 적용 제외되는 근로시간 특례 업종을 대폭 축소하고, ③ 중복 가산 임금 관련 사항을 명확히 하는 내용을 담았습니다.[8]

노동계와 사용자 단체는 각각의 시각에서 불만을 표출했지만 전문가 입장에서 이번 입법 평가 시 주목하는 것은 입법의 퇴행성입니다. 이는 지난 입법과 비교할 때도 뚜렷하게 나타납니다. 현실과 괴리가 있던 규제를 최대한 현실성 있게 만들기 위해 애쓰면서 장시간 근로 개선을 위한 표준을 제시하려는 노력이었다고 2004년의 개정을 평가할 수 있습니다.

2004년 주 40시간 단축은 법정 근로시간을 불과 네 시간 줄이는 변화였지만 7년의 유예기간을 설정했고, 결과적으로 논의 시작부터 5인 이상 사업장까지 적용하는 데 11년이 걸렸습니다. 충격을 줄이고 근로시간 변화를 연착륙시키는 데 역량을 쏟은 것입니다.

반면 이번 개정은 단지 불확실성을 해소하는 성격이 아니라 저 생산성 상당수의 사업장에 기존에 통용되던 주 68시간 근로를 주 52시간으로, 무려 16시간 줄인 것과 같습니다. 그런데도 그 계획은 실로 급박합니다. 1단계 300인 이상 기업 적용(2018년 7월), 2단계 300인 이상 특례 제외 21개 업종에 적용(2019년 7월), 3단계 50~299인 기업 적용(2020년 1월) 등으로 불과 2년 안에 중소기업까지 포괄하는 계획입니다. '어떤 부작용이 생기더라도 개의치 않고 근로시간을 줄이겠다'는 것이 유일한 정책 목표인 것처럼 보입니다. 더구나 2004년 당시의 경제성장률이 7%였던 데 반해 현재 2% 남짓인 것을 고려하면 경제가 충격을 흡수할 여지가 현저히 적은데도 이를 강행한 것입니다.

입법이 불발되긴 했지만 같은 내용을 다루었던 2015년 노사정 합의만 보아도 유예기간 4년 동안 주 8시간 특별 연장 근로 허용, 탄력 근로 단위 기간 확대, 휴가 사용 증진 등 기업들이 변화에 적응할 여지를 주면서 개인의 일하는 방식과 문화를 개선시키기 위한 보완 장치를 내장하는 데 상당한 노력을 기울였습니다.

반대로 이번 개정은 어떻게 변화를 연착륙시킬 것인지에 대한 관심은 찾아보기 어렵습니다. 시행 시간은 최대한 감축하고, 특례 업종과 특별 연장 근로를 대폭 줄임으로써 어떻게 하면 물샐틈없이 규제의 적용을 받게 할 것인지를 최우선의 목표로 삼은 셈입니다. 경제에 주는 충격은 아랑곳하지 않고 단기적 목표만 밀어붙이는 '완장 찬 순사' 같은 태도입니다.

결과적으로 이미 장시간 근로의 문제가 심각하지 않던 공공 부문이나 대기업의 경우 더욱 강력해진 근로시간 규제로 실근로시간이 줄어드는 효과가 나타나고 있습니다. 그러나 중소기업은 지불 능력한계와 적응 기간 부족으로 적잖은 혼란과 충격이 예상됩니다.[9]

IT, 연구개발, 건설 등 특례 제외 업종 역시 준비도 부족하고 규제 내용도 업무 특성과 괴리되어 향후 심각한 어려움이 예상됩니다. 근로자 입장에서도 일용직 등 저소득층 비정규직의 경우 소득 감소를 감수하거나 여러 군데의 일감으로 근로시간을 확보해야 하는 어려움을 떠안게 되었습니다.

더구나 최저임금의 대폭 인상과 비정규직의 정규직화, 미중 그리고 한일 간의 무역 분쟁 등 국내적으로는 노동비용을 급격히 높이는 정책 변수가 동시다발적으로 발생했고, 대외적 리스크까지 급증했습니다. 이런 조건에서 기업이 택할 수 있는 대처 방안으로는 신규 고용을 억제하거나 국외 이전을 모색하는 정도일 것입니다.

상황이 이러니 2019년 11월 정부는 중소기업에 대해 1년의 계도 기간을 부여하고 특별 연장 근로 사유를 완화한다는 임시방편을 서둘러 발표했습니다. 중소기업 정책의 주무부처 장관인 박영선 장관은 "나도 투표했지만 반성한다, 국회에서 좀 더 심도 있는 논의를 했어야 했다"는 반성적 소회를 밝히기도 했습니다. 그러니 애초에 2018년 법 개정이 얼마나 완고하고 비현실적인지를 짐작할 수 있습니다.

입법 방식의 퇴행성만큼 문제되는 것은 정책 목표의 부적절함입니다. 이렇게 급박한 일정을 공표한 것은 대선공약이었던 '근로시간 단축을 통한 일자리 창출'과도 관련이 깊습니다. 그러나 애초 법정 근로시간을 단축해 일자리를 창출하겠다는 약속이 그다지 근거가 없다는 점은 적어도 전 세계 정책 서클 속에서는 널리 공유된 인식이었습니다. 그간 각국의 경험이 근로시간 단축이 일자리 창출로 이어지지 않는다는 것을 보여주었고, 현재 경제 상황이 좋지 않아 노동 수요가 약하기 때문에 노동비용을 상승시키는 규제가 일자리 충격으로 이어질 것은 충분히 예상된 것입니다. 더구나 우리나라처럼 경제 내 부문 간 생산성 격차가 큰 경우 급작스럽게 규제를 강화했을 때 충격을 흡수하기 어려운 저생산성 부문이 가장 타격을 받을 게 자명합니다.

이런 상황을 고려한다면, 비록 선거 과정에서 정치의 후진성이나 세력 간 연대를 목표로 한 정치공학적 고려로 인해 현실성 없는 목표가 내세워졌더라도 이후 마땅히 행정부와 입법부를 거치면서 수정되거나 개선되었어야 합니다. 그러나 근로시간 단축 입법의 경우 국정 과제로 선정될 때도 내용이 수정되지 않은 데다 논스톱으로 입법까지 되었습니다. 비현실적인 목표 하에 경직적이고 급작스런 규제를 부과해 경제에 충격을 주었고, 공공 부문과 대기업 조직 근로자를 뺀 국민 전체를 고달프게 만든 것입니다.

그렇다면 왜 이런 상황이 벌어졌는지를 점검할 필요가 있습니다. 무엇보다 결정권을 가진 사람들이 얼마나 균형감각을 갖고 있는가의 문제일 것입니다. 노조의 역량이 높고 협조적 관계가 형성되어 있는 서구 선진국에서도 노사 자치의 영역을 넓혀 노사 간의 결정으로 남겨두는 것과 비교해보면 더욱 그렇습니다.

근로시간 규제, 이념이 아니라 미래를 봐야 한다

/

경직된 규제로 경제에 가해지는 충격을 불사하는 것은 기본적으로 경제의 지속가능성을 희생시키는 것과 같습니다. 사라진 일자리를 복구하는 것은 간단치가 않습니다. 지금처럼 젊은이들의 일자리가 아쉬운 상황에서는 경제가 더 활력을 잃지 않도록 최대한 노력하는 것이 무엇보다 우선되어야 하고 이것이 세대 간의 상생 방안입니다.

주 52시간 근로제가 이미 입법된 이상, 일단 입법의 충격을 최소화하기 위해 탄력적 운용의 길을 최대한 넓히면서 중장기적으로는 규제에 대한 관점을 합리화하는 것이 중요합니다. 주 52시간 근로제 입법과 동시에 처리되었어야 하는 탄력 근로 관련 사항이 아직 마무리되지 않은 것은 우려스러운 부분이지만, 어쨌든 향후 입법 과정에서 주 52시간 근로제에 대한 구체적 보완 장치들을 가능한 합리적으로 내장하는 것이 절실합니다.

기본 방향은 총 근로시간 한도 범위 내에서 노사가 근로시간을 유연하게 운용할 수 있는 자율성을 최대한 인정하는 것이어야 합니다. 첫째는 탄력 근로 단위 기간을 확대하고 도입 요건을 완화하는 것, 둘째는 근로시간 특례 제도의 대상 업종을 확대하고 분류를 개선하는 것, 셋째는 업무의 특성을 반영해 재량 근로제 대상 업무를 확대하는 것, 넷째는 특히 이 모든 사안에서 중앙의 통제를 개별 사업장에 맞도록 변용해 적용할 권한을 현장의 노사에 부여하는 것 등이 당장 처리해야 할 과제입니다.

중장기적인 방향 역시 중요합니다. 근로시간 규제는 경제 발전 단계에 따라 형태를 달리해야 마땅합니다. 가난한 국가에서는 우선 산업화를 일으켜 경쟁력을 갖출 필요가 있지만, 이것은 단지 국가 차원의 목표가 아니라 개인이 원하는 삶의 방식과도 밀접한 관련이 있습니다. 이 단계에서는 저녁이 있는 삶보다 저녁을 먹을 수 있는 삶이 훨씬 중요시됩니다. 따라서 그것이 근로자의 건강과 안전을 해치지 않도록 하되 소득 창출 기회를 훼손하지 않는 수준의 규제와 방향 제시가 현실적입니다.

이 단계를 넘어 경제 수준이 향상되는 과정에서는 여가, 자기계발, 일과 가정 양립의 가치가 상승하는 한편, 이미 고착화된 사회적 관행으로 인해 개인의 선택이 제한되는 현상이 나타납니다. 정부의 역할은 이런 상황에서 혼란과 마찰을 줄이면서 방향을 제시하는 것입니다. 그러나 획일적이고 중앙집권적인 규제는 더 이상 필요도 없고 효과도 기대하기 어렵습니다. 가족 구조와 근로 형태의 변화와 함께 개인이 바라는 근로시간이 다양화되고, 경제 내 부문 간 생산성 격차가 큰 만큼 실제 문제가 발생하는 부문을 파악해 필요한 조치를 취하는 것이 보다 적절한 방식입니다.

지금 우리나라 근로시간 규제의 본질적인 문제는 애초에 이념적 목표를 추구하며 교섭력을 강화시키려는 노조의 의도가 정부의 비호 속에서 별다른 근거도 갖추지 못한 채 신속히 입법화된 구조라 할 수 있습니다. 그러나 이런 비호는 시대의 변화와 생산 현장의 요구와 상충하기 때문에 어떤 식으로든 합리화되기 어렵습니다.

무엇보다 기술과 인구구조가 변하고 생활 패턴이 변한 상황에서 근로시간 규제의 표준은 이미 경직된 표준 시간을 강제하는 것이 아니라, 기준을 제시하되 노사 협의로 조정하는 것을 유연하게 허용하는 것으로 변화했습니다. 근로시간에 대한 세세한 규제가 더 이상 정부의 역할이 아니라는 뜻입니다.

근로자의 교섭력이 약한 곳에 원칙과 틀을 제공하고 이것이 제대로 지켜지는지를 모니터하는 것이 아니라, 교섭력과 처우가 이미 높은 곳에 그 힘을 더해주는 것은 노동시장 격차를 가중시키고 일자리 창출을 막을 뿐입니다. 이렇게 경제에 불필요한 부담을 가중시킴으로써 생기는 고통은 일자리 충격을 받는 국민의 몫입니다.

안 그래도 바람이 빠지고 있는 풍선에 구멍을 내는 것처럼 경제의 활력을 소진시키는 것이니 노동시장에 진입하려 애쓰는 청년들을 더 고달프게 만드는 규제입니다. 이렇게 경제의 체질이 망가지고 시스템이 훼손되는 것은 고스란히 미래세대의 부담이 될 것입니다.

3장

비정규직 대책—
정규직 전환이
좋은 일자리
창출이라는
환상

비정규직 제로,
근로자에게는 오히려 손해

/

문재인 대통령은 대선공약 중 하나로 비정규직 제로 시대를 내걸었습니다. 민간기업 비정규직을 정규직으로 전환하도록 촉진하고 공공 기관은 비정규직이 한 명도 없도록 한다는 약속입니다. 이것은 '비정규직의 정규직화 원칙'이라는 제목으로 국정 과제에도 포함되었습니다. 국정 과제란 임기 동안 정부가 가장 중점을 두고 추진하겠다는 목표입니다.

문재인 대통령이 2017년 5월 취임 후 첫 외부 일정으로 방문한 인천공항공사가 공사 내 비정규직 1만 명을 즉시 정규직으로 전환하겠다고 밝힌 이후, 공공 기관은 연내에 비정규직을 정규직으로 모두 전환하라는 지시를 받아 이를 급박하게 이행했습니다.

긴급하게 처리해야 했던 만큼 공공 기관들은 평소의 정규직 채용 기준을 그대로 적용해 정규직 전환을 진행할 수는 없었습니다. 결국 당시 근무하던 비정규직 근로자를 대충 전환하는 것이 불가피했는데, 이는 복잡한 문제를 야기할 수밖에 없습니다. 할당된 예산에 따라 인건비 규모가 정해지는 것이 공공 부문의 특성인데, 이제 고용 버퍼로 작동했던 비정규직이 없으니 누군가 퇴직하지 않는 이상 사실상 신규 채용이 막힌 셈이기 때문입니다. 정규직 근로자가 되기에 역량이나 의욕이 부족한 사람들을 한꺼번에 정규직으로 전환시켰지만, 이제 공공 부문 입사를 꿈꾸며 취업을 준비하던 젊은이들은 일자리를 얻기가 더한층 어려워진 것입니다.

이렇게 무리를 해가면서 서둘러 공공 부문 정규직 전환을 진행한 진의가 무엇일까요. 차분하게 채용 관련 관행을 바꿔나가는 것이 아니라 콩 볶듯이 정규직 전환을 추진하다 보니 공공 기관에 근무하던 기존의 비정규직만 주로 수혜자가 될 게 뻔한데도 말입니다. 우선은 공공 부문 비정규직 근로자들이 이례적인 전환 과정을 통해 자신들이 지지한 정부로부터 대가를 받았다고 느끼게 되고, 또 한편 공공 부문 노조가 단시간 내 강화된 것이 현재 나타난 중요한 효과입니다.

대표적으로 문재인 대통령이 방문해 '공공 부문 비정규직 제로'를 선언한 장소인 인천공항공사는 노사 협상 과정에서 민노총이 '경쟁 없는 정규직 채용과 대폭적인 임금 인상'을 요구하면서 빠른 속도로 비정규직 조합원을 늘렸습니다.

2017년 5월, 2400여 명으로 추산된 규모는 그해 말에는 3800여 명으로 늘어났고, 2018년 말에는 4200명을 넘어섰습니다. 겨우 1년 반 동안 조합원이 두 배 가까이 늘어난 것입니다. 현재의 지지층에는 큰 혜택을 주면서 결집시키고, 미래의 노동시장에 진입할 세대에 대해서는 취업문을 더 좁게 하는 부작용을 기꺼이 초래한 조치입니다.

어떻게 보아도 이는 공정하고 책임 있는 정책이라고 할 수 없습니다. 그러나 이것이 별 저항 없이 빠르게 시행될 수 있었던 것은 비정규직이 생성되는 기본 메커니즘에 대한 사회 전반적인 인식이 낮고, 이로 인해 피해를 보는 청년 세대의 목소리가 표현되지 않아서이기도 합니다. 공공 부문 일자리를 위해 길게 줄 서 있는 이들을 두려워할 필요가 없으니, 그들에게 일방적으로 불리하다고 해도 자신과 가까운 사람들에게 우선권을 주는 것에 주저하지 않을 수 있는 것입니다.

비정규직 제로라는 비현실적인 슬로건을 잠시 접어두면 현실적인 셈은 간단합니다. 우선 비정규직 근로자의 차별과 안전은 방치할 문제가 아닙니다. 정부와 기업의 적극적인 노력이 필요합니다.

그러나 이것은 비정규직을 없앤다고 공언하는 것으로 해결되는 문제가 아닙니다. 비정규직을 없앤다는 것은 지금 비정규직 숫자보다 훨씬 적은 숫자의, 인건비가 월등히 많이 드는 정규직을 만들겠다는 뜻입니다. 그러니 비정규직 일자리라도 절실하게 필요로 하는 사람들 중 상당수는 노동시장에서 퇴출되어야 한다는 뜻입니다. 정규직만 존재하는 상태란 소수만이 일자리를 확보한 채 더 이상 일자리가 창출되기 어려운 상황을 뜻합니다. 이를 지향하겠다는 게 이상하지 않을 수 없습니다.

일자리 수를 줄이지 않으면서 비정규직의 처우를 개선하려면 정규직의 처우 중 과도한 부분을 줄이는 수밖에 없습니다. 기업이 정규직과 비정규직의 노동비용을 총체적으로 관리하는 이상 일부 비용이 올라가려면 다른 일부가 줄어야 하기 때문입니다. 그러니 정규직의 근로기준과 고용보호 수준을 그대로 둔 채 비정규직을 정규직으로 전환하라고 하는 것은 일자리를 줄이는 것과 같습니다. 즉 정규직 보호, 비정규직의 정규직화, 일자리 창출, 이 세 가지는 동시에 달성할 수 없는 정책 목표입니다.

흔히 트릴레마trillemma라고 하는데, 세 개의 목표를 한꺼번에 달성할 수 없으므로 하나를 포기할 수밖에 없는 구조라는 뜻입니다. 정규직 보호와 일자리 창출을 모두 포기하지 않으면서 비정규직의 정규직화를 이루는 것은 불가능합니다.

그러니 부작용을 염려하는 정부라면, 그리고 청년들의 일자리를 걱정하는 정부라면 정규직과 비정규직 간의 격차를 줄이는 데 노력을 기울이는 게 당연합니다. 이는 많은 선진국에서 그간의 시행착오를 통해 지향하게 된 방식이기도 합니다. 그렇지 않고 비정규직을 정규직으로 전환하겠다고 약속하면서 그 부작용을 언급하지 않는 것은, 정작 중요한 것은 누락시킨 채 노조와 정부가 보조를 맞춰 비정규직에 대한 사회적 관심을 기득권 노조의 영향력을 키우는 데 전용하는 것과 같습니다.

더구나 이는 우리나라 노동시장의 고질적이고도 심각한 문제인 이중구조를 더 악화시키게 됩니다. 우리나라 노동시장의 이중구조는 대기업의 조직근로자와 중소기업·하도급·비정규직 근로자 간 격차와 분리로 요약됩니다. 이를 명확히 이해하기 위해서는 세계 각국에서 현재 가장 어려운 현안으로 꼽고 있는 '노동시장 이중구조' 문제의 기본 메커니즘을 살펴보아야 합니다.

노동시장의
이중구조란?
/

노동시장 이중구조란 노동시장이 처우가 좋고 안정적인 질 좋은 일자리와 그렇지 않은 일자리로 엄격히 분리되어, 안 좋은 쪽에서 좋은 쪽으로 상향 이동하기가 극히 어려운 구조를 뜻합니다. 정규직과 비정규직 근로자, 중소기업과 대기업 간 근로자의 흐름이 차단되어 있어 한쪽에서 다른 쪽으로 이동하는 것이 어렵기 때문입니다. 즉 이중구조란 '격차'와 '분리'를 뜻합니다.

이중구조 문제가 심각한 국가로는 독일이나 프랑스 등 유럽의 몇몇 선진국과 함께 우리나라가 꼽힙니다. 유럽 국가에서 이중구조가 강화된 것은 1980년대 경제 환경이 악화되었을 때 일부 근로자들을 보호한 채 처우가 열악한 주변부 노동시장을 새로 만드는 부분적 유연화로 대응했기 때문입니다.

물론 이들 국가가 이런 전략을 택한 것은 원래부터 이들이 노동시장 규제가 강했기 때문이기도 합니다. 이들 국가는 질 낮은 일자리를 지양하고 취업 근로자들의 처우를 보호하기 위해 근로조건을 강하게 규제한 특징을 갖고 있었습니다. 그리고 그런 대우에 익숙한 핵심 근로자들로서는 경제 상황이 나빠져도 일자리 질이 저하되는 것을 용인하기 어려웠습니다.

그러니 경제력을 회복하기 위해서는 구조 개혁이 절실한데, 사용자가 고용의 안정성을 낮추거나 다른 처우를 깎는 것에 대해 핵심 근로자들과 합의하는 것이 불가능했습니다. 다른 타협책을 찾을 수밖에 없었던 것입니다. 즉 규제가 강한 핵심부를 유연하게 하기가 너무 어려우니 차라리 이들은 그대로 둔 채, 기존 일자리보다 훨씬 보호 수준이 약한 주변부 일자리를 만드는 것으로 노조와 타협하는 것이었습니다.

그간 노동시장 이중구조 문제가 심각한 국가들을 대상으로 이중구조의 생성과 심화 과정을 살펴본 좋은 연구들이 여러 차례 이루어졌습니다. 이 연구 결과에 따르면 정규직 보호를 조건으로 한 사용자와 정규직 근로자 간의 거래는 노동시장 이중구조가 창발하게 된 원인이고 이후 복지제도를 비롯한 각종 제도에서의 차등으로 이어져 이중구조 사회를 초래했습니다.[10]

시발점은 수출 대기업이 산업적 중추였던 독일과 국영 대기업 중심의 프랑스에서 모두 1980년대 경제성장 둔화를 겪으며 좋은 일자리가 줄어들고 실업이 증가한 것이었습니다. 당시 국제시장에서의 경쟁력을 잃어가는 상황 속에서 기업들은 생산성을 회복하기 위한 여러 가지 개혁 방안을 강구했는데, 문제는 이 과정에서 조직력이 강한 핵심 근로자들의 처우를 낮추기 어려웠다는 것입니다.

노조는 노조대로 근로조건 관련 규제 완화에 저항하는 것에 한계가 있다는 것을 받아들일 수밖에 없었기 때문에 사용자와 노조는 핵심 근로자의 근로조건을 유지하는 대신 저숙련 근로자 관련 규제를 완화하는 맞교환에 동의했습니다.

광범위한 아웃소싱이 이루어진 것이 대표적입니다. 시설 관리나 청소 등의 주변적 기능은 모두 외주화하는 것이 새로운 표준이 된 것입니다. 반면 원래 처우가 좋았던 핵심 근로자들의 근로조건은 대부분 유지되었는데, 이는 근무 연한이 긴 근로자 중심으로 고용과 처우를 보호하는 규정을 단체협약 내에 확고하게 내장했기 때문입니다. 정부 역시 이런 흐름을 뒷받침하면서 국가 제도적으로도 비정규직 사용에 관련된 규제 완화가 함께 진행되었습니다.

결국 노동시장의 이중구조란 경제 상황이 나빠졌을 때 노동시장에서의 교섭력이 강한 일부 그룹의 지위는 유지시키고, 그 외 그룹의 조건은 악화시키는 불평등한 방식으로 구조 개혁을 한 결과라고 할 수 있습니다. 여기서의 교섭력은 숙련 수준이나 업무의 중요성에 의해서도 영향을 받지만, 가장 직접적인 것은 노조의 조직화 정도입니다.

물론 산업구조의 변화 역시 이중구조 강화와 맞물렸습니다. 이 시기 서비스 산업의 비중이 증가했는데, 서비스 산업은 그 특성상 유연한 노무 관리가 필요하기 때문에 서비스 산업의 비중과 여성 고용 비율이 높아지는 것은 비정규직이 확대되기 좋은 토양을 제공했습니다.

이 과정에서 나타나는 가장 심각한 문제는 구조 개혁의 고통이 특정 그룹에만 편중된다는 것입니다. 즉 경제 상황이 악화되어 일자리가 줄어들 때, 경제가 그 충격을 흡수해 최소화하기 위해서는 고용이나 근로조건이 조정되어야 합니다. 그런데 그것이 모든 근로자에게 균등하게 적용되지 않고 일부 근로자에게만 적용된다면 그 고통은 더 커질 수밖에 없습니다.

또한 노동시장의 이중구조가 고착되는 것은 전체 사회 차원에서도 심각한 문제를 초래합니다. 소득이 낮거나 실업 경험이 길거나 고령인 근로자가 비정규직에 편중되기 쉽고, 특히 정규직으로의 진입이 제한될 경우 노동시장의 이중구조는 새로운 사회 계층 구조를 형성합니다. 정규직으로 이동할 가능성이 너무 낮으니 마치 경직적인 사회 계층 구조가 고착화되는 것과 같기 때문입니다.

전통적으로 노동시장 규제가 강한 국가들에서 이런 과정이 진행되었습니다. 프랑스, 네덜란드, 독일, 오스트리아, 벨기에 등이 기간제 근로, 파견 근로, 시간제 근로, 임시직 등을 확대하는 방식을 활용했습니다. 상당한 시간이 흐른 뒤 독일 통일 후의 어려움 속에서 이루어진 하르츠 개혁은 독일 역사상 가장 대대적인 노동시장 개혁으로 유명한데, 이때 역시 임시직과 기간제 고용을 제한하는 규제를 더 한층 완화했습니다.

이미 이중구조화의 문제점이 널리 인식되던 때라 하르츠 개혁 당시 비정규직의 처우를 배려하는 노력이 있었으나 여전히 정규직 근로자의 고용보호를 감소시키는 해고 관련 규제는 완화하지 못했고, 비정규직 활용을 쉽게 만드는 데만 집중함으로써 이중구조를 심화시키는 결과를 낳았습니다.

최근 들어 프랑스의 마크롱 대통령이 정규직의 고용보호 수준을 감축하는 개혁 어젠다를 내건 것은 지금까지의 흐름에 비추었을 때 매우 중요한 변곡점이라 할 수 있습니다. 이런 시도는 결국 이들 국가가 정규직과 비정규직의 차이를 더 이상 우회하기 어려운 상황에 도달했음을 시사합니다.

정규직과 비정규직
사이의 균형
/

이중구조를 이론적으로 이해하는 시작점은 기업 차원의 조정비용입니다. 조정비용은 노동력 규모를 변화시키는 데 들어가는 비용입니다. 사람을 고용하는 것은 결국 상품을 생산하기 위해서인 만큼 생산품의 수요가 변동함에 따라 고용을 줄이거나 늘려야 하는 상황은 언제든 존재합니다. 이때 상품 수요의 변동에 맞춰 노동력을 새로 고용하거나 해소하는 데 드는 비용이 조정비용입니다.

그런데 조정비용에는 노동력을 늘릴 때보다 줄일 때 훨씬 크게 나타나는 비대칭성이 존재합니다. 정부 정책이 해고를 어렵게 하는 규제를 부과하기 때문입니다. 그리고 이런 규제로부터 상대적으로 자유로운 부분이 비정규직이라는 범주입니다. 예를 들어 기간이 정해진 근로계약을 할 경우 해고와 관련된 비용이 상당 부분 줄어듭니다.

따라서 기업으로서는 장기적으로 비용을 줄이기 위해 어떤 인력을 얼마만큼 정규직에 배치하고, 얼마만큼을 조정이 용이한 비정규직으로 배치할지가 경영 전략의 중요한 일부입니다. 원래 정규직 근로자는 회사와의 일체감이나 팀워크 등 사용자 입장에서도 장점이 많은 고용 형태이긴 하지만 불시에 상황이 나빠졌을 때 고용을 조정할 수 없다는 것은 사실 치명적인 비용입니다. 그렇기 때문에 기업의 상황이 변해도 정규직 인력을 조정하기 어려운 정도가 심하다면 비정규직에의 의존도가 높아질 수밖에 없습니다. 즉 정규직의 보호 정도는 비정규직의 활용 정도를 결정하는 중요한 요소입니다.

그렇다면 정부는 왜 이렇게 여러 규제를 만들어 기업으로 하여금 정규직 고용을 두려워하게 할까요. 애초 조정비용이 낮았다면 보다 많은 사람들이 고용되고 비정규직 활용 유인도 낮아질 텐데 왜 제도적 제약을 설정하는 걸까요. 그것은 기업의 인력 조정으로부터 근로자를 보호하는 것 역시 중요한 사회적 목표이기 때문입니다.

만약 기업이 정말 자유롭게 근로자를 고용하고 아무런 비용 없이 해고할 수 있다면, 근로자로서는 당장 내일의 고용 지속도 확신

할 수 없고 사람들이 느끼는 불안감은 극도로 높아질 것입니다. 또한 근로자의 해고는 근로자에게 소득 상실을 가져올 뿐 아니라 기업 특수적인 기술과 지식을 쓸모없게 만들어 근로자의 시장 교섭력을 크게 떨어뜨립니다.

실업 기간이 길어지면 근로자의 인적자원 자체가 마모되는 것도 큰 문제입니다. 한마디로 사회적 불안정감과 축적된 인적자원의 손실 역시 정책적으로 중요한 고려 사항이라는 것입니다.

따라서 해고에 대한 규제가 어느 정도 존재해야 한다는 데에 반대하는 이는 드뭅니다. 실제로도 미국을 제외한 대부분의 선진국은 정도의 차이만 있을 뿐 고용 조정에 대한 다양한 규제를 갖고 있습니다. 다만 해고에 대한 규제가 강할수록 조정비용이 높아지고 고용을 기피하는 성향 역시 강화되기 때문에 보호가 강할수록 좋은 게 아니라는 것 또한 분명합니다.

고용보호와 조정비용 감소는 어느 한쪽이 절대적 우위에 있는 목표가 아닙니다. 정규직 고용을 회피하고 비정규직에만 고용이 편중되는 것, 시장 불확실성에 기민하게 대응하기 어려우니 고용 자체를 줄이는 것, 이 두 가지가 정규직 보호가 과할 때 나타나는 부작용입니다.

그렇기 때문에 정규직 보호 정도는 본질적으로 이미 일자리를 확보한 근로자를 보호하는 것과 이들을 과보호해 일자리를 필요로 하는 잠재적 근로자들의 기회를 빼앗고 비정규직과의 격차를 벌리는 것 간의 균형을 잡는 일이라 할 수 있습니다.

현재 우려되는 점은 이처럼 균형에 대한 고려 없이 '비정규직의 정규직화'를 정치적 슬로건인 양 일방적으로 추진한다는 점입니다. 정규직과 비정규직, 구직 희망자들이 복잡하고 긴밀하게 연결되어 있는 경제에서 '정규직화'만을 밀어붙이는 정책이 불러올 일자리 생태계 파괴가 가장 큰 우려입니다.

모호해지는 정규직과
비정규직의 경계
/

통상 정규직은 기간이 정해지지 않은 일자리, 즉 심각한 고용상의 어려움이 없는 한 고용이 계속될 것으로 예상되는 일자리이며, 비정규직 일자리는 이것의 반대 개념입니다. 기간이 명시적으로 정해져 있거나 명시적이지 않더라도 고용 지속을 기대할 수 없는 일자리이지요. 대표적으로 기간제, 일용직, 간헐적 노동이 포함됩니다.

그런데 정규직을 한 사회의 표준 일자리로 이해하는 경우가 많은 만큼, 사회 통념상 가장 보편적이고 표준적인 일자리 형태가 무엇인지와 관련이 깊습니다. 예를 들어 시간제 일자리는 고용 기간이 정해진 경우도 있고, 정해지지 않은 경우도 있기 때문에 일률적으로 정규직이나 비정규직이라고 말하기 어렵지만, 전일제 일자리를 표준으로 생각하는 사람들은 통상 시간제 일자리를 비정규직에 포함시킵니다.

반면 서구에서는 시간제 일자리나 파견 일자리 역시 이미 표준 일자리로 인식하기 때문에 이들 중에서도 고용 기간이 정해진 일자리에 한해 비정규직으로 분류하는 경우가 흔합니다. 가사나 육아, 다른 활동을 병행하기 위해 시간제 일자리를 원하는 사람이 많고, 보수나 처우도 근무시간이 다르다는 점만 제외하고 전일제 일자리와 다르지 않다면 굳이 '정규가 아닌' 일자리로 분류될 이유가 약해집니다.

정규직의 개념은 사회와 통념의 변화에 따라 달라지고, 일자리 성격이 변함에 따라 표준이 무엇인지 또한 달라집니다. 예를 들어 기존의 개념과 방식에서 완전히 벗어난 형태로 이루어지는 음식배달업, 수리업, 택배업, 렌탈서비스업 등이 급격히 확장되고 있는 요즘, 이런 분야의 일자리가 특수 형태라는 인식은 점점 옅어지고 있습니다.

처우의 격차를 차치한다면, 근로 형태에 관한 표준 개념이 대중의 생활 방식 변화에 따라 점차 약화되고 있는 것입니다. 결국 머지 않은 미래에 사람들의 생활 방식과 기술 발전에 따라 노동시장의 근로 형태가 점점 다양화된다면, 정규와 비정규 간의 구별 자체도 점점 더 의미를 잃게 될 것입니다. 이들 간에 절대적인 우열을 책정하고 하나를 박멸해야 할 상대로 간주하는 것은 빠르게 변화하는 경제 환경에서는 더 이상 적절하지 않습니다.

고용보호법제의
내용과 한계

/

정규직에 대한 보호는 일차적으로 고용보호에 관한 법 규정에 명시됩니다. 고용보호 법규는 고용 방식에 관한 제약으로 크게 '해고 관련 규제'와 '비정규직 채용과 관련한 규제'로 구성됩니다. 해고 규제는 한마디로 해고를 불편하게 만드는 절차적 규제와 보상 관련 규제입니다. 사전 고지의 엄격성, 해고 시 수당 관련 규제, 부당 해고 기준과 벌칙 등이 포함됩니다. 반면 비정규직 채용과 관련한 규제는 고용 기간을 제한하거나 지속적으로 갱신 횟수를 제한하는 것이 대표적입니다.

정도의 차이만 있을 뿐 어느 나라나 고용보호법제EPL를 가지고 있는데, 이는 사용자로 하여금 고용 조정에 드는 비용을 일정 부분 부담하게 함으로써 사용자가 별 이유 없이 근로자를 해고하거나 비정규직 활용을 남용하지 않도록 하기 위해서입니다.

물론 어디서부터 남용이고 어디까지가 필요에 의한 적절한 사용인지는 사실 명확하게 선을 긋기 어려운 부분입니다. 더구나 시장과 기술의 변화에 따라 고용도 변화시켜야 기업이 생존하고 그 가치를 높일 수 있습니다. 그렇기 때문에 경직성을 과도하게 부과하는 것 역시 바람직하지 않습니다.

이 중 비정규직 활용 관련한 규제는 대체로 강하지 않은데, 이는 비정규직을 노동시장 이중구조의 근원으로 간주해 없애기보다 그 처우를 어느 정도 보장하는 데 중점을 두기 때문입니다.

더구나 이중구조가 심하다는 것은 '격차'뿐 아니라 비정규직과 정규직 간의 이동이 막힌 '분리'를 가리킵니다. 이는 정규직 보호가 과해 노동력의 흐름 자체가 막혀 있다는 뜻입니다. 그렇다면 정규직 보호의 정도가 비정규직 처우에 영향을 미쳐 이중구조를 심화시키는 구조인 만큼 비정규직 문제만을 분리해 문제 삼는다면 해결의 단초를 찾기 어렵습니다.[11]

우리나라 고용보호 수준은 항상 논란의 중심에 있었습니다. 혹자는 높다고 평가하는 반면, 반대의 평가도 흔합니다. 사실 이는 어디를 관찰하느냐의 문제입니다. 고용보호법제 수준을 노동시장 전체를 놓고 다른 국가와 비교하면 높지 않지만, 대기업이나 공공 부문은 어떤 사유건 사실상 해고가 어려운 구조여서 고용보호가 매우 높은 수준이기 때문입니다.

그런데 고용보호 수준을 국가 간에 비교하는 것은 그 자체가 쉽지 않은 일입니다. 일반적으로 미국의 고용보호 수준이 매우 낮다고 알려져 있습니다. 그 이유는 사전 고지 정도밖에는 해고 제약이 거의 없고 사용자의 보상 의무조차 거의 없기 때문입니다. 그러니 이 경우는 선진국 중 예외적인 사례라 할 만합니다. 반면 다른 선진국에서는 나라마다 정도의 차이가 있을 뿐 해고에 제약을 가하는 것이 사실입니다. 하지만 그 상대적인 수준을 간단히 비교하기는 어렵습니다.

OECD는 1990년대 초부터 고용보호법제의 강도를 비교한 결과들을 제시하고 있는데, 이는 해고 절차와 금전적 비용, 비정규직 고용의 용이성에 관한 법규를 수량화해 비교하는 방식입니다.

이에 따르면 우리나라는 정규직 개별 해고 규제 및 비정규직 사용 규제가 상당히 강하게 나타납니다. 정규직 개별 해고 규제 중에서도 해고 예고 절차 및 기간과 부당 해고 정의, 부당 해고자 원직 복귀 가능성 등에 관한 규제가 상대적으로 강합니다.

파견 규제도 다른 국가에 비해 강하게 제시되고 있습니다. 미국과 영국은 파견 규제가 아예 존재하지 않으며, 독일은 일부를 제외하고 전면 허용, 일본은 원칙적 허용이나 일부 불허 업무에 대한 네거티브 리스트를 운용하고 있을 뿐입니다. 반면 우리나라는 일부 소수의 허용 업무에 대한 포지티브 시스템을 운용하고 있으니 훨씬 규제가 강합니다. 기간제 사용 역시 최대 사용 기간이나 갱신 횟수 등이 독일이나 일본에 비해 까다롭습니다.

그런데 OECD 고용보호법제 지수만으로 우리나라 고용보호의 상대적 수준을 판단하는 것에는 신중할 필요가 있습니다. 고용보호법제 지수만으로 잘 파악되지 않는 영역이 넓게 존재하기 때문입니다. 예를 들어 각종 절차나 개념이 법적으로 얼마나 명확히 규정되어 있는지도 중요합니다. 규정이 명확하지 않을 경우 노동 현장에서는 분쟁 해결 절차가 어떻게 풀릴지에 대한 불확실성 자체를 비용으로 인식하기 때문입니다.

사실 우리나라는 고용보호와 관련된 법 규정 자체의 불명확성이 고용 조정의 어려움을 가중시키는 요인으로 지적되어왔습니다. 그간 노동계가 해고 절차나 규정을 명확히 하는 노력에 저항해왔다는 것은 고용보호법제 규정만으로 포착할 수 없는 암묵적 장치들이 다양하게 존재한다는 것을 의미합니다.

단체협약으로부터 파생되는 경직성, 집행 과정의 관행들, 소송 결과의 경향성 등도 고용보호법제 비교에 명시적으로 반영되기는 어려우나 기업의 고용 관행에 경직성을 부과하는 장치들입니다. 경제구조 면에서 비공식 부문의 비중이 큰 것도 평면적 비교의 의미를 반감시키는 요소입니다. 우리나라처럼 비공식 부문이 큰 경제는 각종 법 규정으로부터 적용이 배제된 영역이 넓게 분포하고 있다는 의미여서 고용보호법제의 설득력이 더욱 떨어지기 때문입니다.

그러니 규모가 크고 노조의 조직력도 강한 부문은 고용보호법제에서 나타나는 것보다 고용보호가 훨씬 강한 반면, 여타 부문은 반대인 셈입니다. 현재 우리나라는 다수 중소기업의 고용보호 수준이 높지 않은 반면, 대기업과 공공 부문의 고용보호 수준은 과도하게 높다는 것에 폭넓은 공감대가 형성되어 있습니다.

노동시장 개혁의 필요성을 주장하는 이들은 통상 과보호되는 부문을 대상으로 개혁이 필요하다는 입장을 개진합니다. 반면 개혁을 반대하는 이들은 우리나라의 고용보호법제 수준이 전반적으로 높지 않다는 점을 근거로 듭니다. 서로 다른 이야기를 하고 있는 셈입니다.

노동시장의 이중구조화가
심화된 이유
/

1980년대 후반까지 우리나라 노동시장은 고용의 질과 양 면에서 상당히 순조롭게 발전했다고 평가됩니다. 글로벌 공급 체인의 한자리를 차지해 상품을 공급하면서 일자리가 원만하게 창출되었던 것입니다. 소규모 수출주도형 경제이다 보니 생산성이 향상되어 생산이 늘어도 글로벌 시장이 이를 흡수해 가격이 유지되었고 고용 창출이 계속될 수 있었습니다.

초기에 저숙련 경공업으로 글로벌 시장에 진입한 것도 중요했지만, 이후 산업구조가 고도화되는 과정에서 젊은 세대의 생산성 향상이 보조를 맞춰 진행된 것도 중요합니다. 지금까지 우리나라 노동시장의 발전은 생산성과 임금이 거의 같은 속도로 증가하는 형태를 보였습니다.[12]

그러나 이런 고속 성장에도 그림자가 존재했습니다. 글로벌 시장 환경에 민첩하게 대응하는 데는 성공했지만 노동삼권은 개발 독재 기간 동안 억눌려 있었습니다. 대외 경쟁력을 중시한 것과 관련이 없지는 않겠지만 정권의 비민주성이나 사회의 전근대성, 반공을 중시한 사회 분위기도 크게 작용했다고 평가됩니다.

이런 과정을 거친 후 1980년대 후반 정치적 민주화 과정과 노동자 대투쟁이 맞물리면서 노동운동은 비약적으로 확대되었습니다. 1987년 6월 2700개였던 노동조합 수는 1989년 7800개로 늘었고, 노사분규도 급증해 1986년에는 276건이었다가 1987년에는 3949건을 기록했습니다. 분규는 주로 임금 관련이었는데 결과적으로 이 시기 두 자리 수의 임금 인상이 지속되었습니다.

고용부 통계에 따르면 제조업 월평균 임금이 1986년 29만 4000원에서 1989년 49만 2000원으로 올랐으니, 불과 3년 사이 두 배에 가까운 임금 인상이 이루어진 셈입니다. 그런데 이 시기는 임금 인상뿐 아니라 한국 경제의 구조 변화라는 측면에서도 중요한 변곡점이 된 때였습니다. 우선 1990년대 경제의 글로벌화가 진행되면서 경쟁의 격화와 급격한 임금 인상에 직면한 대기업들은 본격적으로 노동 절약적인 경영을 추구하기 시작했습니다. 이는 대기업의 생산성을 향상시켰지만, 한편으로는 이들과 경제의 나머지 부분과의 연계가 급속히 약화되는 계기가 되기도 했습니다. 1980년대 노동자 대투쟁의 결과인 임금 인상이 한국 자본주의가 이중구조로 분리되는 데 큰 영향을 미친 셈입니다.

노사관계도 이 시기 완전히 다른 모습으로 전환되었습니다. 제도적 규율이 아직 정착되지 않은 상태에서 노조의 힘이 강화된 것은 대기업에 기반을 둔 귀족노조의 부상으로 귀결되었습니다. 이는 전체 근로자와의 연대나 이들을 총괄적으로 배려하는 공적인 마음 자세와 사고방식을 갖추지 않은 노조가 민주화 과정에서 얻은 강력한 권한을 이기적으로 행사하게 된 구조를 가리킵니다.

이 시기에 마련된 정치 공간 속에서 민노총이 결성되어 1999년

마침내 합법화되었습니다. 민노총 기반의 대기업 노조들은 지금껏 사업장 내에서 원하청 근로자와 비정규직 근로자를 배제하며 본인들의 이해를 극단적으로 추구하는 행태를 보였습니다. 기업들 역시 파업을 피하거나 조기에 타결해 손해를 줄이기 위해 이들 귀족노조의 요구를 들어주는 관행을 이어왔지요.

이렇게 대기업 조직근로자들이 진입 장벽을 높이고 비정규직과 원하청 근로자를 희생시키는 방식으로 자신들의 보호와 처우 수준을 높이는 한편, 사용자 또한 이것을 방조 내지 결탁한 결과로 근로자 간의 격차가 심화된 것입니다.[13]

전국적인 차원에서는 한노총과 민노총이 장외 투쟁이나 정치적 협의 공간에 참여하는 형태로 각종 노동시장 제도를 노조에 유리하도록 유지시키는 역할을 해왔습니다. 이런 과정 속에서 우리나라 노동시장은 고용보호 수준과 임금이 높고 근로조건도 좋은 대기업과 그렇지 못한 비정규직과 원하청 근로자, 영세 사업장 근로자로 극명하게 갈리는 이중구조가 고착화되었습니다.

근래 특히 약진한 부문은 공공 부문, 금융 부문, 교육 부문입니다. 주로 세금으로 근로자 보수가 지급되거나 국가에 의해 강하게 보호받아 경쟁으로부터 보호 장벽이 세워진 부문입니다. 시장 경쟁에 노출되지 않으니 노조가 원하는 것들을 달성하는 데 별다른 어려움이 없을 수 있는 것입니다.

더구나 이중구조의 문제점이 이렇게 강화되는데도 이렇다 할 개선의 노력이 없는 것 역시 노조와 정부 양쪽 모두에서 그 답을 찾아야 합니다. 우리나라 노조는 다른 국가와 비교해도 특이합니다. 노조란 근로자의 이해를 추구하지만, 근로자 중에서도 처지와 상황이 다른 다양한 근로자가 존재한다는 점을 고려해 어떻게 이들의 이해를 종합해 대표할 것인지를 고민하는 존재여야 합니다.

그러나 우리나라는 근로자의 대표 격인 이들 전국 수준의 노동단체도 대기업과 공공 부문 근로자의 이해를 추구함에 있어 배타성과 이기심을 노골적으로 드러낸다는 특징을 갖습니다. 이들의 이해와 부딪치는 사안에 있어서는 취약 근로자는 아예 안중에 없는 듯한 행태를 보였습니다.

이것이 잘 드러나는 사례는 근래 광주형 일자리를 둘러싼 갈등 과정입니다. 광주형 일자리는 2019년 광주시와 현대자동차가 맺은 협약인데, 애초 광주시가 제안한 프로젝트 이름이기도 합니다. 이는 기존 자동차 산업 임금의 절반 수준인 연봉 3500만 원 수준의 일자리를 1만 2000개 창출한다는 계획입니다. 침체된 광주 지역 경제에 절실한 일자리를 창출하기 위해 자동차 산업의 기존 고임금보다 훨씬 낮은 임금을 제공하되, 중앙 정부와 지자체가 주거 지원, 교육 지원, 의료서비스 지원 등 사회적 인프라를 지원해 실질임금을 보조하는 방식입니다.

이는 독일 자동차 회사인 폭스바겐의 프로젝트를 모방해 설계되었습니다. 폭스바겐은 2001년 경기 둔화로 생산이 급격히 줄자 기존 급여의 80%만 지급하는 새로운 법인을 만들어 독일 내에서 생산을 계속할 것을 제안했고, 이를 노조가 동의한 프로젝트입니다.

그러나 독일 노조와 달리 우리나라의 민노총은 광주형 일자리 프로젝트에 대해 임금 질서를 교란하는 행위라고 거세게 비판하는 중입니다.

그렇다면 이들이 말하는 임금 질서란 무엇일까요. 이 프로젝트에서 제안한 3500만 원의 연봉은 평균적인 임금에 비해 낮지 않은 수준입니다. 이 금액을 받고 기꺼이 일할 근로자가 수없이 많다는 것이지요.

그렇다면 이는 기존 자동차 산업 근로자의 임금이 시장 임금보다 얼마나 높게 형성되어 있는지, 그간의 우리나라 노사관계의 왜곡이 노동시장 격차를 얼마나 심화시켜왔는지를 여실히 보여줍니다. 동시에 현재 자동차 회사에 근무하는 이들이 다른 부문으로 이직할 경우 이 정도의 보수를 받는 것은 불가능에 가깝다는 점도 중요합니다. 다시 말해 현재 임금이 이들의 생산성보다 월등히 높은 수준이라는 것이 노조에서 수호해야 할 임금 질서인 셈입니다.

그러니 더 많은 사람들에게 일자리 기회를 주기 위해 생산성에 보다 근접한 시장 임금을 제공하는 데 대해 노조가 극렬히 저항하는 것도 일견 이해가 갑니다. 이미 향유하고 있는 것을 지키려고 애쓰는 것은 인지상정이니까요. 그러나 공적인 시각에서 바라본다면 이는 매우 심각한 문제입니다.

주목되는 것은 1987년 민주화 투쟁의 결과물이 사실 대기업 노조에 독점되어 이들이 배타적으로 이익을 추구하는 것을 공고히 해왔다는 점입니다. 그것이 심화되어 이제 보다 많은 잠재적 근로자들이 양질의 일자리를 얻는 것을 방해하고 있다면 이것은 시급히 바로잡아야 할 문제입니다.

또한 이는 민노총을 비롯한 우리나라 노동 단체의 본질적 이해가 무엇인지와 직결되는 문제이기도 합니다. 공적인 성격도 가져야 하는 전국 조직인데도 고임금 기존 근로자들의 임금에 위협이 될 수 있다는 이유로 잠재적 구직자들의 열망을 외면한 채 일자리 창출 자체를 반대하는 것은 정당화되기 어렵습니다.

돌이켜 보면 이들의 영향력이 확대되기 시작한 계기는 민주화 투쟁 당시 노동운동이 사회 민주화와 경제구조 선진화에 기여한다는 폭넓은 지지 때문이었습니다. 이들의 노동삼권을 보장하고 권익을 지키는 것이 사회가 진보하는 첫걸음이라고 국민 다수가 신뢰한 것입니다.

그러나 이후 고착된 구조 속에서 이제 '노조의 권익을 추구하는 것이 진보'라는 믿음은 더 이상 아무런 근거가 없습니다. 민주화의 대의에 편승했지만 사실상으로는 독선적으로 일부 근로자만의 기득권을 지키기 위해 보편적 상식을 거스르는 노조 권력이 사회적 진보와 등치될 이유가 없기 때문입니다.

이중구조 해소를 등한시하는 정부 행태 역시 비판받아 마땅합니다. 물론 이번 광주형 일자리 프로젝트처럼 지방자치단체와 중앙 정부가 일자리 창출을 위해 노력하는 사례들이 간간히 존재하긴 합니다. 그러나 기본적으로 노동시장의 이중구조가 청년들을 낙담시키는 기본 원인이라는 점을 알리는 동시에 적극적으로 노력해왔다고 보기는 어렵습니다.

보수 정부에서조차 노조의 눈치를 보면서 이들의 심기를 거스르지 않으려 하다 보니 청년의 어려움은 사실상 방치되어왔습니다. 특히 지금 정부처럼 명시적으로 조직근로자 보호를 우선시하는 것은 이들의 정치 세력을 공유하기 위해 청년들의 기회를 희생시키는 것과 같습니다.

사회에는
비정규직이 필요하다

／

정규직의 고용보호가 존재하는 한 비정규직은 시장 불확실성에 대처해야 하는 기업이 상황 변화에 따라 노동비용을 조정할 수 있는 버퍼 역할을 합니다. 이런 버퍼마저 존재하지 않는다면 일자리 수는 훨씬 더 줄어들 수밖에 없습니다.

그렇기 때문에 비정규직 일자리는 사용자에게도 중요하지만 취업 역량이 낮거나 경력이 짧은 젊은이들이 노동시장을 비집고 들어갈 수 있는 통로이기도 합니다. 우리나라의 비정규직은 주로 취업 역량이나 교섭력이 상대적으로 낮은 근로자이며, 취약한 사업체에 고용된 비중이 높습니다.

정규직과 비교할 때 여성이 많고, 저학력과 고령자 비중이 높으며, 29인 이하 사업장에 집중되어 있습니다. 다시 말해 정규직 일자리만 존재할 경우 기업이 훨씬 더 까다롭게 일자리를 제공할 터이므로 이들 취약 근로자 중 상당수는 일자리 기회 자체가 없어질 공산이 큽니다.

이는 빈곤 정책 측면에서도 중요한 의미를 갖습니다. 일자리가 줄어든다는 것은 일자리가 확실히 보장된 근로자에게는 상관없는 일이겠으나 취약 근로자에게는 어려움이 가중되고 가구소득에도 타격을 주기 때문입니다. 다른 나라보다 고령자의 비정규직 비율이 훨씬 높게 나타나는 것 역시 비정규직 일자리가 노인 빈곤을 완화하는 역할을 어느 정도 수행하고 있다는 것을 의미합니다. 따라서 비정규직이 가진 순기능이 분명히 존재하는데, 문제는 그 처우가 너무 낮아 근로자의 안전을 해치는 경우가 존재하고, 정규직으로의 상향 이동 가능성이 다른 선진국에 비해 너무 낮다는 점입니다.

현재 세계적으로 널리 동의되는 점은 주로 안전과 관련된 사항을 개선하고, 정규직과의 업무가 다르지 않을 경우 보수 수준도 같게 책정해 차별이 없도록 한다는 뚜렷한 원칙입니다. 어려운 점은 '어떻게' 비정규직과 정규직의 격차를 줄여나가야 하는가입니다. 예를 들어 근래 각국의 정책 그룹에서 회자되는 방안은 단일 계약으로 정규직이나 비정규직 모두에게 해고와 관련된 비용을 동일하게 적용하는 것입니다.

즉 정규직과 비정규직의 구별을 없애는 것인데, 구체적으로는 근로계약 시 누구나 근속연한이 늘어날수록 고용보호도 점진적으로 높아지고 해고 시 보상비용도 늘어나게 만드는 것입니다. 다시 말해 입직 때부터 이들의 차이를 없애고 이미 정규직이었던 그룹의 보호 수준은 낮춰가는 방식입니다.

정규직 근로자 입장에서 고용보호 수준이 낮아지는 것을 받아들일 유인이 낮기 때문에 국가에 따라 수용도가 다르긴 하나, 기본 문제의식은 분명합니다. 일자리를 줄여 어려운 사람들을 더 어렵게 만들지 않으면서 정규직과 비정규직 간의 격차를 줄이기 위해서는 기존의 정규직 처우와 비정규직 처우 어딘가에서 수렴이 일어나도록 해야 한다는 것입니다.

반면 우리나라처럼 비정규직을 무조건 대우가 좋은 정규직으로 전환할 것이라는 약속은 책임 있는 대안이라고 보기 어렵습니다. 그리고 냉정하게 이 문제를 들여다보면 사실 정치적 세력관계가 핵심입니다.

통상적으로 해고 규제가 강한 국가일수록 시장 변화에 대처하기 위한 조정비용은 비정규직으로 집중되기 때문에 비정규직 처우가 더 나빠집니다. 그러니 비정규직의 낮은 처우는 정규직의 고용 안정을 높은 수준으로 유지하는 대가인 셈입니다.

결국 일자리 창출과 비정규직 처우 개선을 추구하기 위해서는 정규직 부문의 보호 수준을 조정해야 하는 만큼, 관련 이해 그룹 간의 정치적 역관계가 문제 해결 여부를 결정하게 됩니다. 정규직 노조의 정치적 영향력이 강력하고, 정부가 이들과 이해를 같이하는 상황에서는 비정규직 처우 개선이 합리적으로 추구되기 어려운 것이지요. 즉 지식이나 정보가 부족해서라기보다 정치적 세력 간의 연대 구도가 이런 '비정규직 제거'라는 비합리적인 정책을 기획하게 만드는 구조적 제약이라고 할 수 있습니다.

정규직과 비정규직, 어떻게 보호해야 할까

/

비정규직은 취업 역량이 떨어지는 근로자들이 노동시장에 진입하는 것을 가능케 하는 받침돌이자, 나아가 보다 좋은 일자리로 이동할 수 있는 디딤돌 역할을 하는 유용한 존재로 대접받아야 마땅합니다. 일단 비정규직 일자리마저 없다면 많은 근로자들이 지금보다 못한 상황에 처하게 될 터이므로 받침돌 역할은 어지간하면 가능합니다. 그러나 정규직으로의 진입이 어려우면 디딤돌 역할은 하지 못합니다.

우리나라 역시 정규직 근로자 보호가 과하기 때문에 비정규직 일자리는 디딤돌 역할을 하지 못하는 구조가 고착되어 있습니다. 게다가 정규직과의 격차가 크다 보니 높이가 아주 낮은 받침돌 역할밖에 못하고 있는 셈입니다. 그렇다면 아직 경력과 지식을 축적하지 못한 젊은이들이 노동시장에 쉽게 진입하고 경력을 발전시키기 위해서는 비정규직 일자리의 받침돌과 디딤돌 역할의 강화가 모두 필요합니다.

특히 정규직과 비정규직 일자리의 역할을 제대로 인식하려면 양자의 처우가 별개가 아니라는 인식이 중요합니다. 정규직 처우가 비정규직의 낮은 처우에 큰 영향을 미치는 통로는 고용보호 규제를 통한 조정비용입니다. 따라서 우리나라의 비정규직 문제를 풀기 위해서는 '고용보호'가 본질적으로 무엇이어야 하는지에 대한 인식의 전환이 따라야 합니다.

무엇보다 분명히 해야 할 것은 고용보호가 일자리 소유권이 아니라는 점입니다. 지금 좋은 일자리를 가진 근로자라고 해서 그것을 언제까지고 소유한 것처럼 권리를 주장하고 타인의 진입을 막아서는 안 된다는 뜻입니다. 새롭게 노동시장에 진입하는 청년이라고 해서 기존 근로자보다 못한 일자리만 가져야 한다는 법은 없기 때문입니다. 물론 고용보호는 근로자의 권리입니다. 그러나 그것은 현재 고용보호법제가 담고 있는 '해고를 어렵게 하는 규제'와는 달라야 합니다.

변화하는 노동시장과 기업 환경에 따라 이직의 가능성을 받아들인다는 전제 하에 근로자가 최대한 어려움 없이 원활하게 직장을 탐색하고 구할 수 있도록 정책 지원이 제공되어야 한다는 의미를 담아야 합니다. 즉 특정 직장에서 지속적으로 보호받는 것이 아니라 노동시장에서 두려움 없이 움직일 수 있도록 능력을 키우고 새로운 일자리와 짝을 짓는 과정에서 적극적인 도움을 받아야 한다는 의미의 고용보호입니다.

다만 기존 근로자의 해고에 있어서 성과나 능력, 근무 행태 등 합리적 원칙에 근거해야 하며, 차별적 처우가 개입해서는 안 된다는 것 역시 분명히 해야 합니다. 사용자의 편견이나 차별이 아니라 사전에 정한 합리적 원칙에 따른 해고를 통해 고용조정이 허용되어야 노동시장 바깥에 줄서 있는 청년 세대와의 형평성이 보장될 수 있습니다.

비정규직의 처우를 어떻게 개선할 것인가를 모색하기 위해 이렇게 비정규직과 정규직을 통합적으로 생각해야 하는 것은 기본적으로 기업이 노동비용 문제에서 벗어날 수 없기 때문입니다. 정규직의 노동비용을 그대로 둔 상태에서 비정규직을 정규직화하도록 강제하면 늘어나는 노동비용으로 인해 고용을 줄일 수밖에 없는 게 자명합니다. 경제 상황이 좋아 일자리 걱정이 없다면 모르되, 청년 실업의 문제가 심각한 상황에서 비정규직의 처우 개선은 정규직의 과보호를 줄여 양자 간의 격차를 줄여가는 방식이 바람직합니다.

또한 이는 기본적으로 한쪽의 보호 수준을 낮추고 다른 쪽의 보호를 높이는 것이기 때문에 결국 정치적 세력관계에 달려 있다는 점을 인식하는 것 또한 중요합니다.

'정규직 근로자'와 '실업자+비정규직 근로자' 간의 힘의 불균형이 크면 현재의 구조를 바꾸기 어렵습니다. 현재 우리나라에서 정규직 보호 수준이 실업자나 비정규직에 비해 월등히 높다는 것은 이들을 대표하는 노조의 세력이 다른 세력보다 월등하다는 것을 의미합니다. 그런데 조직화되기 어려운 특성상 구직자와 비정규직의 이해를 대변해야 하는 것은 다름 아닌 정부입니다. 이런 마당에 지금처럼 정부가 노골적으로 정규직 노조의 편을 드는 이상 이런 구조가 개선되기란 요원합니다.

한마디로 정부가 상황을 개선시키려 노력하기보다 특정 그룹을 두둔하기 위해 오히려 악화시키고 있다는 것입니다. 2018년, 비정규직 근로자 김용균 씨 사망에서 촉발된 산업 안전 강화 입법처럼 개선 사례도 분명 존재합니다만, 이것으로 비정규직 문제에 대한 정부 역할이 충분한 것은 아닙니다.

정부는 정규직과 비정규직 간의 격차를 완화하는 크고 중요한 구조적 문제를 풀어야 하는 책임이 있습니다. 기본적으로 이는 고속 성장이 종료된 이후 세대 간 불평등을 심화시키는 노동시장의 제도에 희생되고 있는 청년 세대에게 공정한 기회를 보장한다는 사명입니다.

이번 정부 들어 저성과자 퇴출과 관련해 이전 정부가 도입하려 했던 지침이 폐기되었습니다. 그 구체적 방식에 이견이 있긴 하지만 정규직의 과보호 수준을 낮춰야 청년에게 기회가 돌아갈 수 있다고 판단해 개혁을 시도한 전 정부의 기본 방향은 옳았습니다.

그러나 이번 정부는 이전 정부가 추구했던 개혁 내용을 수정하고 개선하려는 노력 대신 폐기를 선택했습니다. 비정규직을 정규화하겠다는 선언 역시 일자리 축소를 불사하더라도 정규직의 보호 수준은 절대 약화시키지 않겠다는 것과 같으니 노조의 뒷받침과 대기업의 안정적 전망 속에 버젓이 일자리를 확보한 그룹에게만 반가운 소식입니다. 누구를 위한 정책인지, 누구를 희생시키고 있는 것인지를 엄중하게 질문해야 합니다.

4장

국민연금—
미래세대의
무거운 어깨

지금의
국민연금 정책은?

/

뭐니 뭐니 해도 복지제도 중 가장 핵심은 연금입니다. 의료 보장이나 빈곤 지원도 중요하지만 연금제도는 한 나라 복지제도의 제일 큰 기둥으로 꼽힙니다. 재원 규모나 중요성뿐 아니라 사회적 역량이 높아야 연금제도를 유지할 수 있기 때문이기도 합니다.

그런데 지금 우리나라의 국민연금은 부정적인 의미에서 우리 사회의 역량을 잘 드러내고 있습니다. 2018년 재정 재계산으로 전면적 개혁이 불가피하다는 것이 명백히 알려졌는데도 정부의 개혁안에서는 그 의지를 전혀 찾아볼 수 없었습니다. 세대 간의 불공정성이 극에 달했는데도 이를 해결할 역량도, 의지도 보이지 않는 것입니다.

관련 논의에 큰 영향력을 미치고 있는 노동계 역시 과거에도 연금 개혁을 반대해왔고, 지금도 연금 지속가능성에 도움이 되지 않는 주장을 하고 있습니다. 국민들 역시 세대 간 불공정을 해결해야 한다는 의식이 약한 상태입니다. 그래도 별문제 없다고 생각하는 것이지요. 그러나 지금 이 상태로라면 지금의 청년들, 그리고 미래의 청년들은 무너진 국민연금제도를 떠안거나 제도 혜택을 포기해야 합니다.

원래 연금제도는 사회경제적 환경이 변화함에 따라 지속적인 개편이 필요합니다. 이를 위해 각 세대는 각자가 감당해야 하는 몫을 받아들여야 하는데, 이것이 이루어지려면 국민 개개인의 참여도 높아야 하지만, 미래지향적인 비전을 보이고 국민을 설득하는 정부와 의사결정에 참여하는 주요 조직들 역시 중요합니다.

특히 조직화된 세력들이 현세대의 이기심을 부추기는 방식으로 정책 논의를 주도할 경우 어떤 개혁이든 시작부터 암초에 부딪힐 수밖에 없습니다. 매우 유감스럽지만 그것이 현재 우리의 모습입니다. 무엇보다 이 모든 과정에서 중심을 잡고 국민의 인식 수준을 끌어올려야 하는 정부가 오히려 노조와 국민의 눈치만 살피며 상황을 축소하는 데 급급하고 있으니 암담한 상황이지요.

기본적으로 연금제도 운영의 어려움은 세대 간 이해관계가 일치하지 않는다는 점입니다. 현재 가입자는 연금 재정이 탄탄하지 않아도 급여 보장에 관심이 높을 뿐 보험료 인상에는 통상 반대합니다. 그러나 청년이나 아직 태어나지 않은 미래세대의 이해는 이들과 엇갈립니다. 그렇기 때문에 연금제도의 건강한 유지를 위해서는 능력 있는 리더십과 공정한 마음을 가진 사회적 그룹이 국민들을 설득하는 지난한 과정이 필요합니다.

특히 우리나라처럼 제도 개선과 관련한 공식 의사결정 구조에 노조가 포함되어 있는 경우 세대 간 이해관계의 충돌은 현세대 위주의 목소리를 내는 노조의 영향력을 통해 확대됩니다.

사실 우리나라의 국민연금은 1988년 도입 이래 많은 나라의 칭찬을 받아왔습니다. 특히 연금 운영 초기 두 차례의 연금 개혁을 통해 제도의 기본 구조를 바꾸는 작업에 성공한 것은 연금 분야의 모범 사례로 꼽힙니다. 사실 1990년대와 2000년대에 있었던 두 차례의 연금 개혁은 모두 불완전했지만, 여하튼 당시의 정치권이 제도 유지를 위해 나름의 책임을 진 결과입니다.

그러나 지금은 전혀 다릅니다. 2차 개혁 이후 고령화와 저출산, 저성장 기조는 연금 개혁의 필요성을 더욱 절박하게 만드는데도 제대로 대처하려는 시도조차 하지 않고 있기 때문입니다. 연금 운영의 가장 바람직하지 않은 경로를 좇고 있다고 할 만합니다.

2018년 11월, 국민연금 보험료 인상을 담은 복지부의 안은 청와대로부터 '국민의 눈높이에 맞지 않는다'는 이유로 공개 반려되었습니다. 여기서의 '국민의 눈높이'는 안정된 일자리를 가진 조직근로자 중심으로 줄곧 주장되었던 '연금의 소득대체율 인상'에 더해 보험료 인상에 대한 거부감입니다.

즉 청와대의 반려 이유는 소득대체율 상승 없이 보험료만 올리는 개혁안은 허용할 수 없다는 뜻입니다. 이상한 주문입니다. 지금 연금 재정이 파탄 위기인 것은 지출에 비해 보험료가 너무 낮기 때문인데 연금 급여를 더 올리면서 재정 파탄을 막으라는 것은 어떤 신묘한 수를 써도 가능하지 않기 때문입니다.

소득대체율을 높여야 한다고 주장하는 노동계도 그에 상응하는

만큼의 연금보험료 인상에는 줄곧 반대해왔으니 기본적으로 청년
과 미래세대의 등을 쳐서 현재 세대가 갖자는 것입니다.

  그런데도 청와대 반려 이후 다시 만들어진 정부의 개혁안은 이
들의 주장을 메아리치게 하는 수준입니다. 국민연금 개혁이 좌초되
고 있는 것은 미래에 암울함을 던져주는 하나의 단면이지만, 보다
근본적으로는 우리나라의 정치 리더십과 행정 전문성이 무너지고
기본적인 시스템이 실패하고 있다는 징후이기도 합니다.

국민연금의
민낯
/

국민연금법 제4조는 5년마다 국민연금 재정수지를 계산하고, 국
민연금 재정이 장기적으로 균형을 유지할 수 있도록 급여 수준과
연금보험료를 조정해야 한다고 명시하고 있습니다. 다시 말해 5년
마다 재정 계산을 해야 하고, 이에 따라 장기 균형을 유지할 수 있
도록 제도 개혁을 해야 한다는 것입니다. 그러니 장기 균형으로의
뚜렷한 이행이 그려진 개혁을 하지 않고 방치하는 것은 사실상 법
을 어기는 행위라 할 수 있습니다.

  현재 국민연금이 어떤 상태이고 어떤 조치가 필요한지를 파악하
기 위해서는 이번에 이루어진 2018년 제4차 재정 계산으로부터 도

그림 1 | 국민연금 제4차 재정 계산에 따른 재정수지 전망

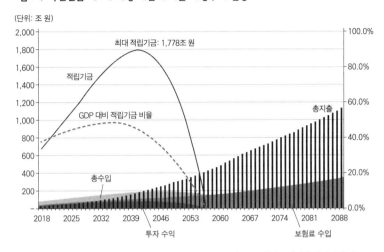

자료: 국민연금 재정추계위원회 외(2018)

표 1 | 부과식 보험료(적립금 미고려 시)

출산율가정	2020년	2030년	2040년	2050년	2060년	2070년	2080년
1.38	5.2%	9.0%	14.9%	20.8%	26.8%	29.7%	29.5%
1.05	5.2%	9.0%	15.0%	21.5%	29.3%	34.7%	37.7%

자료: 국민연금 재정추계위원회 외(2018)

출된 재정 상황을 살펴볼 필요가 있습니다. 제4차 재정 계산에 따르면 적립금은 2041년까지 증가하고, 2042년부터 수지 적자가 발생해 2057년에 소진될 것으로 예상됩니다. 이는 5년 앞선 3차 재정 계산과 비교해 더 악화된 것인데, 예상보다 빠른 고령화와 저출산, 저조한 경제 상황 때문입니다.

이런 상황이 의미하는 바는 간단합니다. 적립금이 소진되는 2057년부터는 적립금의 운용 수익을 연금 지급에 보탤 수 없기 때문에 매년 납부된 보험료로 그 시점의 고령자를 위한 연금액을 충당해야 한다는 의미입니다. 그해의 고령자 연금 급여를 모두 충당하기 위해 그해의 연금 납부자들이 부담해야 하는 보험료는 부과식 보험료pay-as-you rate 수준이라 불립니다.

[그림 1]에서 알 수 있듯이 고령화 수준이 높아지면 각 년도 보험료로 매년의 지출을 충당할 길이 없기 때문에 부과식 보험료는 훨씬 상향 조정되어야 하는 것입니다.

[표 1]의 수치들은 부과식 보험료 수준을 보여주고 있습니다. 2020년의 경우 고령자 비율이 경제활동 인구 비율에 비해 높지 않기 때문에 5.2% 보험료만으로 고령자의 연금 지급액을 충당할 수 있습니다. 현재 국민연금 보험료는 9%인데, 이 중 5.2%로 현재 고령자의 연금을 지급하고, 나머지는 적립금으로 모으고 있다는 뜻입니다.

그렇다면 무엇이 문제일까요. 지금은 비록 고령자 비율이 높지 않지만 빠르게 증가하고 있기 때문에 적립금이 없다면 부과식 보험료가 감당하기 어려운 수준으로 올라가는 것이 일차적인 문제입니다. 현재 출산율이 1.0을 하회하는 것을 고려하면, [표 1] 아랫단의 시나리오도 그다지 비관적이라 보기는 어려운데, 이에 따르면 2060년의 부과식 보험료는 30%에 육박하게 됩니다.

그런데 더 큰 문제는 고갈 이후 부과식 보험료를 내야 하는 미래세대가 받게 될 혜택이 지금 고령자가 받는 혜택과 동일한 소득대체율 40%에 불과하다는 점입니다. 청년들은 연금 혜택 대비 보험료 부담이 턱없이 높아지는 것입니다.

이를 간단히 설명하면 다음과 같습니다. 현재의 소득대체율 40%를 충당하기 위해 만약 모든 세대가 동일한 보험료를 부담한다면, 연금보험료는 소득의 16~17%여야 합니다. 이 정도의 보험료를 모든 세대가 내면 고령자 수가 적을 때 남은 액수를 쌓아두었다가 고령자가 많을 때 사용함으로써 혜택과 부담은 세대 간에 유사하게 유지할 수 있습니다. 그리고 이는 민간회사의 연금보험을 구입할 때의 보험료 수준과 유사합니다.

그런데 지금 세대는 고작 9%의 보험료를 내고 있으니 최저소득층은 낸 돈의 7~8배, 평균적으로는 약 두 배를 받는 셈입니다. 그 결과로 적립금이 조기에 바닥나게 되는 것입니다. 보험료가 너무 낮기 때문에 연금의 척추 기능을 하는 이 버퍼, 즉 적립금이 필요 규모보다 훨씬 적게 모여 빨리 동이 나는 것이지요. 결과적으로 2057년 이후의 젊은 세대는 소득대체율 40% 연금을 받기 위해 소득의 30% 이상을 보험료로 내야 합니다. 현재 9%를 내는 이들과 같은 수준의 혜택을 받기 위해 지금 세대보다 세 배 이상의 보험료를 내야 한다는 이야기입니다.

문제는 이런 예측 자체도 제도 지속을 전제로 한 매우 낙관적인 내용이라는 점입니다. 미래세대가 바보가 아닌 이상 16%의 보험료로 누릴 수 있는 혜택을 위해 30%를 선뜻 낼 거라고 기대하기는 어렵습니다. 굳이 고갈 시점까지 가지 않더라도 이런 예측이 가시권에 들어온다면, 예를 들어 2040년의 20대가 이를 예측하지 못할 리 없습니다. 곧 지불 불능에 빠지거나 완전히 재편될 제도를 위해 젊은 세대가 꼬박꼬박 연금보험료를 낼 거라고 기대하기 어려운 것이지요. 제도 존속 자체가 위험해지는 것입니다. 이런 예상은 겨우 20년 뒤 가까운 미래의 일입니다. 다시 말해 적립금이 고갈될 때까지는 제도가 안정적이니 지금의 가입자는 죽기 전에 혜택만 챙기면 된다고 기대하는 것은 비현실적이라는 뜻입니다.

결국 지금 이미 고령인 사람을 제외하고는 현재의 중년세대 역시 노후에 안정적으로 연금을 받을 거라고 자신하기 어려운 상황입니다. 지금 청년 중 상당수는 연금을 지급받기 전에 공적연금제도의 대폭적인 구조조정에 직면할 가능성이 높습니다. 과연 그때까지 납부한 보험료라도 보장받을 수 있을지 알 수 없는 일입니다. 연금제도의 혜택을 지금 세대 수준으로 받을 수 없는 것은 말할 것도 없지요. 다시 말해 이 상태로 제도가 계속 유지될 수 없고 그것을 정부와 전문가, 노조 모두 다 알고 있으면서 방치하고 있다는 게 지금 우리나라 국민연금의 민낯입니다.

금융시장을 고려하면 문제는 더 심각합니다. 그간 국민연금 기금의 자산 규모는 [그림 1]처럼 포물선 형태로 상정되었습니다. 2041년에 최대 규모에 도달한 뒤 늘어나는 고령인구의 연금 급여를 지불하기 위해 약 16년에 걸쳐 자산을 매각해가며 점차적으로 쪼그라드는 모양입니다. 그런데 봉우리를 일단 지나면 GDP 절반에 달하는 막대한 자산을 급속도로 팔아치워야 한다는 것을 국내외 금융시장 관계자 모두가 알고 있습니다. 그러면 가격이 더 떨어질 게 뻔한데 어느 누가 이전 가격을 온전히 지불하고 매입하려 할까요. 즉 지금 시점에서 바라본 자산 가치를 토대로 포물선을 가정하고 고갈 시점을 논하는 것 자체가 지나치게 낙관적이라는 뜻입니다.

결국 포물선이 아니라 금융 자산의 가치가 급락하는 절벽에 가까운 모양이 나타날 가능성이 높습니다. 이것은 국민연금 자산 가치를 더 빨리 고갈시킬 뿐 아니라, 전체 금융시장과 개인의 자산 가치에도 큰 영향을 미칠 것으로 우려됩니다. 국민연금공단이 이런 금융시장 충격을 피해 대부분을 해외에 투자한다고 해도 급속도의 자산 매각이 외환시장을 통해 국가 경제에 미칠 영향 역시 가볍지 않습니다. 한마디로 자산 고갈 위험을 없애 장기적 지속가능성을 확보하는 개혁을 하지 않는 이상 제도 자체가 생존할 수 없을 뿐 아니라 금융시장과 경제 전체에 미칠 충격 역시 가늠하기 어렵습니다.

선진국 연금의 실패 사례를
배워서는 안 된다

/

노동계와 입장을 같이하는 일부 전문가와 시민단체는 아예 연금 개혁을 굳이 할 필요가 없으며 소득대체율을 올리는 것이 현재 더 중요하다고 주장합니다. 이들의 주장은 서구의 많은 나라들이 지금 부과식으로 연금을 운영하고 있으니 적립금을 소진하고 부과식으로 전환해도 별문제 없다는 것입니다. 조금 내고 많이 받는 연금구조를 굳이 수정하지 않고 그대로 두었다가 적립금이 고갈되면 그때 높은 보험료를 부과하면 된다는 주장입니다.

그러나 앞에서 살펴보았듯이 우리나라는 고령화 속도가 유례없이 빠르기 때문에 부과식 보험료가 급속히 올라가 제도의 지속가능성에 직격탄을 날리는 구조입니다. 부과식으로 전환하면 된다는 주장은 각국의 경험이나 우리의 특수성에 대한 이해가 부족해서 생긴 결과로 보입니다. 사실 부과식으로의 전환이 우리나라뿐 아니라 다른 선발 복지국가에 어떤 의미와 결과를 낳게 하는지 정확히 판단하기 위해서는 서구 국가들의 연금제도에 대한 이해가 어느 정도 바탕이 되어야 합니다.

조금 복잡한 개념이긴 하지만 공적연금은 크게 두 가지 축으로 유형이 분류됩니다. 첫째는 연금 급여액이 사전에 정해지는지에 따라 확정급여형Defined Benefit, DB 또는 확정기여형Defined Contribution, DC으로 분류하는 것입니다. 두 번째 축은 그해 받은 보험료로 그해 고령자의 연금 급여를 충당하느냐, 아니면 충분히 자금을 쌓아 세대 간에 배분함으로써 부담의 차이가 없도록 운용하느냐 하는 것입니다. 전자는 부과식, 후자는 적립식으로 구분합니다.

예를 들어 우리나라는 기금 운용 결과 및 시장 여건에 관계없이 일정한 연금 급여를 보장받는 방식이기 때문에 DB형입니다. 동시에 보험료를 쌓아 적립금에서 발생한 운용 수익까지 활용해 연금액을 지급하는 데 보태지만, 그 적립금 액수가 예상 지출을 충당하기에 턱없이 부족하기 때문에 (충분치 않은 적립식이라는 뜻에서) 부분적립식입니다.

현재 선진국 공적연금의 가장 흔한 형태는 부과식 DB형입니다. 그러나 애초부터 서구 국가들이 이를 의도했던 것은 아닙니다. 공적연금을 조기에 도입한 대표적인 국가들은 적립식으로 연금제도를 시작했지만, 제1, 2차 세계대전으로 적립금의 실질 가치가 하락하거나 지출이 확대되면서 부과식으로의 전환이 불가피했습니다. 그런데 전쟁 이후 전에 없이 경제가 호황을 누렸고, 베이비부머들로 인해 많은 경제활동 인구가 소수 고령인구를 부양하는 유리한 인구구조가 만들어지는 바람에 적립금을 다시 쌓는 대신 부과식이 주는 달콤함을 향유하게 된 것이지요.

게다가 이런 인구구조 속에서는 지출 대비 보험료 수입이 풍족해져 부과식 DB형 연금의 혜택을 급속히 확대하기까지 했습니다. 제2차 세계대전 전의 모든 공적연금 소득대체율이 15~20% 수준이었고, 대다수의 근로자가 연금 수급 이후 불과 몇 년밖에 더 살지 못한 것을 감안하면, 이 시기에 늘어나는 평균수명과 복지 확대 흐름 속에서 소득대체율을 70%까지 올렸던 게 얼마나 지속불가능한 선심성이었는지 짐작할 수 있습니다. 이렇게 급속하게 혜택을 늘리는 과정에서 적립금을 복구한다는 것은 사실상 불가능한 일이 되었고, 각 시기의 젊은이들이 고령세대를 부양하는 부과식 구조가 보편적 현상이 되어버린 것입니다.

시뮬레이션을 통해 수십 년 후의 인구구조 역전을 충분히 예측할 수 있었는데도 이를 등한시했고, 유리한 인구구조와 경제 호황이 지속될 것이라는 낙관 속에서 연금제도의 혜택을 급속히 확장한 것은 미래를 대비하지 않은 판단이라 할 수 있습니다. 이는 지금도 뼈아프게 회자되는 실책입니다.

독일 경제 기적의 주역이라 칭송받는 아데나워 수상마저도 "사람들은 미래에도 언제나 자녀를 낳을 것"이라며 인구구조 변화를 대비하지 않은 어리석음의 반면교사로 유명합니다. 부과식 연금은 따라야 할 사례가 아니라 많은 선진국의 과거 실수에서 비롯되어 지금 재앙적인 문제를 일으키는 원인입니다.

고령화 흐름 속에서 더욱 절실해진 연금 개혁

/

[그림 2]에 나타나듯 근래 수십년간 모든 선진국들이 직면한 어려움은 고령화입니다. 우리보다는 훨씬 완만한 속도이긴 하지만, 이들 국가도 연금을 비롯한 복지제도를 빠르게 확장했던 전후 30년 이후 고령인구 대비 경제활동 인구 비율은 크게 줄었습니다. 연금에 기여하는 사람 수는 줄고 급여를 받을 사람의 수는 빠르게 늘어

그림 2 | 고령인구 대비 경제활동 인구 비율

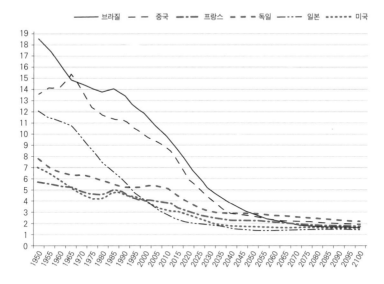

자료: OECD(2014)

나니 현재의 젊은이들이 현재의 고령인구를 부양하는 부과식 구조로서는 연금을 유지하는 것 자체가 불가능해진 것입니다. 지금 선진국의 공적연금 공통의 문제는 인구구조의 변화에 대응해 재정이 지속가능하도록 수지구조를 어떻게 개편할 것인지입니다.

이런 상황에 대처하는 방식은 국가마다 큰 차이를 보이는데 스웨덴, 독일, 캐나다, 일본 등이 합리적인 개혁안을 통해 상대적으로 연금 위기에 잘 대처한 사례로 칭찬받고 있습니다. 물론 이런 국가들마저 지속되는 고령화로 인해 아직 연금 재정의 근심으로부터 자유롭지는 않습니다.

고령화에 직면한 다수 국가들의 개혁 노력은 크게 두 가지로 나뉘는데, 크게 구조 개혁structural reform과 모수 개혁parametric reform입니다. 그러나 개념적으로 나누었을 때 그렇다는 것이지 사실상 각 국가들은 가능한 모든 수단의 조합을 활용하는 상황입니다.

개혁 방안 중 가장 높은 수준의 지적이고 사회 통합적인 역량이 필요한 것은 민간과 공공의 연금제도 간 분업 체계를 다르게 설계하거나 공적연금의 기본 구조를 바꾸는 구조 개혁입니다. 대표적인 예가 DC적 요소를 내장하는 구조 개혁입니다. 연금 혜택이 얼마일 거라고 정해지는 DB형에 비해 금융시장 운용 실적에 따라 연금 급여가 달라져 노후에 받을 연금액을 미리 알 수 없는 DC형을 국민들이 수용하기는 쉽지 않습니다. 금융시장 사정이 나빠질 때 그 위험을 개인이 부담해야 한다는 두려움도 보통의 국민들이 받아들이기 어려운 요소입니다.

더구나 제도를 전환한다 해도 그 이행 과정 역시 문제입니다. 부과식의 DB형 제도 하에서는 고령자를 위해 젊은 세대가 보험료를 납부해왔는데, 적립식 DC형으로 전환할 경우 이들 세대 스스로의 미래를 위해서도 보험료를 중복으로 납부해야 하는 이중부담double payment의 문제가 발생합니다. 그러니 고도의 방정식을 푸는 지적이고도 사회적인 역량 없이는 착수하기 어려운 개혁 방식이라 할 수 있습니다.

스웨덴의 경우 1990년대 연금 개혁을 통해 기존의 DB형 방식을 DC의 일종인 NDC형 방식으로 전환하는 데 성공했습니다. 이는 오

랜 논의로 각계의 동의를 끌어내 상당히 합리적인 대안을 고안해
낸 사례로 꼽힙니다. 보험료 18.5% 중 16%를 가상의 개인 계정 형
태의 비례 연금에 적립하도록 했는데, 이 NDC형 방식은 개인의 공
적연금 기여 기록이 그 개인의 가상 저축액으로 남는 방식으로서
부과식 공적연금에 DC형의 요소를 결합한 것입니다.[14]

물론 이들도 이중부담 문제로 재정 방식을 적립식으로 전환하지
못하다 보니 아직 연금 재정 문제가 완전히 해결된 것은 아니며, 향
후 계속적인 보완 개혁이 필요한 상황입니다.

독일 역시 높은 수준의 연금 혜택으로 유명했었지만 합리적인 접
근을 통해 지속적으로 연금제도를 보수해온 사례로 꼽힙니다. 제2차
세계대전 후 복지 확대기에 세계에서 가장 후한 수준으로 급여를 확
대했지만, 재정 상황이 악화되어 2035년에 보험료율이 40%를 넘을
것으로 추정되면서 연금 개혁의 필요성이 제기되었습니다. 1990년대
초반부터 연금 개혁에 착수해 급여 조정에 들어갔고, 2001년에는 리
스터 연금 개혁 등 기존의 부과식 중심에서 적립식 연금을 포함하는
다층multi-pillar 연금 체계로 전환하기 시작했습니다.

한마디로 기본적인 액수는 공적연금이 제공해야 하지만, 그 액
수를 넘어서는 수준에 대해서는 노후 보장을 위해 정부에 의존하
는 정도를 줄이고 기업연금과 개인연금을 더 활용해 각자의 노후를
준비하라는 것입니다. 이는 노후 보장에 대해 국가에 전적으로 의
존하지 말라는 메시지를 정부가 명시적으로 내보냄으로써 과거 복
지 확대기와 반대로 국가와 개인 간의 책임 분담을 정책 방향으로

수립했다는 의미를 갖습니다.

특히 2003년 연금 개혁에서 급여 산정 공식에 인구구조 변화와 노동시장 변화를 반영한 지속성 계수를 내장시킨 것은 눈에 띄는 부분입니다. 지속성 계수란 가입자 수와 수급자 수의 비율을 반영해 비율이 악화되면 자동적으로 연금 급여를 하락시켜 지속가능성을 높이는 장치입니다. 이는 장기적으로 급여 수준을 실질적으로 축소하는 효과를 갖는데, 사실상 DB형 공적연금에 DC형 요소를 가미해 재정 위험을 어느 정도 국가로부터 개인으로 이전시키는 구조적 변화입니다.

일본 역시 2004년 연금 개혁을 통해 보험료를 크게 올리고, 인구 고령화를 반영한 거시경제 상황을 추가 연동시켜(매크로 경제 슬라이드) 급여 수준을 낮추면서 사실상 DC형으로 전환한 경우입니다. 2004년 급여의 자동 조정 장치를 통해 DC형 요소를 도입하는 한편, 향후 100년간의 재정 균형을 목표로 연금보험료를 인상해 적립식 성격을 강화함으로써 재정적 불균형을 상당 부분 해소했습니다. 보험료는 2017년 18.3%까지 순차적으로 인상하고 그 후에는 고정시키는 것으로 책정해 국가 경쟁력을 크게 해치지 않도록 고려했습니다.

이들 국가와 달리 많은 국가들이 모수 개혁 방식을 사용하고 있는데, 모수 개혁은 근본적인 구조 변화 없이 재정 상황 완화를 위해 보험료와 급여를 결정하는 요소들을 산술적으로 조정하는 방식입니다. 즉 재정 압박을 완화하기 위해 급여 수준을 낮추거나 연금 지급 개시 연령을 올리는 등 급여를 감소시키는 것, 보험료를 인상하는 것, 적립금 규모를 높이고 투자 수익을 높이는 것 등입니다. 이런 방식은 구조 자체를 개혁할 때만큼의 높은 지적 역량이 요구되지는 않지만, 보험료를 올리거나 수급 연령을 상향하는 등 인기 없는 조치들이 반복적으로 계속되어야 하고, 매번의 개혁 시도마다 사회적 갈등이 심각해지는 것을 피하기 어렵습니다.

우리나라의 경우 그간의 연금 개혁 논의가 보험료 인상에 집중된 것은 구조 변화를 고안하고 이에 합의할 사회적 역량이 부족하다는 점에서 일차적인 원인을 찾을 수 있습니다. 그러나 보다 근본적으로는 이 문제의 심각성을 국민에게 잘 알리고 금융과 거시, 사회 등 각 분야의 전문성을 적극적으로 모아 해법을 찾기보다, 폐쇄적 논의 채널 속에서 노조 등 경직된 입장을 피력하는 세력과 의견을 조율하는 것에 너무나 많은 역량을 쏟고 있는 것도 중요한 원인이라고 할 수 있습니다.

국민연금은
왜 위기에 봉착했을까
/

우리나라의 국민연금은 도입 시 한창 때의 독일을 기준삼아 소득대체율을 높은 수준(70%)으로 설정한 반면, 보험료는 3%로 낮게 설정했습니다. 이렇게 도입 과정의 저항을 줄이기 위해 혜택은 높게, 보험료는 낮게 책정하는 것은 개발도상국이 연금을 도입하는 전형적인 방식입니다. 애초부터 허황된 설계였던 셈입니다.

그러나 이를 어떻게 평가할 것인지에 대해서는 다양한 관점이 있을 수 있습니다. 우선 개발도상국의 열악한 상황에서 연금제도의 필요성을 국민들에게 알리고 이해시키는 것은 불가능에 가깝습니다. 전통사회가 분해되어 자녀가 부모를 부양하는 구조가 약화되는 게 뻔히 예측되는 데 반해, 동서고금을 막론하고 개인이 미래를 멀리 바라보고 저축하는 성향은 약합니다.

그렇기 때문에 문제를 미리 내다본 각국 정부가 '공적인' 연금을 도입하는 것인데, 먹고살기 힘든 시절에 국민들에게 그 필요성을 공감시키기 어려웠을 것입니다. 우리가 고령화 문제가 불거지기 이전에 공적연금을 조기 도입한 것은 긍정적으로 평가되어야 할 것입니다.

더구나 당시 건강보험과 국민연금 등 사회보험을 도입하는 과정이 정부 내부의 치열한 논쟁을 거쳤다는 점도 주목되는 부분입니다. 도입 관련 논쟁은 기본적으로 재원의 부족을 염려하는 '현재 중시 반대' 의견과, 또 하나 경제 발전의 부작용을 사전에 완화하고 사회적 통합을 도모해 경제 발전 지속을 위한 사회적 자본을 구축해야 한다는 '미래지향적 찬성' 의견의 충돌이었습니다.

사회보험 도입 시점에 보건사회부 수장이었던 신현확 장관이 경제부처와 논쟁하며 밝힌 논리는 다음과 같습니다.

"비오는 날 무른 땅에 수레가 지나가고 나면 바퀴 자국이 깊이 팬다. 그대로 놔두면 땅이 굳어 자국을 영영 못 지운다. 경제개발의 바퀴 자국을 지우는 게 사회개발이며, 사회가 안정되어야 경제개발도 잘 달성된다. 경제개발과 사회개발은 하나다."

요즘 전 세계의 정책 서클에서 중요시하는 '지속가능 발전sustainable development'의 개념이 당시 우리의 최상위 정책 결정 과정에 뚜렷이 존재했던 것입니다.

구체적인 설계 과정에서 당시 복지 확장기의 서구 선진국과 일본을 모델 삼아 과한 혜택을 약속한 게 아쉽긴 하지만, 이것에 대해서는 당시 지적 인프라 측면의 한계를 감안해야 합니다. 후속적인 개혁이 원활하게 이루어질 것으로 기대했겠지만 군사독재 하에서는 그런 기대가 크게 비현실적이지만은 않았을 것입니다. 무엇보다 당시의 설계자들로서는 자신들의 경험에 비춰 고속 성장이 지속될 거라는 낙관에서 벗어나기 어려웠고, 출산율의 급속한 저하를 내다보기 어려웠다는 변명도 크게 염치없지는 않습니다.

사실 40년 전에 누구도 한국의 고령화가 지금처럼 급속한 속도로 이루어질 거라고 예측할 수는 없었을 것입니다. [그림 3]에는 노인 부양비(20~64세 인구 대비 65세 이상 인구 비율)가 다른 OECD 국가와 비교되어 있는데, 우리나라는 지금 세계에서 가장 빠른 속도로 증가해 세계 최고 수준을 향해가고 있습니다. 2075년에 이르러 노인 부양비가 79%로 예측되는 것은 성인 1.25명이 노인 한 명을 부양해야 한다는 것을 의미합니다.

그림 3 | 주요국의 노인 부양비

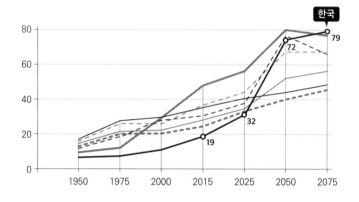

자료: OECD(2017)

이런 점을 감안하면 재정적 지속가능성은 애초 불가능했던 것으로, 3%로 시작한 보험료가 1998년에 9%까지 올랐는데도 미래 지출을 충당하기에는 역부족이었습니다. 이에 따라 1999년과 2007년, 두 차례의 연금 개혁이 이루어졌습니다. 제1차 개혁에서는 소득대체율이 70%에서 60%로 감소했고, 수급 개시 연령도 2033년까지 점차적으로 65세로 상향 조정하는 것으로 결정되었습니다.

그러나 2003년에 이루어진 재정 재계산의 결과 추가 개혁의 절실함이 드러났고, 그 후속으로 진행된 제2차 개혁은 소득대체율을 2028년까지 40%로 감소하는 내용을 담았습니다. 단 급여 조정과 보험료율 상승을 병행하기로 했던 원래 계획과는 달리 보험료율을 올리지 못함으로써 재정 불안정의 문제는 여전히 심각한 상태로 남게 되었습니다.

또한 제2차 개혁 때 기초노령연금이 도입된 것 역시 큰 의미를 갖는 동시에 국민연금에 큰 숙제를 남긴 변화입니다. 기초연금은 조세로 재원이 조달되어 보험료 납부 여부와 상관없이 지급되는 연금입니다. 기본 보장에 대한 국가의 책임을 보다 적극적으로 명시하는 것이지만, 국민연금의 기초 보장 부분(A 파트)과 사실상 중복되는 성격이어서 국민연금과의 통합적 구조화가 절실합니다. 이번 정부 개혁안에서 이 문제를 다루지도 않은 것은 정부 개혁안이 얼마나 미봉의 단기 대책인지를 여실히 보여주는 대목이라 하겠습니다.

소득대체율, 높이는 게 답일까?

/

현재 소득대체율을 높이자는 주장은 재정건전화 개혁에 대한 최대의 맞불이자 장애입니다. 연금 개혁을 이야기하면서 소득대체율을 높이자는 주장에는 두 가지 측면의 비판이 따릅니다.

첫째, 소득 보장이 어느 정도는 되어야 한다는 '적정성adequacy' 목표는 지당하지만, 그것을 본인 세대만 누리고 미래세대를 희생시키는 구조로 추구해서는 안 됩니다.

국민연금이 현재의 소득대체율로도 지속가능성이 없는데 여기서 지속가능성을 해소하는 보험료 상승 없이 소득대체율을 더 올리자는 주장을 계속하는 것은 공적인 책임성을 가진 자세로 보기 어렵습니다. 한마디로 제도 유지가 위협받는 상황에서 혜택을 더 높이자는 것은 본인들 세대만 혜택을 누리고 이후 세대의 문제는 방관하는 이기심일 뿐입니다.

세대 간의 재정 이전을 기본 구조로 하는 국민연금은 지속가능성을 유지하는 구조가 우선되어야 하고, 소득 보장의 적정성은 공적 소득 보장 전체의 틀에서 기초연금과 민간연금 등 다른 제도적 장치의 기능과 함께 구현해야 할 일입니다. 그런데도 그간 노동계는 소득대체율을 높여 노후 소득 보장성을 높여야 한다는 주장을 계속해왔습니다.

그러나 현재의 급여 수준이 낮다고는 하지만 그래도 국민연금제도를 유지해 혜택을 받는 것을 원하는 사람들이 다수입니다. 즉 소득대체율을 높이면 더할 나위 없이 좋겠지만 그렇지 못하더라도 국민연금제도가 아예 없는 것보다는 낫다는 것이 대다수의 솔직한 심정일 것입니다. 그렇다면 다음 세대가 지금 정도의 혜택을 받는 것도 불가능하게 만들면서 우리 세대의 혜택만 늘리자는 주장은 참으로 염치없습니다.

둘째, 지속적으로 국민들을 기만하는 주장이 반복되고 있습니다. 바로 우리나라 공적연금의 소득대체율이 턱없이 낮아 그것을 올리는 방안이 시급하다는 주장입니다. 그러나 현재 기초연금과 국민연금을 합한 공적연금의 표준 소득대체율은 50% 정도로 OECD의 평균 공적연금대체율(40.6%)보다 높은 수준입니다.

문제는 실질소득대체율이 20% 미만으로 매우 낮다는 것인데, 이는 평균 가입 기간이 너무 짧기 때문입니다. 즉 노동시장에서의 근로 기간 동안 제도 공백에 위치하는 기간이 길다는 뜻입니다. 다시 말하면 겉으로는 강제 가입이라고 하지만 사실상 국민연금 보험료 납부 의무로부터 빠져나가는 사업체와 근로자들이 많고, 이들을 강제할 행정력이 부족한 '사각지대'가 문제입니다.

국민연금 수급자의 평균 가입 기간은 2014년 약 16년인데, EU 27개국이 36년인 점을 고려하면 현재 사회보험이 끌어안지 못하는 근로자 비중이 높다는 문제가 얼마나 심각한지 짐작할 수 있습니다.

무엇보다 이 상태에서 제도상의 명목 소득대체율을 높이는 것은 노후 준비가 상대적으로 잘되어 있는 고령자의 소득 안정성을 주로 보완하는 기능을 하는 데 반해, 사각지대에 존재하는 사람들의 노후 소득에는 크게 기여하지 못합니다. 이들 사각지대에 위치한 그룹은 대부분 미래의 빈곤 노인으로 향하고 있는 사람들입니다.

지금 노동시장의 질 낮은 일자리에 속해 있어서 소득도 낮고 미래를 준비할 여력도 없다고 느끼지만, 세월이 흐른 뒤 준비 없이 노후를 맞은 이들이 공적연금의 혜택을 받지 못하고 빈곤 지원에 의존할 확률은 매우 높습니다. 반면 국민연금 소득대체율 인상의 혜택을 받을 수 있는 노인들은 상대적으로 처지가 양호한 계층입니다. 그러니 노인 빈곤 문제를 해결하기 위해 소득대체율을 올려야 한다는 주장은 그다지 적절하지 않습니다.

이 사각지대는 사실 국민연금의 가장 심각한 문제입니다. 국민연금연구원에 따르면, 2014년 현재 65세 이상 인구 대비 공적연금 수급자 비중은 35%에 불과합니다. 외형상 가입자로 포괄되어 있지만 아예 소득조차 신고하지 않는 납부예외자나, 소득을 신고했지만 보험료를 1년 이상 미납하고 있는 장기체납자가 570만 명에 달해 18~59세 경제활동 인구 중에서도 보험료 납부자는 64.4%에 불과한 실정입니다.

이를 재분배적 관점에서 보면 더 심각한 문제가 드러납니다. 지금처럼 현재 세대의 수익비가 높다는 것은 미래세대의 기여분을 대폭 끌어다 현재 세대로 귀속시키는 구조라는 뜻입니다. 예전에 '세대 간 도적질'이라는 용어가 많이 쓰였던 것은 이런 상황이 개선되지 않는 것에 대한 울분의 표현이었다고 할 수 있습니다.

그런데 어이없게도 정작 이런 떳떳하지 못한 방식으로 미래세대로부터 끌어온 돈은 현재 세대 중에서도 어려운 사람들에게는 지급되지도 않는 구조입니다. 공적연금 사각지대에 놓인 소외된 계층은 방치한 채, 제도 내부에 속한 상대적으로 양호한 계층이 미래세대의 돈까지 나누어갖는 구조이기 때문입니다. 소득대체율을 더 올리자는 주장은 미래세대와의 불형평뿐 아니라 현재 세대 내부의 역진성도 가중시키는 문제점을 갖습니다.

정부는 무엇을
해결하고 있는가
/

제도의 존속까지 위협받는 상황인데도 금번 정부가 내놓은 네 가지 개혁안은 어느 하나 해결책을 담고 있지 않습니다. 해결책이라 함은 이번 정권 내에 재정 균형에 도달해야 한다는 뜻이 아닙니다. 물론 그럴 수 있다면 안 할 이유가 없겠지만 현재 직면한 재정위기의 심각함을 고려할 때 거의 불가능한 일입니다.

미래세대로부터 재원을 끌어오지 않으면서 현재의 소득대체율 40%를 충당하려면 보험료율이 16~17% 정도여야 하는데, 현 정권 내에서 이 정도의 인상이 가능할 것이라 기대하기 어렵습니다. 소득대체율을 45%로 인상하고 이에 상응하는 18~19%로 보험료를 인상하는 것 역시 마찬가지입니다.

다만 개혁안에는 장기적 재정 균형으로 향하는 뚜렷한 경로와 그 안에서 현 정부가 감당해야 하는 몫의 합리적 약속이 담겨야 합니다. 그래야만 이 정도로 완수해도 지금 정부가 할 일을 했다고 인정할 수 있다는 뜻입니다.

그런데 현재 제시된 네 가지 안은 그 역할을 전혀 수행하지 못합니다. 심지어 1안과 2안은 기초연금 액수의 차이만 있을 뿐 국민연금에 대해서는 '지금 이대로' 유지하겠다는 괴이한 내용입니다.

보험료 인상을 담은 다른 안들 역시 크게 다르지 않습니다. 연

표 2 | 국민연금 정부 개혁안(2018. 12)

	1안(현재 유지)	2안	3안	4안
소득대체율	40%	40%	45%	50%
보험료율	9%	9%	12%(2031)	13%(2036)
기초연금	30만 원	40만 원	30만 원	30만 원
적립금 소진	2057년	2057년	2063년	2062년

자료: 보건복지부(2018)

금 급여 확대를 약속하면서 그 확대분만을 충당하는 보험료 인상을 제시했기 때문입니다. 급여를 늘리는 만큼만 보험료를 인상하는 것이니 기존의 심각한 재정위기를 개선하는 조치는 아예 없습니다.

결국 이번 정부의 네 가지 개혁안은 제도가 붕괴하는 것을 그대로 방치하겠다는 계획을 공식적으로 제시한 셈입니다.

네 개의 개혁안 중 정부가 가장 역점을 두고 제시한 안은 3안입니다. 이는 노동계의 주장이기도 하고 8월말 경제사회노동위원회가 8개월의 논의 끝에 다수의 안으로 제시하기도 했습니다.

그 내용은 소득대체율을 5% 올리고 보험료율도 찔끔 올려 소득대체율을 새로 올린 정도만 재원 조달하는 내용입니다. 이는 장기 균형으로 나아갈 수 있는 경로를 제시하고 그것의 일부를 지금의 정부가 감당해야 한다는 원칙과는 너무나 거리가 먼 내용입니다.[15]

노조가 연금 정책을
좌우하는 구조

/

연금 개혁 의무를 회피하려는 정부도 문제지만, 그간의 논의에서 연금 재정건전화 노력의 반대 세력으로 자리잡아온 노동계 역시 개혁의 큰 장애입니다. 현재 국민연금을 비롯해 우리나라 사회보험의 결정구조에는 노조가 사실상 거부권을 갖고 있습니다. 고용보험위원회, 건강보험정책심의위원회, 국민연금심의위원회, 국민연금기금운용위원회, 건강보험재정운영위원회 등 주요 사회보험위원회는 심의 의결 기능을 갖는데, 노조는 모든 위원회에 당연직으로 포함되어 예외 없이 가장 목소리를 크게 내는 세력입니다.

제도를 실제로 운영하는 책임을 맡은 정부가 의지를 갖고 제도 개선을 추진할 경우 노조에 유리한 점이 포함되어 있다면 별문제없이 통과되지만 노조의 이해와 부딪칠 경우 사실상 노조에 의해 조기 좌절되는 구조입니다. 그렇다고 정부가 강단 있게 주장을 개진하는 것도 아니며, 특히 문재인 정부에서는 어떤 대립적 상황도 만들려 하지 않는 경향이 뚜렷합니다.

국민에게 권한을 위임받아 정부가 제도 개선을 도모해야 하는데, 어떻게 노조가 사회보험 정책 결정구조에 거부권을 행사하는 이상한 구조가 만들어진 걸까요? 그 뿌리는 독일과 일본식의 사회보험 방식을 모방해 노사 참여 결정구조를 도입한 애초의 설계 과정과 관련이 깊습니다.

1881년 비스마르크 총리 주도로 독일에서 최초로 사회보험을 도입했을 때 구체적 설계는 당시의 특수한 사회적 맥락에 큰 영향을 받았습니다. 비스마르크 총리는 사회주의적 이념이 확산되는 것을 선제적으로 막되, 보수층이 반감을 갖게 하지 않으면서도 근로자 생산성을 높이기 위해 사회보험을 도입했다고 잘 알려져 있습니다.

그런데 원래 비스마르크는 사회보험의 재원 조달과 운영을 모두 국가가 주도하는 것을 의도했으나 제국의회에서의 격론 과정을 거치면서 재원을 일반 세원이 아닌 노사 징수 보험료에 의존하고, 구체적 운영을 정부가 아닌 노사 참여의 준 공공적 기구가 맡는 것으로 기본 틀이 변형되었습니다.

이는 기독교적 전통이 강하고 종교적 자선이 주도했던 복지 부문에 국가 개입이 강화되는 것을 경계하는 정서가 강했던 데다가 비스마르크 총리의 권위주의적 정부에 대한 경계심까지 결합한 결과입니다.

사실 가족, 지역사회와 종교단체 등 당사자와 가까운 차원에서부터 도움을 주고받는 것이 원칙이며, 국가는 이것으로 해결되지 않는 어려움에 대해서만 개입해야 한다는 '보충성의 원칙Subsidiarity'은 지금도 중부 유럽 국가에서 널리 공유되고 있습니다. 결국 이런 복합적인 이유로 '국가와 사회보험의 분리'가 비스마르크형 사회보험의 기본 특성이 된 것입니다.

그러니 국가 주도적 개발을 거친 우리나라가 독일식 분권형 자치를 기반으로 한 사회보험 모델을 수입한 것은 언뜻 이해되지 않는 부분입니다. 이에 대한 설명은 구체적인 도입 상황에서 찾을 수 있습니다. 당시의 빈약한 재정 상황에서 노사 자치를 가미한 모델이 재원 조달 측면에서 크게 매력적이었기 때문입니다.

이는 신현확 보건사회부 장관이 재원 조달을 걱정하는 대통령을 "정부가 예산을 안 줘도 기업들과 근로자들이 스스로 돈을 내서 운영하기 때문에 문제가 없다"고 설득했다는 일화에서도 잘 나타나 있습니다. 세금이 아닌 별도의 재원을 동원하고, 그것을 위해 노사가 어느 정도의 결정권을 갖는 형태를 갖춤으로써 독일과 유사하게 국가와 사회보험 간의 거리를 설정하는 형태를 갖게 된 것입니다.

그러나 이후의 발전 과정에서 분명하게 나타나듯, 독일식 사회보험과 달리 우리나라의 사회보험 제도는 철저하게 국가의 프로젝트였습니다. 국민연금은 설계부터가 독일식 소득비례연금과 달리 당시 일본 제도를 참조해 재분배 기능을 강화한 이층구조였습니다. 빠른 시간 안에 전 국민을 포괄하기 위해 국세를 대폭 투입한 것 역시 국가 제도로서의 사회보험 특성을 잘 보여줍니다. 즉 국가와 거리를 두고 동질적인 근로자 그룹별로 별도 보험을 가진 독일과 달리, 국민 전체를 포괄하는 보편성을 우선시한 것입니다.

국민연금은 1988년 10인 이상 사업장을 대상으로 제도를 실시한 후, 1992년 5인 이상 사업장으로 확대했고, 김영삼 정부 들어서는 농어촌 지역에 연금제도를 적용하기로 결정하면서 국세 재원으로 이들의 보험료를 보조하기 시작했습니다. 2006년에는 1인 사업장까지 포함시킴으로써 전 국민을 가입 대상으로 포괄하는 데 채 20년이 걸리지 않는 놀라운 속도로 확장했습니다.

이렇게 제도 자체가 국가의 프로젝트로 기획되고 운영되는 이상 우리나라의 사회보험은 (국가와 거리를 둔) '사회'보험이 아니라 (국가가 직접 운영하는) '국가'보험일 뿐입니다. 실제로 독일의 사회보험 운영 주체가 별도의 수사권을 가질 뿐 아니라, 정책 기획을 담당하는 중앙 부처와 마찰 시에는 법적 소송이 일반화되어 있을 정도로 자치를 강조하는 것은 그 바탕의 정서를 공유하지 않는 우리 시각에서 상당히 이질적인 형태입니다.

그렇기 때문에 사회보험료 역시 현대 재정의 관점에서 보면 '국가의 특정 프로그램 비용을 봉급에 부과해 노사로부터 징수하는 봉급세'에 다름 아닙니다. 보험료를 노사가 부담한다고 해서 운용에 큰 목소리를 내야 하는 것은 아니라는 의미입니다. 이런 주장은 마치 기업이 법인세를 내는 만큼 그 징수와 지출에 관한 모든 결정을 기업이 좌지우지해야 한다는 논리와 같습니다.

도입 시에는 당시의 상황과 지적 인프라의 부족으로 어쩔 수 없는 일이었다 치더라도 이후로도 오랫동안 이런 구조가 지속된 것은 노조의 영향력이 과하게 유지되었다는 것과 관계가 깊습니다. 정부 역시 이를 탈피해 스스로 책임을 지는 구조로 전환했어야 했는데도 사회적 합의라는 틀 속에서 책임을 회피함으로써 누리는 편리함을 추구하며 노조의 이해와 안락한 공존을 유지한 셈입니다.

특히 이런 구조는 노조의 영향력을 더욱 확대해 스스로의 정치적 자산으로 삼으려는 동기가 있는 정권일 경우 더욱 편리합니다. 그리고 그 결과는 이번과 같이 절체절명의 위기 앞에서도 여전히 미래세대를 착취하는 내용의 개혁안을 내세우는 상황으로 드러나고 있습니다.

지속가능한
국민연금을 향해
/

국민연금이 조금이라도 국민 생활에 도움이 되고 있다면 그것은 지금의 청년세대도, 미래세대도 함께 향유할 수 있어야 합니다. 즉 국민연금 개혁의 내용은 무엇보다 지속가능성을 보장하는 것이어야 합니다. 노후 보장 소득이 부족하면 부족한 대로 미래세대도 그 혜택을 나눌 수 있어야 하는 게 최상위의 원칙입니다.

더구나 현재의 표준 소득대체율은 기초연금과 합쳐 50% 수준으로 기본 보장을 위해 낮다고 보기 어렵습니다. 지금의 개혁 과제를 구체적으로 열거하자면 지속가능성 문제를 해결하되, 기능상의 중복을 고려해 기초연금을 비롯한 다른 제도들과의 기능 분담을 제대로 설계하는 것입니다.

그런데 이 과제를 추구하기 위해 무엇보다 선행되어야 하는 것은 다름 아닌 결정구조의 개편입니다. 현재는 초안을 만드는 단계부터 모든 과정에서 노조를 비롯한 각종 이해 단체의 정치적 논리가 좌우하는 구조입니다. 특히 노조는 소득대체율을 높이자는 주장을 하고 있지만, 그래서 어떻게 제도를 지속가능하도록 유지할 것인지에 대해서는 언급조차 하지 않기 때문에 공적인 마음 자세를 갖고 있다고 보기 어렵습니다. 국가 전체 차원에서 부작용을 우려하는 공적 마음 자세가 없는 이들이 모여 세대 간 이해 상충 문제에 합리적 해법을 내놓기를 기대하기는 어렵습니다.

더구나 연금 개혁은 원래 사회 내 최고의 전문성과 지혜를 동원해도 달성하기 쉽지 않은 난제입니다. 게다가 아직 태어나지 않은 세대를 포함해 세대 간, 계층 간 이해를 조화롭게 수렴하는 구성이어야 하는 만큼 기존 기득권만을 대표하는 노조의 목소리가 과하게 반영되는 것은 결코 바람직하지 않습니다.

이 문제에 대해서는 스웨덴의 사례를 참조할 만합니다. 연금 개혁은 어느 나라에서나 가장 까다로운 개혁이지만, 20세기 최대의 사회 개혁으로 손꼽히는 스웨덴의 연금 개혁은 논의 방식과 결정 구조 역시 상당히 잘 설계된 사례로 꼽힙니다. 당시 논의는 추상적인 내용에서부터 최종적인 제도 개선까지 순차적으로 이루어졌습니다.

스웨덴 정부는 1991년 논의 기구를 구성해 개혁 원칙을 먼저 결정한 뒤 1992년에 공개 논의에 부쳤습니다. 세부 내용을 결정하기 전에 원칙에 대한 사회적 합의 먼저 시도한 것입니다. 개혁 방향에 관한 포괄적 입법은 1994년에 이루어졌고, 세부 사항은 이후 순차적으로 입법되었습니다.

가장 눈에 띠는 점은 대표성과 전문성을 원칙적으로 분리하면서 조화를 꾀한 부분입니다. 복지부 장관(위원장)과 정당 대표, 전문가로 논의 기구를 구성해 책임 있는 소수에게 논의를 맡겼습니다. 우리처럼 사회적 합의라는 이름 아래 이해 단체들이 각자의 이익을 추구하는 장이 되도록 방치하지 않은 것입니다.

연금 개혁의 본질과 우리나라 상황을 고려했을 때, 연금 개혁 논의는 전문성을 토대로 정부와 전문가 그룹이 초안과 선택지를 작성할 필요가 있습니다. 이 중 정치적 대표성이 필요한 사안들에 대해서는 이후의 과정에서 정치 세력과 이해 단체의 의견을 청취한 뒤 최종적으로 입법부로 향하게 하는 것이 적절합니다.

어차피 현재 정부가 제출해놓은 네 개의 안은 재정 안정에 대한 경로 자체가 제시되어 있지 않으므로 재정 파탄을 막으려면 이 중에서 대안을 선택할 게 아니라 보다 발전된 안을 새롭게 만들어야 하는 상황입니다.

그간 결실 없이 진행된 경제사회노동위원회의 논의에서 분명해졌듯이 국가의 미래와 제도의 지속가능성을 최우선순위에 두지 않는 이해 세력들로 하여금 제도 개혁 논의를 주도하게 하는 것은 이제 중지할 때가 되었습니다. 연금 개혁은 기득권 구조만이 아니라 태어나지 않은 세대까지 포함해 세대 간, 계층 간의 이해를 조화롭게 함으로써 지속가능한 제도를 만들어내는 것이어야 합니다.

5장

정년 연장—
청년도
중장년도
힘들다

소수를 위한
정년 연장

/

얼마 전 정년 연장 문제가 정책 현안으로 등장했습니다. 외양상으로는 지난 2월 대법원이 육체노동자의 '노동 가동 연한'을 기존 60세에서 65세로 상향한다는 판결이 촉발제가 되었습니다. 곧 이어 경제부총리가 정년 연장 문제를 인구 정책 측면에서 집중 논의하고 있다고 밝히면서 정부 현안으로 떠올랐고, 마치 기다렸다는 듯 교섭력 국내 최강인 자동차 노조와 금융 노조가 단체교섭 요구안에 일제히 정년 연장을 포함시켰습니다.

일사불란한 노동계의 움직임은 현재 노조의 주력 연령대가 정년을 앞두고 있는 것과 관련이 깊을 것입니다. 그러나 정년 연장에 관해서는 아무리 저마다의 이해가 걸린 문제라 하더라도 아직 짚어보아야 할 부분이 많기 때문에 곧장 정책 현안으로 직행하는 것은 적절하지 않습니다. 흔히 노인 빈곤과 노동력 부족 때문에 정년 연장이 필요하다고 하지만 이들 문제가 정년 연장과 직접 연결되기 어려울 뿐 아니라 다른 중요한 문제들도 함께 걸려 있기 때문입니다.

정년 연장에 찬성하기 어려운 가장 큰 이유는 정년 연장이 청년들의 일자리 찾기에 어려움을 더하는 반면, 정작 얼마나 다수의 고령자에게 혜택을 줄 수 있을지 의심스럽기 때문입니다. 정년 연장뿐 아니라 무엇이든 다른 사람에게 피해가 가지 않으면서 한 집단을 배려하는 것이라면 굳이 우려할 이유가 없습니다.

그러나 지금도 힘든 시간을 보내는 우리나라 청년들을 희생시킬 가능성이 큰 조치라면, 설사 그것이 고령자에게 상당한 혜택을 주는 조치라고 해도 어떻게 세대와 계층 간 이해의 균형을 맞출 것인지 고민해야 할 문제입니다. 하물며 혜택을 받는 고령자도 극히 제한적인 범위에 불과하다면 더더욱 정책 목표가 무엇이고, 그 목표에 부합하는 적절한 수단인지를 원점에서 고민해야 할 것입니다.

청년 취업자와 고령자가 일자리를 놓고 경합하는 구조인가 하는 것은 고령자 고용을 늘렸을 때 청년 고용이 축소되는지와 관련이 있으며, 전체 경제를 놓고 분석할 때는 경합성이 뚜렷이 나타나지 않습니다. 대체로 기존의 국내외 연구들은 고령자들이 주로 취업하는 사업장이 청년을 고용하는 사업장과 일치도가 낮기 때문에 경합성이 뚜렷하지 않다고 관찰해왔습니다.

그러나 우리나라의 대기업과 공공 부문은 이런 일반적인 관찰을 그대로 적용해 정년을 연장해도 청년 구직자에게 피해가 없다고 단정하기 어렵습니다. 고령자와 청년 모두 선호하는 직장이며 고용 유연성이 거의 없기 때문입니다.

청년들이 이곳에 진입하기 위해 줄을 길게 서 있는 상황인데 이 부문의 일자리 총량이 근래 눈에 띠게 늘지 않으니, 기존 근로자가 퇴출되어야만 청년이 새로 진입할 수 있는 구조입니다. 이런 상황에서 정년을 연장한다는 것은 일방적으로 일찍이 이곳에 자리 잡은 사람들의 손을 들어주겠다는 것에 다름 아닙니다.

그렇다면 정년 연장의 필요성으로 흔히 꼽히는 노인 빈곤 문제의 각도에서 이 문제를 보면 어떨까요? 역시 목표와 수단이 별반 들어맞지 않습니다. 통념적인 인식은 노동시장에서 퇴출되는 시점이 빨라 노인 빈곤이 악화되니 정년을 연장해야 한다는 것입니다. 그런데 실제는 전혀 다른 양상이 나타납니다.

우선 우리나라에서 정년제도가 실제로 의미 있게 적용되는 직장, 즉 정년까지 직장에 다닐 것으로 기대할 수 있는 직장은 고용보호의 수준이 높은 대기업과 공공 부문 정도에 불과합니다. 대부분의 근로자가 속한 중소기업 부문은 이직이 잦고 고용보호 수준도 낮아 정년 연장과 별 상관이 없기 때문입니다.

이들의 경우 정년 훨씬 이전인 50세 전후로 일자리를 떠나 처우가 그보다 못한 곳으로 옮기는 경우가 흔합니다. 그러니 정년 연장으로 혜택을 보기 어려운 사람이 대다수입니다. 처우가 못한 곳으로 옮기더라도 노동시장에서 퇴출하는 최종 은퇴 연령이 70세 정도이므로 노동력 부족으로 정년 연장이 필요하다는 주장도 그다지 설득력이 없습니다.

게다가 대법원 판결을 정년 연장에 대한 근거로 내세우는 것은 우리나라 노동시장의 가장 심각한 문제를 도외시하면서 판결을 비틀어 적용하는 것과 같습니다. 해당 판결은 수영장 익사 사고로 네 살 자녀를 잃은 유족이 낸 손해배상 소송에서 향후 노동시장에서 수익을 얻을 것으로 예상되는 연령의 상한(가동 연한)을 상향하는 내용입니다.

평균여명이 크게 늘었고, 경제활동 기간도 늘어 실제 은퇴 연령이 70대 초반까지 올랐으며, 연금 수급 연령 또한 65세로 조정되었기 때문에 법적으로 노동시장에서 활동할 것으로 예상하는 기간도 늘어나야 한다는 것입니다.

즉 판결은 노동 가능 연령에 대해 우리 사회가 가진 기대치와 실제 은퇴 연령의 경험치가 그간 상향 조정되었기 때문에 이를 손해배상에도 반영해야 한다는 것을 의미할 뿐입니다. 반대할 여지가 거의 없지요. 그러나 이 같은 판결이 정년 연장 필요성으로 곧장 이어지는 것은 아닙니다. 판결은 노동시장에 머무는 시간을 현실적으로 적용하는 문제인데 반해, 정년 연장은 기존 일자리를 그 자리에서 유지하도록 하는 문제라는 점에서 그렇습니다.

노동시장에 머무는 것과 한 직장에 계속 머무는 것은 전혀 다른 문제입니다. 고령자로 하여금 노동시장에 남아 경제활동을 계속하도록 도와야 하지만 그것이 반드시 같은 직장을, 그것도 청년 구직자들이 길게 줄을 서 있는 직장에 지속적으로 머무르게 할 필요는 없다는 것입니다. 모두가 선호하는 좋은 일자리의 경우 처우가 좋고 세대 간의 경합이 심하기 때문에 일방적으로 중장년의 편에 서는 것은 옳지 않습니다.

정책적으로 보다 집중해야 하는 문제는 겨우 50세 정도의 중장년들이 이른 퇴출 대상이 되고 있다는 점입니다. 그런 기피 현상에 나름의 이유가 있다면 그것을 시정해 고령자가 노동시장에서 기피 대상이 되지 않도록 대책을 세워야 합니다.

지금 중장년들이 선호하는 좋은 직장에서 기피되는 중요한 이유는 연령이 올라갈수록 신입 청년과의 급여 차이가 세계 최대에 이를 정도로 크기 때문입니다. 중장년 근로자는 본인의 생산성보다 훨씬 많은 급여를 받고 있습니다. 그런 면에서는 이들 또한 직장에서 빨리 내보내야 하는 대상으로 인식될 뿐 이들의 고용을 유지할 이유가 희박합니다.

이런 상태에서 정년이 연장되어 고용 유지를 강제할 경우 그 인건비 부담 때문에 청년 구직자의 희생은 더 커지는 구조입니다. 즉 이들의 고용 유지가 기피되는 데에는 충분히 합리적인 이유가 있다는 것입니다. 결국 세대 간 경합이 강한 부문에서 기존 근로자의 퇴출 시점을 법적으로 연장하는 것은 이곳에 진입하려 애쓰는 청년들의 희생을 담보로 이 부문에서 과하게 높은 보수를 받으며 오래 근무한 중장년 근로자의 이해를 일방적으로 보호하는 것과 같습니다.[16]

그렇기 때문에 고령자 고용 증진 이슈는 왜 고령자 임금이 생산성보다 훨씬 높아 고령자 고용을 기피하는지, 임금체계와 결합해 이해할 필요가 있습니다. 연공급이 깊이 뿌리내린 우리나라에서 정년까지 고임금 업종에서 근무한 고령자의 정년이 더 연장되는 것은 막대한 규모의 특권을 지속시키고자 진입 희망자를 밀어내는 것과 같습니다. 이는 청년 구직자에게 너무나 가혹한 제안입니다. 그렇기 때문에 정년 연장 논의는 임금체계에 대한 근본적인 개편이 선행된 이후에 시작하는 게 바른 순서일 것입니다.

정년제도는
왜 존재하는가

/

정년제도는 한마디로 일정 연령까지 고용을 유지하라는 규제입니다. 이런 규제가 존재하는 이유는 연공급과 관련이 깊습니다. 근로 연한이 늘어남에 따라 보수가 자동적으로 증가하는 연공급 구조에서는 일정 연령 이후로 근로자 생산성과 보수 간의 차이가 발생해 기업의 비용이 커질 수밖에 없습니다.

근로 연한이 높은 고령자의 급여가 생산성보다 훨씬 높은 만큼, 사용자 입장에서는 이런 고비용의 발생을 최대한 빨리 중단하는 것이 목표입니다. 그런 이유로 연공급 성격이 강한 임금체계를 가진 국가에서는 이렇게 고령자의 신규 고용과 계속 고용 모두를 최대한 회피하는 것이 보편적인 현상입니다.

정년제도는 이런 구조 속에서 일정 연령까지 고용을 보호해 고용의 안정성을 정책적으로 강제하는 것이기도 하지만, 동시에 이

기간을 넘어서까지 취업을 유지하고 싶어 하는 근로자의 시도를 원천적으로 방지하는 제도이기도 합니다. 생산성과 급여 간 차이가 벌어진 상태를 너무 오래 지속시킬 경우 가중될 경영상의 어려움도 어느 정도 배려하는 것이지요.

실제로 지급 능력이 있는 기업들은 일정 연령까지 고용을 보장해 근로자의 충성심을 끌어내는 장점을 누리지만, 그 이후에는 아예 서로 고용 연장의 기대를 하지 않도록 하는 정년제도를 통해 고비용의 부작용을 통제하고 있습니다. 반면 지급 여력이 부족한 중소기업은 고령자 기피가 보다 뚜렷해 퇴출 연령이 더 이르게 나타납니다.

임금피크제로
해결될 것인가
/

2013년 4월 30일, '고용상 연령차별금지 및 고령자고용촉진에 관한 법률'이 개정되면서 정년이 60세로 연장되었습니다. 만약 기업의 정년이 이보다 낮은 연령으로 설정되어 있었다면 자동적으로 연장되는 것이며, 이전에 설정된 정년을 이유로 근로자가 해고된다면 부당해고로 간주한다는 것이 개정 내용입니다.

그런데 연공급이 보편적으로 통용되는 우리나라 노동시장에서 정년 연장은 막대한 노동비용 상승을 초래하고 있습니다. 그러니 기업에서 이 충격을 줄이기 위해 신규 채용을 줄이고 인력 운용을 비용 절약적으로 감축하는 것은 자연스러운 대응입니다. 그러므로 일자리 창출 역시 중요한 정책 목표라면, 일자리에 미치는 정년 연장의 부작용을 심도 깊게 검토하고 보완적 대책을 강구했어야 합니다.

2013년 법 개정 시 이런 부작용을 방지하기 위해 많은 이들이 제시한 대안은 임금피크제 도입을 병행하도록 하는 법 규정이었습니다. 임금피크제란 정년 전 몇 년간 임금이 점진적으로 감소하도록 설계함으로써 인건비 부담을 완화하는 장치입니다.

그러나 2013년 법 개정 시, 근로자와의 협의를 통해 임금을 조정해 노동비용 증가 충격을 방지하도록 한다는 원칙적 언급만이 추가되었을 뿐입니다. 임금피크제 도입을 전제로 정년을 연장하는 것이 당시의 부작용 대응 방안이었지만, 정년만 법적으로 연장되고 임금피크제는 실제적인 조치가 이루어지지 않은 것입니다.

그러니 법 개정을 통해 정년 연장을 이미 보장받은 상황에서 노조가 의무 사항도 아닌 임금피크제를 수용할 이유가 없었습니다. 임금피크제는 언급만 된 채 표류하게 된 것입니다. 근시안적으로 보면 이는 단순한 입법상의 미숙함이겠지만, 사실 그 저변에는 청년의 취업보다 현재 조직근로자의 이해가 우선시되는 우리나라 노사관계와 정치 환경의 문제라고 할 수 있습니다.

그런데 보다 근본적으로는 두 가지의 문제를 짚어볼 필요가 있습니다. 첫째, 비록 당시에 임금피크제가 정착되도록 배려하지 않은 채 덜컥 60세 정년을 법제화한 것은 비판받을 만하지만, 그렇다고 해서 임금피크제가 정년 연장의 부작용을 근본적으로 해결하는 대안이 라고 하기도 어렵다는 점입니다.

특히 정년까지 고용이 대체로 유지되는 대기업이나 공공 부문에 서는 노동비용이 생산성을 초과하는 부분이 워낙 크기 때문에 마지 막 몇 년간의 임금을 소폭 깎는 정도로 상쇄될 거라고 기대하기는 어렵습니다. 즉 임금피크제만으로 고령 노동 기피가 해소되길 바랄 수는 없다는 것입니다. 그러니 임금피크제는 임금체계의 구조적 개 편을 하지 못한 상황에서 과도기적으로 정년 연장의 부작용을 일부 감소시키는 임시방편일 뿐입니다.

둘째, 중고령 근로자를 보호하기 위해 이들의 고용이 유지되도록 규제하는 것이 반드시 고령자에게 유리하고 청년에게만 불리한 것 이 아니라는 점입니다. 고용 유지를 강제하면 중고령의 고용 유지비 용이 더 증가하니, 기업으로서는 이들이 정년 연령에 도달하기 전 에 다른 이유로 이직을 유도하거나 해고할 유인이 강해집니다. 고용 보호 수준이 낮은 우리나라 중소기업에서 정년 훨씬 이전에 다수 근로자가 이직하는 것도 같은 맥락입니다.

정년 연장을 강제한 경우 당장 정년 연장의 혜택을 직접 받는 소 수의 근로자에게는 분명 좋은 일이겠으나, 중장년 일반에 대한 사 회적인 기피 심리는 더 강해져 중고령 근로자의 고용 증진이라는 원래의 의도와는 먼 결과를 초래하게 되는 것입니다.[17]

정년 연장이
청년 취업에 미치는 영향

/

이중구조화된 우리나라의 노동시장에서는 좋은 일자리에 대한 세대 간 경합이 뚜렷하게 나타납니다. 공공 부문과 대기업으로 대표되는 좋은 일자리는 중고령자나 청년 모두 공통적으로 선호하는 일자리여서 기회만 있다면 진입하려는 청년 구직자가 다수입니다. 또한 이 부문의 일자리는 고용보호 수준과 함께 보수도 높은 데다 연공급의 요소가 크기 때문에 정년 연장으로 인한 노동비용 증가 역시 가파릅니다. 따라서 청년 취업에 미치는 부정적 영향 역시 클 수밖에 없습니다.

예를 들어 공공 부문은 정부에 의해 인건비가 통제되어서 빠져나가는 인력과 새로 충원되는 인력이 긴밀한 대체관계입니다. 그러니 정년을 연장해 퇴출 인력이 줄어들면 진입하는 인원도 줄어들 수밖에 없습니다. 그런데 그 고령자 1인당 인건비 규모가 신규 채용 인력 1인당 비용보다 훨씬 크다면, 정년 연장의 직격탄으로 청년 고용을 줄일 뿐 아니라 그 감소폭도 수혜자 수를 훨씬 능가해 전반적인 일자리 상황을 악화시킵니다.

이런 현상은 노조의 조직력과 관계가 깊습니다. 노조가 강한 곳일수록 능력이나 성과보다 연공급의 영향이 크도록 단체협약을 맺기 때문입니다. 이런 사업장에서는 근로자 생산성과 보수 간의 격차가 더 커집니다. 우리나라의 대기업과 공공 부문은 노조가 가장 강력한 현장이기도 합니다.

따라서 이런 직장에서는 고령 근로자 고용을 1년 더 유지하는 데 드는 비용이 다른 직장보다 더 큽니다. 이를 근로자 입장에서 보면 보수가 생산성보다 훨씬 높다는 의미이므로 이직하지 않고 버텨야 하는 유인이 더욱 강해집니다. 근로자의 실제 생산성보다 처우가 과하게 높으니 이직 시 지금보다 훨씬 못한 처우를 받게 될 공산이 크기 때문입니다.

이런 상황에서 고령 근로자를 위한다고 임금체계 개편 없이 정년만 연장하는 조치는 사실 형평성에 크게 어긋납니다. 생산성보다 훨씬 높은 처우를 받는 이들이 지금의 일자리를 지키도록 규제를 강화하는 것은 과보호되는 부문의 조직근로자만 더 보호하겠다는 것과 같기 때문입니다.

연공급의
맹점
/

OECD에 따르면 중고령 근로자의 고용 유지율과 신규 고용률 모두 중고령자 임금이 높을수록 낮아집니다. 특히 연공급 구조는 고령자 고용에 부정적인 영향을 미치는 것으로 나타납니다. 연령에 따

그림 1 | 연공급 강도의 국가별 비교

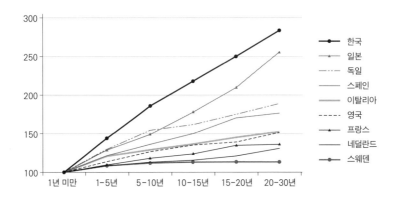

자료: 노동연구원(2011)

라 임금이 증가하는 정도가 낮을수록, 즉 연공급의 요소가 작을수록 고령 근로자를 고용하거나 이들의 고용을 유지하는 정도가 높아진다는 것입니다.

OECD 국가 중 우리나라는 연공급이 가장 심한 나라로, 신입 근로자에 비해 30년 근무 근로자의 임금이 세 배에 달합니다. 이는 근무연한이 아니라 직무와 역할, 성과에 의해 보수가 주로 정해지는 다른 국가에 비해 월등히 큰 비율일 뿐 아니라, 심지어 연공급으로 유명한 일본보다도 훨씬 높습니다.

연공급의 종주국과도 같았던 일본마저도 그간의 개혁을 통해 직무와 역할, 성과를 기반으로 한 임금으로 상당 폭 전환한 결과, 이제는 우리나라보다 연공급 정도가 훨씬 낮아졌습니다. OECD는 우

리나라의 고령자 고용 기피 현상이 강력한 연공급과 관련이 깊다고 평가합니다.[18]

결과적으로 고령자 고용 기피 경향은 개인이나 사회 모두에 큰 손실을 초래하고 있습니다. 중고령 근로자가 장기간 근로했던 직장에서 이직한 뒤 임시직이나 시간제 고용으로 옮겨가는 것이 일반적인데, 이 경우 상당 폭의 임금 감소가 일어나기 때문에 고령자의 고용 기피 요인을 해소하는 것은 고령자 소득 보장을 위해서도 중요한 과제입니다.

더구나 중고령 근로자가 그 기업에 관한 특수한 숙련이나 지식을 가졌고 직장 내 후배들에게 이를 전수하는 역할을 할 수 있는데도 과도한 노동비용 때문에 이직을 해야 한다면, 본인과 기업에는 물론 사회적으로도 손실일 테니까요.

왜
연공급인가

/

한국은 기업 임금체계에서 연공급이 유난히 높은 비중을 차지합니다. 우리나라의 연공급은 1960년대 사무직 부문에서 비중이 높아지기 시작했는데, 빠르게 성장하는 경제 상황에서 각 기업은 경영 확대를 전제하므로 연공급을 무리 없이 운용할 수 있었습니다.

게다가 경제가 빠르게 성장한다는 것은 인력을 확장해간다는 뜻인 만큼 장기근속을 전제로 한 근로자의 애사심 고취나 일체감, 높은 수준의 협조가 중시되었습니다. 또한 가족주의적 노사관계 역시 근대화 정도가 낮은 우리 사회의 가부장적 문화와 잘 부합했습니다.

이후 우리나라 임금체계의 변화 과정에서 가장 중요한 계기는 1987년 노동자 대투쟁 이후의 세력관계 변화입니다. 이때 노조의 영향력이 급속히 확대되면서 연공급이 생산직에도 빠르게 확산되었습니다. 많은 선진국의 임금체계가 직무의 난이도나 가치를 기반으로 직무급을 기초로 하면서 성과급이 추가되는 형태인 것과 달리 우리나라는 연공급이 지배적인 형태로 자리 잡게 된 것입니다.

임금은 원래 경영활동의 핵심입니다. 기본적으로 임금이 근로의 대가로 주어지기 때문입니다. 즉 임금체계를 통해 근로에 대해 보수가 주어지는 방식을 설계함으로써 경영 목표에 부합하는 인사관리가 가능해지는 것입니다. 그러나 근로자 입장에서는 근무연한에 따라 보수가 자동으로 증가하는 연공급이 본인의 노력을 최소화해도 보수 차이로 별반 이어지지 않는 방식이기 때문에 다수에 의해 선호되는 경향이 있습니다.

그러니 결국 노조의 힘이 연공급 정도에 영향을 미치고, 특히 효율적인 경영이 절실하지 않은 경우에는 연공급이 허용되는 정도가 높습니다. 우리나라에서 연공급이 생산직에까지 급속히 확대된 것은 이러저런 경영 목표를 구현한 결과라기보다, 강력해진 노조가 원하는 대로 해줌으로써 분란의 소지를 줄이는 것이 경영에 더 중요해졌기 때문인 경우가 많습니다.

결국 연공급이 지배적인 형태로 확대되고 대기업 고용의 안정성과 결합해 고임금으로 이어진 것은 1987년 민주화 투쟁의 성과가 대기업 조직근로자에게 집중된 과정을 잘 보여줍니다.

그러나 1990년대 외환위기 이후 더 이상 이런 구조가 유지되기 어려울 정도의 충격이 가해졌습니다. 이 시기 관리직을 중심으로 성과급이 도입되고 연봉제도 확산되기 시작했습니다. 그러나 지금도 다수 근로자들에게 성과급이나 연봉은 부분적으로만 성과 평가와 연동될 뿐 사실상 아직 연공급적 요소가 지배적인 비중을 차지하고 있습니다.

그런데 노동시장에 진입할 기회가 절실한 청년들에게 연공급 중심의 임금체계는 강력한 장애물로 작용합니다. 고령 근로자 임금이 높아 신규 고용이 억제되는 데다 입직 후에도 임금체계가 신규 진입자에게 불리해서이기도 하지만, 보다 중요한 것은 연공급 제도가 본질적으로 노동시장 내 움직임을 억누르는 성격을 가졌기 때문입니다.

연공급 구조 속에서는 근로자가 다른 기업으로 옮길 경우 과거 근무연한에 따라 축적한 보수액이 얼마나 보장될지, 혹은 보장이 되기는 하는지 등의 많은 불확실성이 있기 때문에 이직 유인은 현저히 억제됩니다.

그러므로 대기업이나 공공 부문의 좋은 일자리에 일단 자리를 잡은 근로자는 다른 곳에 자리가 생겨도 이직 결정을 내릴 이유가 없고, 고용보호를 더 강력하게 하는 제도 변화나 단체협약에 죽기 살기로 매달리는 것입니다. 결과적으로 이런 제도는 노동시장에서 진입 기회를 찾는 청년들에게는 심각한 장벽이 되었습니다.

형평성을 무너뜨린 연공급
/

통상 연공급은 기업 생산성 측면에서 부작용을 갖는 것으로 알려져 있습니다. 연령이나 근무연한 외의 다른 요소가 보수 책정에서 중시되지 않는다는 것은 곧 얼마나 열심히 일했는지가 중시되지 않는다는 것을 의미합니다. 그러니 근로자 입장에서는 남보다 더 노력할 이유를 찾기 어렵습니다.

이런 직장은 현실 안주 성향을 조장하고, 혁신적이고 창의적인 사고를 억누르는 경향이 강합니다. 경험적으로 능력이 높은 근로자는 노력과 성과가 정당하게 평가받는 곳으로 이직하는 경향이 높고, 반대로 성과가 낮은 근로자는 연공급 비중이 높은 곳에 잔류하는 경향이 관찰됩니다.

그러나 가장 큰 문제는 세대 간의 형평성입니다. 경제가 급속히 성장해 근로자가 부족하던 시기가 종료되고, 저성장 경제로 경제구조가 바뀌면서 일자리 창출 능력이 현저히 떨어졌다는 것은 노동시장 제도를 전반적으로 재편해야 할 필요성을 제기합니다. 일자리가 부족해진 이상 일자리 기회에 각 세대가 공정하게 접근하기 위해서는 이 상황에 맞는 노동시장 제도가 절실합니다.

그런데 기를 쓰고 현재의 직장에 남아 보수를 최대한 확보하는 것이 유리하고, 또 그것을 가능하게 하는 임금체계는 노동시장에 진입하려 안간힘을 써도 성공하지 못하는 청년들의 기회를 더 많이 박탈하는 부작용을 낳습니다. 그러니 이런 임금체계는 새로운 경제 환경 속에서 더 이상 합리성을 갖지 못합니다.

근로자 확보와 유지가 중요했던 고도성장 경제에서는 한 번 입사한 근로자가 이동하지 않고 남아 있게 하는 안정성 위주의 임금체계가 합리성을 가졌지만 그것과 일자리 부족 경제는 근본적으로 다릅니다. 기존 근로자가 절대로 자리를 비켜주지 않도록 하는 연공급의 유인구조는 결국 한 세대 전체의 기회를 억압하는 것과 같습니다.

더구나 정년 연장의 부작용에서 살펴보았듯이 기존 근로자들의 보수액을 연령에 연동시킴으로써 청년 입직자에 비해 턱없이 높게 책정하는 것은 고용 창출 면에서도 문제입니다. 청년 고용에 필요한 액수보다 훨씬 높은 인건비를 중고령 근로자에게 지급하기 때문입니다.

불확실성의 증가도 세대 간 불형평성을 악화시킵니다. 시장 불확실성이 증가함에 따라 지금의 청년이 앞으로 과거의 근로자들만큼

한 직장에서 장기간 고용을 유지할 가능성은 현저히 줄었습니다. 청년들에게는 연공급의 혜택을 미래에 받을 수 있을지 자체가 불확실합니다. 경제 환경의 불확실성이 증가할수록 먼 미래에 높은 보수를 약속하는 연공급은 젊은 세대 근로자에게 훨씬 더 불리한 제도입니다.

이렇게 많은 문제가 있는 연공급이 왜 우리나라에서 유독 광범위하게 유지되는 것일까요? 가장 중요한 이유는 애초 널리 확산된 이유와도 일치합니다. 노조의 영향력이 강할수록 연공급이 선호되기 때문이며, 연공급 정도가 강한 것은 통상 단체협상에서 근무연한과의 연동과 정년을 강조하는 규정이 명시되기 때문입니다.

노조의 영향력은 연공급을 강화시키고, 생산성보다 월등히 높은 보수를 받는 대기업 근로자들은 다른 직장 어디를 가더라도 이보다 훨씬 낮은 보수를 받을 수밖에 없기 때문에 고용보호 수준을 약화시키는 어떤 개혁에도 결사 항전하는 악순환이 고착화된 셈입니다. 그러니 이것은 진입로를 닫음으로써 이들 직장에 취업하길 원하는 청년들을 막는 작용을 합니다.

대안적인 임금체계를 구축하는 데 필요한 사회적 인프라가 부족한 것도 중요한 제약 요인입니다. 직종별, 직무별 업무 분석이나 임금 기준, 성과 측정 등 개별 기업이 임금체계를 바꿔나가는 데 필요한 정보 인프라가 미비한 상황입니다. 서구의 경우 오랜 역사를 가진 노조가 이런 정보 인프라를 구축해 직무와 성과에 따라 임금을 책정하는 원칙이 확립되는 데 기여했지만 우리나라의 노조는 연공급을 유지하는 데 전력을 다하고 있기 때문에 이런 기능을 할 것으로 기대하기는 어렵습니다.

따라서 공적인 주체로서 이를 지원하고 증진하는 역할은 정부가 담당할 수밖에 없는 상황입니다. 그러나 이 역할을 담당해야 할 정부 역시 임금체계 개편에 적극적인 노력을 기울이지 않고 있습니다. 지금 정부에서는 공공 부문 임금체계를 합리화하려는 최소한의 노력마저도 공공 부문 노조의 반대에 막혀 거의 중지되었기 때문입니다.

사실 호봉에 따라 딱딱 봉급이 증가하는 체계는 세금으로 운영되는 공공 부문에서 더욱 그 존재가 정당화되기 어렵습니다. 비용 부담도 비용 부담이지만, 철저한 고용 안정에 더해 자동적인 보수 증가가 결합된 공공 부문은 점점 더 민간 부문과 격차가 커지는 실정입니다. 9급 공무원 시험에까지 대학 졸업생들이 구름떼처럼 모여드는 비정상적인 공공 부문 선호는 이런 원인에 따른 자연스러운 현상입니다.

결국 공공 부문과 민간 부문 모두 연공급 중심의 임금체계는 세대 간 불공정성과 청년 실업, 그리고 고령자 고용 기피 문제의 핵심입니다. 응당 책임 있는 정부라면 이 문제를 우선으로 개선하고자 노력해야 합니다. 공공 부문의 임금체계는 사용자 역할을 하는 정부가 주도적으로 시정해야 하고, 민간 부문의 임금체계는 필요한 정보 인프라를 마련해 전파하는 동시에 모범 사례를 적극적으로 홍보하는 역할은 정부가 담당해야 합니다.

그런데 정부가 이런 임금체계 개편에 저항하는 노조의 이해를 사실상 비호하고 있는 것은 청년 실업을 진정으로 걱정이나 하고 있는지 의구심을 갖게 하는 대목입니다. 더구나 연공급 중심의 임금체계가 기업으로 하여금 중고령 근로자의 고용 유지나 신규 채용을 기피하게 만드는 주된 장애물인 것을 고려하면, 이를 개선하지 않으면서 정년 연장으로 고령자 고용보호를 꾀한다는 것의 진정성을 의심할 수밖에 없습니다.

임금체계 개선 없이 지금 정년을 연장할 경우 강성 노조의 주력 그룹인 대기업과 공공 부문의 정년 임박 근로자가 주로 혜택을 보게 될 뿐 수많은 청년과 고용이 더 기피될 전체 중고령 근로자에게는 고통이 가중될 것이기 때문입니다.

고령자 고용 연장, 기피 원인부터 없애야
/

'장래 인구 추계'에 따르면 생산 가능 인구는 이미 감소하기 시작해 2030년대가 되면 연 50만 명대로 감소폭이 커집니다. 65세 이상 고령 비중은 빠르게 증가해 2025년 20.3%로 초고령사회에 진입할 것으로 예측됩니다.

이런 상황에서 중고령자 고용 연장은 마땅히 중요하게 고민해야 할 정책 현안입니다. 고령 빈곤 문제까지 고려하면, 고령자가 노동시장에 더 오래 머물면서 주소득뿐 아니라 시간제 근로 등으로 부분 소득을 창출할 기회가 지금보다 훨씬 더 넓어져야 할 필요성이 큽니다.

그러나 정년이 현실적으로 의미를 갖는 것이 대기업과 공공 부문 등 노동시장의 상층에 국한된다는 점은 정년 연장 이슈 자체가 고령 빈곤과 별 상관없을 뿐 아니라, 지금도 과보호되는 근로자들을 청년을 희생시켜 더 과보호하자는 주장이다 보니 고민이 깊어질 수밖에 없습니다.

그렇다면 고령자 고용을 증진하고 고령 빈곤을 완화하기 위해 무엇을 해야 할까요? 고용자의 고용보호를 위한 정책 방향은 정년 연장이 아니라, 고령 노동을 기피하지 않도록 노동시장 환경을 정비하고 고령자의 능력을 키우는 것입니다.

지금도 비공식 부문의 노동이나 특수 형태 근로 등 법적 최저임금 기준에 미달하는 조건에서 많은 고령자들이 근로하고 있지만 이들 일자리는 눈높이가 상대적으로 높은 고령자들이 쉽사리 진입할 마음이 들지 않을 정도로 열악한 게 사실입니다.

고령 구직자들이 오래 시간을 보낸 직장에서의 숙련과 경험을 살리면서 소득도 창출할 수 있는 양질의 취업 기회가 이들에게 제공되는 것이 절실합니다. 그런 만큼 양질의 일자리에서 이들 중고령자가 기피 대상이 되어 조기에 퇴출되는 문제를 근원적으로 개선하는 것이 핵심입니다.

정년 연장은 일종의 강제 고용 유지입니다. 그런데 고령자 고용 유지를 강제한다고 해도 이는 사실 연령을 이유로 한 차별적 처우를 오히려 강화시키는 것이어서 길게 보았을 때 직접 혜택을 받는 일부 근로자를 제외하고는 고령자에게 유리할 거라고 기대하기는 어렵습니다. 사용자는 노동력 사용에 여러 제약이 따르는 근로자는 되도록 기피하기 때문입니다.

통상 고령 근로자는 성실한 근무 태도나 주변인의 신뢰 등이 장점으로 꼽히는 반면, 새로운 업무에 대한 적응력이 떨어지고 훈련 효과가 낮은 것이 단점으로 꼽힙니다. 이렇게 연령 그룹별로 장단점이 다를 때 기업으로서는 어느 한 그룹을 확실히 더 선호하기보다 각각에 맞는 업무와 보수를 탄력적으로 조정할 수 있는지가 중요합니다. 그렇게 되면 필요에 맞게 모든 연령 그룹을 활용해 전체의 생산성을 높일 수 있기 때문입니다.

고령자 고용 전망이 밝아지려면 무엇보다 이들을 기피하게 만드는 제도적 장애를 없애고 이들의 장점과 생산성을 키워야 합니다. 특히 현재와 같이 근로자의 연령이 올라갈수록 임금이 계속 증가하는 구조가 고령자 고용과 계속 고용의 최대 장애라면, 고령자 고용 확대를 위해 임금체계 개편이 최우선되어야 합니다.

그 개편의 방향은 명확합니다. 생산성 수준에 따라 조정되기 쉽도록 하는 것입니다. 그렇다면 고령 근로자의 생산성이 떨어진다고 해도 기업으로서 이들을 기피할 이유가 없습니다. 또한 이들의 인건비가 생산성을 크게 웃돌지 않는 이상 청년 고용을 위한 재원도 손쉽게 확보될 터이므로 세대 간의 이해가 크게 상충될 이유가 없습니다. 특히 직종에 따라 생산성이 떨어지기 시작하는 연령도 다르고 정도도 다르기 때문에 획일적인 강제보다 생산성과 임금 간의 매칭이 원활히 이루어지도록 돕는 것이 중요합니다.

두 번째로 유념해야 할 장애는 고령자 차별 제도입니다. 특히 새로운 지식이나 기술을 익히도록 보조하는 훈련 서비스나 일자리 매칭을 위한 고용 서비스가 고령자 차별 요소를 갖기 쉽습니다. 현실적으로 고령자가 양질의 일자리에 채용되는 경우가 적기 때문이기도 하고, 고령자 취업에 대한 고정관념과 편견이 정책 담당자들에게 부지불식간에 영향을 미치기 때문이기도 합니다.

우리나라도 사실상 이들 영역에서 연령 제한이 존재하는데 근로 능력이 양호한 고령자 수가 빠르게 증가하는 상황인 만큼, 적극적으로 바꿔나가야 할 조항입니다. 제도의 장애를 없애는 데 그칠 것이 아니라 적극적으로 고령 근로자의 취업 역량을 높이고, 고용 기회를 넓히는 조치도 강구되어야 합니다. 특히 고령 근로자를 배려할수록 이들을 위한 직업 훈련과 이직 지원이 적극적으로 이루어져야 합니다.

고령 근로자는 경제 환경과 기술 변화에 적응하기 위한 도움을 받기가 쉽지 않을 뿐 아니라 재고용 전망이 높지 않아 훈련 동기도 낮습니다. 그러나 생산성이라는 것 자체가 투자와 능력 개발에 따라 증가하는 것인 만큼 노동시장에서 활동할 기간이 어느 정도인지에 상당히 영향을 받습니다.

즉 노동시장에 머무는 시간이 짧다고 예측되면 훈련 투자를 덜하게 되며, 그 결과로 근로자 생산성이 낮아져 다시 고용 전망을 낮추게 되는 악순환이 발생합니다. 이것은 고령자 생산성이라는 요소를 정태적이고 고정된 요소가 아니라, 활동 시간이 길어질수록 함께 상승하는 동적인 요소로 인식하는 게 중요하다는 함의를 갖습니다. 고령자 고용 기피 요인을 없애고 훈련 서비스를 확대하는 정책적 노력에 따라 이들의 생산성도 얼마든지 증가할 수 있습니다.

결국 고령자를 기피하게 만드는 제도적 장애를 없애 1차 일자리에서 빨리 퇴출되는 비율을 낮추는 것도 중요한 한편, 퇴출되는 근로자들이 양질의 일자리로 옮겨갈 수 있도록 이들의 매력을 높이는 노력도 함께 강조되어야 한다는 것입니다.

이직 지원은 현재 50대 초반에 노동시장에서 1차적으로 퇴출되는 많은 중년 근로자들이 2차 일자리를 잡을 수 있도록 돕는 적극적인 조치를 의미합니다. 구직과 창업 지원, 훈련 설계, 노동시장에 대한 정보 제공, 시간제 일자리에 대한 접근성, 유연한 근무시간 등이 제공되어 이들이 이직을 겁내지 않고 적극적으로 가능한 기회를 탐색할 수 있게 하는 것입니다.

이렇게 고령 근로자의 장점이 잘 알려지고 비합리적인 임금체계 등 장애물이 제거되어야만 이들이 1차 일자리에서도 기피 대상이 되지 않고 고용이 더 오래 유지될 수 있습니다. 정년 연장을 강제해 한 줌의 중고령자만 과보호하면서 다른 이들을 희생시키는 것이 아니라 근본적인 고령 기피를 해소해야 한다는 뜻입니다.

　그런 의미에서 고령자의 진정한 고용 연장을 위해서는 무엇보다도 임금체계를 개선하는 것이 부작용도 적고 실효성도 찾을 수 있는 길입니다.

6장

신산업 정책—
왜 환대받지
못하는가

뒤로 밀려난
신기술의 자리
/

2019년은 '기술 변화에 어떻게 대응할 것인가'라는 질문에 대해 우리 정부가 드디어 속내와 식견을 내보인 해로 기록될 것입니다. 2016년 초, 이세돌 대 알파고의 대국이 안겨준 충격과 함께 4차 산업혁명이라는 용어가 널리 퍼진 지 3년이 흘렀습니다. 지금 기술 변화는 그야말로 수년 후 각국 경제의 위상을 결정할 열쇠로 인식되고 있습니다. 그간 정부는 기술 변화에 대한 적극적 대응을 수차례 공언해왔습니다만, 이와 관련된 뚜렷한 결정이나 정책을 시행하지는 않았습니다.

그러던 중 2019년 7월, 그간 갈등을 빚어왔던 플랫폼 기술 기반의 승차공유 산업과 택시 산업 중 정부가 택시 산업의 손을 확실히 들어줌으로써 우리나라에서의 승차공유 산업의 싹을 잘랐습니다. 대통령의 공약이었던 스마트톨링smart tolling 역시 노조의 저항 속에 축소되고 연기되었습니다.

택시기사들의 애로, 고속도로 요금 수납원들의 불안을 배려한 정책 결정일 것입니다. 그러나 그 밑바탕에는 새로운 기술을 활용해 일반 국민들이 더 편리하고 안전한 생활을 향유할 가능성, 그리고 앞으로 이런 기술과 접합해 새롭게 창출될 기회들을 상당 부분 포기해야 한다는 문제가 깔려 있습니다. 새로운 기술의 개발과 활용에 연루된 많은 인력이 주로 젊은층이라는 점을 고려하면 청년 일자리와 관련해서도 중요한 함의를 갖습니다.

그런 의미에서 2019년 우리나라를 달군 갈등은 전통산업과 신산업의 갈등, 전통산업의 기존 종사자와 미래산업의 신기술 종사자 간의 갈등입니다. 중고령 택시기사, 중년 수납원도 우리 국민이고, 승차공유 앱 개발에 매달려온 젊은이들도 우리 국민입니다.

새로운 산업이 부상하고 기존 사업이 사양길로 접어들 때 정부가 어떤 역할을 해야 하는지에 단일한 매뉴얼이 있는 것은 아니지만 일방적으로 어느 한쪽의 편만 들어서는 안 된다는 것만은 분명합니다. 앞에 놓인 선택지 각각이 초래할 좋은 점과 나쁜 점에 대한 정확한 정보를 국민에게 전달해 불필요한 갈등을 최소화하고 공론을 모아야 한다는 것 역시 중요합니다.

2018년 말부터 2019년 상반기까지 택시기사 네 명이 분신자살했습니다. 유서에는 이들이 얼마나 억울하고 분한 심정이었는지 잘 나타나 있습니다. 그러나 한편으로 어떤 미래가 다가오고 있고 무엇이 종국에 불가피해질 것인지, 얼마나 많은 이들의 삶과 연관된 문제인지 등에 대해 이들이 전혀 정보를 갖지 못했다는 점 또한 드러나 있습니다.

그런 의미에서 이들의 죽음이 정부의 직무 태만에서 비롯되었다는 느낌을 지우기 어렵습니다. 기술 지형과 산업 지형이 큰 폭으로 변화할 때 정부가 해야 할 가장 중요한 역할은 무엇이 변하고 있는지, 공동체로서 이에 적응하기 위해 각자가 어떤 양보를 해야 하고 그것을 통해 무엇을 얻을 수 있는지를 잘 설명하고 이해시키는 것입니다.

산업 정책이 어떤 형태여야 하고, 기술혁신에 대해 국가가 어떤 입장을 취해야 하는지는 최근 들어 세계 각국에서 많은 논쟁이 이루어졌습니다. 이 속에서 점점 더 분명해진 것은 방향 제시와 균형 잡힌 소통을 통해 사회의 혁신 수용성을 높이는 것이 현대 사회의 핵심 산업 정책이라는 점입니다. 사회적 갈등이 증폭되는 것을 방치할 경우 신기술이나 새로운 산업이 시작될 시점을 놓치기 쉽고, 설사 이를 밀어붙인다 해도 사회적 통합이라는 중요한 자산이 훼손되기 때문에 지속적 발전을 꾀하기 어렵습니다.

이렇게 정부가 방향 정립과 갈등 관리 역할을 제대로 하지 못할 때 그 틈을 파고드는 것은 부정확하거나 의도적으로 왜곡된 정보를 유포하면서 갈등을 부추기는 세력입니다. 당장 우리나라만 해도 그렇게 증폭된 분노 속에서 분신이라는 극단적인 수단을 택한 분들이 생겨났고, 결과적으로 그런 사건사고로 인해 가중된 사회적 압력 속에서 미래산업과 미래세대의 기회는 대폭 축소되었습니다.

물론 이런 결정을 전화위복 삼아 신산업과 전통산업 모두가 심기일전해 함께 발전할 가능성이 전혀 없다고 단언할 수는 없습니다. 그러나 짚어보아야 하는 것은 지금과 같은 대전환기에 올해와 같이 갈등을 방치해 결국 정부가 신기술 기반 산업의 가능성을 제한하는 결정 패턴입니다. 갈등을 격화시키고 대화를 거부하며 극렬하게 저항할수록 얻을 게 많다면, 앞으로도 기존 종사자들이 조직화되어 있는 저생산성 전통산업이 잠재력 있는 신산업을 밀어낼 게 뻔합니다. 올해와 같은 결정은 결국 격화된 갈등을 봉합하고 기존 종사자들의 분노를 달래기 위해 내려진 것이니까요.

주목해야 할 부분은 애초 갈등을 조정하고 더 잘 소통했다면 보다 미래지향적인 논의가 이루어질 수 있었으리라는 점입니다. 기술과 사회가 빠르게 변화할수록 사회가 이런 변화를 원활하게 받아들이는 토양이 되어야 더 참신한 시도들이 많이 이루어지고, 그 일부가 미래의 먹거리로 부상하게 됩니다. 고성장의 시대가 저문 후 미래 먹거리가 만들어지는 것은 지금의 젊은이, 미래의 젊은이의 삶과 직결되는 문제입니다.

무엇이 미래의 산업이 될지, 어떻게 일구어낼지는 아무도 모릅니다. 그러나 이것을 찾아내고 만들어내려는 시도들이 최대한 자유롭게 허용되어야 한다는 것은 명백합니다. 일단 혁신 시도가 많아야 성공도 가능하니까요. 그것이 가능한 나라와 그렇지 않은 나라의 미래가 같을 수는 없습니다. 그런 의미에서 혁신 수용성은 우리의 미래를 결정짓는 핵심 역량이나 마찬가지입니다.

새로운 시도가 이루어지는 과정에서 일어나는 갈등을 지혜롭게 관리하고 건설적인 결론에 이르도록 하는 정부의 역할은 결국 정부가 젊은 세대를 위해 얼마나 노력하는지, 시대를 읽는 능력을 갖추었는지를 여실히 보여주는 지표입니다. 갈등을 증폭시켜 본인들의 세를 확대하려는 세력이 당장의 정치적 동맹이라 하더라도 이들의 반대를 뚫고 합리적인 소통을 이루기 위해 진정으로 노력하는지를 보여주는 일종의 '진실의 순간moment of truth'인 셈입니다.

올해 진행된 구체적 사건에서 나타난 문제를 기술혁신과 산업정책의 시각에서 짚어보면, 젊은이들을 위한다는 공식 발언들이 얼마나 진정성이 있는지, 무엇이 문제이고 무엇을 개선해야 하는지를 가늠할 수 있을 것입니다.

기술혁신은
왜 불법이라고 홀대받나
/

혁신이란 결국 새로운 가치를 만들어내는 것입니다. 새로운 기술이 개발되는 것, 이를 이용해 새로운 제품을 만드는 것, 기존의 생산방식이나 인력 활용방식을 새롭게 해 비용을 절감하는 것 등이 모두 혁신입니다. 그런데 그 새로움의 정도가 크고 인기를 끌어 시장에 넓고 깊게 침투할 경우 기존의 사업방식이나 거래 관행을 대폭 변화시키게 됩니다.

하버드대학교 경영대학원 교수 클레이튼 크리스텐슨Clayton M. Christensen 교수가 1995년에 사용하기 시작한 '파괴적 혁신disruptive innovation'이라는 용어는 혁신의 본질을 잘 표현하는 단어입니다. 이 개념이 널리 사용되면서 원래 '중지시키다'라는 뜻으로 쓰였던 영어 단어 'disrupt'가 '기존에 통용되던 질서나 방식을 붕괴시키고 새로운 시장을 만들다'라는 새로운 의미를 획득하게 되었습니다.

여기서 주목해야 할 점은 'disrupt'라는 말이 가진 어감처럼 혁신은 기존의 질서와 마찰을 빚는 것이 자연스러운 반면, 원만하고 평화롭게 이루어지기가 정말 어렵다는 것입니다. 우선 기존에 통용되던 방식을 기준으로 법과 제도가 확립되어 있으니 그것과의 충돌이 불가피할 뿐 아니라 자연스럽기까지 합니다.

통상 신산업 발전을 도모하는 과정에서 위법 시비가 빈번하고 결국 제도 개혁이 뒤따라야 하는 것도 이 때문입니다. 법체계가 과거의 잣대로 현재를 판정하는 이상, 새로운 시도가 이루어질 때 법의 테두리를 건드리는 것은 이상한 일이 아닙니다.

또한 기존의 이해관계자들과도 갈등이 생길 수밖에 없습니다. 그러니 혁신을 다른 말로 표현하면 갈등입니다. 기존 종사자들 입장에는 새로 나타난 업태가 '위법적 행위'이고 '내 밥그릇을 탐내는 불한당'이지만 길게 보면 사회가 발전하는 과정에서 자연스럽게 나타나는 전환일 뿐입니다.

그렇다면 갈등을 불편하게 여길 일이 아니라 이를 자연스러운 현상으로 인식하되 어떻게 해결하는지가 관건입니다. 혁신으로 인해 이득과 손실을 보는 사람이 있지만, 사회 전체로 보면 새로운 부가가치가 발생하고 소비자가 원하는 새로운 서비스가 창조되는 것이기에 이것이 진행되도록 하는 사회적 힘이 저변에 작동할 수밖에 없습니다. 언젠가는 결국 도래할 미래입니다. 그러니 이런 갈등을 지혜롭게 해결하고, 새롭게 창출되는 부가가치를 피해자와 수혜자 간에 적절히 나누면서 머지않아 맞이할 미래를 최대한 갈등과 지체 없이 앞당기는 것이 바람직한 그림입니다.

그런데 이 과정에서 가장 힘든 점은 생산성이 낮은 기존 사업 종사자들의 피해를 어떻게 최소화하거나 보상하느냐의 문제입니다. 새로운 기술이나 산업이 시장의 판도를 바꿀 때 신속하게 새로운 산업 지형에 적응하고 선도해 세계 시장을 선점하는 것이 필요하겠지만, 이로 인해 피해를 보는 사람들이 존재할 때 여기서 합의를 끌어내고 미래를 향한 동력으로의 전환이 선결되어야 합니다. 이 과정에서 사회의 역량이 드러나며, 이것이 미진하면 국가 간 경쟁에서 뒤처지고 미래의 가능성이 제한될 수밖에 없습니다.

여기에 세대 간의 갈등도 더해지곤 합니다. 저생산성 전통산업에 종사하는 이들이 주로 저숙련 중고령자인 것과 달리, 신산업은 상대적으로 IT를 비롯한 신기술에의 노출도가 큰 젊은 세대 비중이 높기 때문입니다. 물론 이런 신기술이 확대되어 저생산성 서비스업에 널리 활용되면 중고령자도 다수 유입되기 때문에 전통산업과의 세대 구성 차이가 줄어들지만, 적어도 개발되고 도입되는 단계에서 신산업은 젊은 세대와 더 밀접해 있는 경향을 띱니다. 세대 간의 갈등과 계층 간의 갈등이 복잡하게 얽힌다는 의미입니다.

따라서 중재자의 갈등 조정 능력과 미래를 앞당기려는 의지가 결정적인 역할을 합니다. 만약 정부의 갈등 조정 능력이 이해관계자의 반발에 의해 약해진다면 조정 가능성은 희박해집니다. 설상가상으로 이해관계자의 목소리가 강해지는 것을 정치권력이 스스로의 정치적 자산으로 인식하고 그에 영합한다면 기술 진보와 산업 발전은 더 요원해집니다.

그렇다면 정부가 이런 능력과 의지를 가졌는지를 어떻게 판별할 수 있을까요? 진정성의 판별점은 당장 껄끄럽더라도 이해관계자들에게 혁신의 불가피성을 설득하고 관련 정보를 적극적으로 전달하는지입니다. 변화의 당위성과 정부의 방향 의식을 분명히 함으로써 사회가 어디로 향해야 하는지를 설득함으로써 피해자들 스스로 사양 산업에 속해 있다는 것을 수긍하도록 해 사회 전체가 나아가는 길과 특정 그룹으로서의 요구를 접근시킬 수 있습니다.

또한 정확한 정보를 제공하고 확산시킴으로써 잠재적 피해자들의 불필요한 두려움과 분노를 줄여 갈등 수준을 낮출 수 있습니다. 언제까지라도 버틸 수 있다고 믿으며 조금의 양보도 없이 죽을 각오로 싸우는 게 아무에게도 피해를 주지 않는 정당한 권리라고 인식한다면 사회적 비용은 끝없이 늘어나게 됩니다.

그렇기 때문에 국민 다수의 입장을 올바로 대변하는 중재자가 합리적으로 소통 채널을 유지하면서 정보를 전달하는 것이 중요합니다. 기술 지형과 산업 지형이 빠르게 변화할 때 정부는 산업 경쟁력과 사회적 통합 중 어느 하나도 포기할 수 없습니다. 그런 의미에서 올해의 택시 산업 개편안처럼 개별 사안에 대해 정부가 내린 결정이 적절했는지를 판단하는 것은 쉽지 않은 일입니다.

그러나 적어도 갈등 조정을 위해 충분히 노력했고 개별 사례의 축적을 통해 사회의 혁신 수용성을 높일 수 있도록 그 과정이 건설적으로 관리되었는지를 판단하는 것은 어렵지 않습니다. 만약 이 역할을 적극적으로 수행하지 않았다면 정부가 진정성을 갖고 책임을 다했다고 판단하기는 어렵습니다.

신산업의 싹을 자른
택시제도 개편안

/

2019년 7월 17일, 국토교통부의 '2019 혁신성장 및 상생발전을 위한 택시제도 개편방안'이 발표되면서 승차공유 산업 부문은 사실상 우리나라에서 전망이 없는 것으로 결론지어졌습니다. 본인이 사용하지 않는 시간 동안 자동차를 이용해 운송 서비스를 제공하거나 타인과 동승해 수익을 얻는 것은 많은 국가에서 성행하는 업태이고, 기술 발전과 함께 확장 가능성이 높은 신산업으로 평가받고 있지만 우리나라에서는 그 싹이 잘린 것입니다.

여기까지 오는 경과를 살펴보기 위해서는 택시 산업의 고유한 문제점을 이해할 필요가 있습니다. 많은 나라에서 택시업은 진입과 가격 책정에 관한 규제가 강한 부문이고, 그렇기 때문에 혁신의 동기가 약합니다. 신규 진입과 가격이 엄격하게 규제되는데 굳이 이런저런 시도를 하면서 위험을 무릅쓸 필요가 없기 때문입니다. 그렇다 보니 쾌적하면서 이용이 편리하고 가격도 싼 택시를 이용하는 것은 많은 나라에서 쉽지 않은 일입니다.

그런 상황에서 스마트폰과 빅데이터 등의 기술이 눈부시게 발전한 것과 동시에 차량을 소유하기보다 필요할 때마다 서비스를 이용하려는 선호가 강해지면서 '우버'와 같은 서비스가 나타났습니다. 기존 택시 산업의 문제점과 신기술을 기반으로 한 새로운 업태가 변화된 현대 사회의 라이프 스타일과 잘 맞아떨어진 것입니다. 그런 이유로 우버와 같은 새로운 업태가 짧은 시간에 전 세계에 유행될 수 있었습니다.

우리나라 역시 2013년 우버가 진출해 자가용을 활용한 승차공유 서비스업을 시작했습니다. 그러나 여객자동차 운수사업법 제81조가 자가용 자동차의 유상 운송을 금지하고 있기 때문에 위법성이 내포되어 있었습니다. 우버의 불법성을 전면에 내세운 택시업 종사자들의 반발이 거세게 일어난 결과, 우버가 국내에 뿌리내리는 것은 빠르게 좌절되었습니다.

'우버X'가 런칭해 철수할 때까지 2년 정도밖에 걸리지 않았는데, 이는 우리나라가 진정한 규제 강국이라는 점을 잘 보여주는 한편, 택시업의 실력 행사로 인해 우버와 같은 새로운 시도가 이렇게 신속히 축출되었다는 점은 몹시 놀라운 일입니다. 택시 서비스에 대한 국민들의 불만이 꽤나 높은데도 말입니다. 이것이 택시 산업과 신기술 기반 승차공유 산업의 1차 갈등인 '우버 사태'입니다.

우버 이후에는 합법적 범위 내에서 새로운 시도가 이루어지기 시작했는데, 카풀이라는 외양을 띠고 택시 외의 수단으로 운송 서비스를 제공하는 것이었습니다. 이는 법 제81조의 '자가용 자동차의 유상운송 금지'의 예외 조항으로 출퇴근 시 승용차를 함께 타는 경우가 허용되고 있었기 때문입니다.

출퇴근 시간의 카풀은 1990년대부터 정부에 의해 장려되었습니다. 출퇴근 시간 택시 잡기가 워낙 어렵고, 손님을 골라 태우는 경우도 성행해 국민들의 불편이 컸기 때문입니다. 다만 당시의 기술 수준으로는 서비스 이용 의사가 있는 사람과 공급자의 매칭이 쉽지 않았고, 비용 산정 또한 번거로워서 대중화가 되지 못했습니다.

그렇다면 왜 이런 수요가 존재하는 것일까요? 이는 택시를 급히 잡으려는 수요가 출퇴근 시간에 몰리기 때문입니다. [그림 1]처럼 오전 7시 전부터 10시까지, 오후 9시부터 오전 1시 30분 사이에는 택시 수요가 공급보다 훨씬 많습니다. 한마디로 택시 잡기 어려운 시간입니다. 그러나 이를 제외하면 공급이 수요보다 많고 특히 늦은 오후에는 공급이 두 배에 이릅니다. 이 시간대에 한갓진 곳에 손님 없이 장시간 정차해 있는 택시가 많은 것도 이 때문입니다.

그리고 이런 시간대별 수요와 공급의 격차가 바로 전 세계적으로 승차공유 산업이 발전할 수 있었던 기본 토양입니다. 왜냐하면 전체적으로 본다면 택시 수는 이미 충분하기 때문에 늘릴 필요가 없고, 특정 시간대의 수요 급증만 소화하면 되기 때문입니다. 따라

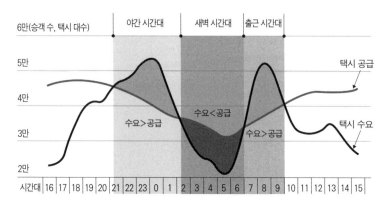

그림 1 | 서울의 시간대별 택시 수요와 공급

자료: 국토교통부(2019)

서 택시 수를 증가시켜 대응하는 것은 비용이 많이 들뿐만 아니라 이후의 공급 과다 역시 문제입니다.

그러니 유휴 자동차를 이용해 서비스를 탄력적으로 제공하면서 자원 활용도를 높이고, 수요와 공급 사정에 따라 가격이 움직여 수급을 조정하는 승차공유 산업이 떠오른 것입니다. 더 크게 보면 택시를 필요로 하는 사람과 서비스를 공급하는 사람 간의 연결이 쉬워지고, 자동차 소유보다 공유를 원하는 흐름이 강해진 것, 즉 기술과 라이프 스타일의 변화가 승차공유 산업의 확산을 가능케 한 조건입니다.

국내에서 점차적으로 승차공유 시장이 형성되는 가운데, 카카오 모빌리티가 카풀 서비스 앱을 출시한다는 소식이 퍼지면서 2차 갈등이 시작되었습니다. 카풀 서비스란 스마트 앱을 통해 비슷한 목적지로 향하는 차량을 불러 택시처럼 이용하는 업태입니다. 카풀 수요자와 공급자들을 쉽게 매칭하고 비용과 관련한 문제 해결을 쉽게 해주는 앱 서비스인 셈입니다.

카풀도 합법이고 스마트 앱도 합법이라 별 문제가 없어 보였지만 잠재적 갈등이 한가지 존재했는데, 바로 출퇴근 시간이 언제인지와 관련된 것입니다. 법 제81조가 예외 조항으로 출퇴근 시간의 카풀을 허용했지만 몇 시부터 몇 시까지를 출퇴근 시간으로 본다는 내용이 법에 없었고, 사실 출퇴근 시간이 점점 더 다양화되니 특정 시간대로 제한하기가 어렵기 때문입니다.

예전처럼 근로자가 너나없이 9시에 출근하는 것도 아니고, 특히 자영자들 같은 경우 출퇴근 시간을 특정하는 것 자체가 어렵습니다. 퇴근 시간은 더 제각각입니다. 출퇴근 시간이 짧게 제한되지 않는다면 택시업계 종사자들로서는 이렇게 스마트 앱을 통해 카풀 이용이 쉬워지는 것이 과거 우버 사태와 유사한 위협으로 느껴집니다.

그런데 외국 기업인 우버 때와 달리 새롭게 형성되기 시작한 승차공유 시장의 주요 기업들이 나름의 가능성을 가진 국내 기업들이고, 이 산업의 기반이 되는 기술과 접목해 발전할 다른 산업의 가능성 또한 크기 때문에 정부 역시 과거처럼 신속하게 택시업의 손을 들어주기는 부담스러운 일이었습니다. '대통령직속 4차산업혁명위원회'는 승차공유업계와 택시업계 등 이해관계자들이 모여 사회적 대화를 나누는 채널로 시도되었습니다. 그러나 택시업계의 기본 입장은 승차공유업 자체를 본인들의 업역을 침범하는 불법행위로만 간주했기 때문에 대화 자체를 거부하고 대신 카풀을 완벽하게 불법화하는 데 힘을 쏟았습니다.

2018년 12월, 50대 택시기사가 카카오 카풀 서비스에 강력히 반대하며 분신했습니다. 그가 남긴 유서는 정부에 운송 요금을 신고하고 허가를 받아 미터기를 장착해 정상적인 요금을 받는 기존 업태를 벗어난 카카오의 불법행위를 규탄하는 내용입니다. 카풀 서비스라는 새로운 형태의 업종이 택시업의 영업방식을 그대로 따른다면 그것이 혁신일 리도 없고, 그 '합법'의 경계 자체가 조만간 변화하는 것도 크게 이상한 일이 아닙니다. 하지만, 오랜 기간 택시업태에 익숙해진 종사자들로서는 이를 받아들이기 어려운 것이 인지상정입니다.

2019년 들어 또 한 명의 택시기사가 분신자살을 하면서 카카오는 시범 운영 중이던 카풀 서비스를 중단하고 택시업계와의 대화에 나섰습니다. 택시업계의 단체들도 대화에 참여하기로 하면서 사회적 대타협기구가 출범한 것이 2019년 1월입니다. 이후 7월 17일, 국토교통부가 '2019 혁신성장 및 상생발전을 위한 택시제도 개편방안(일명 상생방안)'을 발표함으로써 승차공유 산업과 택시업 간 충돌의 매듭을 지었습니다. 갈등을 해소했다기보다는 상생안에 포함된 내용이 승차공유 산업의 미래 확장 가능성을 크게 제약하는 것이어서 이것이 그대로 입법화될 경우 우리나라에서 더 이상 전망을 찾기 어려워 포기하게 되었다고 보는 게 타당할 것입니다.

택시제도 개편안은
미래로부터의 후퇴
/

2019년 8월, 법의 일부 개정으로 출퇴근 시간대가 법제화되었습니다. 오전 7시부터 오전 9시까지, 오후 6시부터 오후 8시까지를 공식 출퇴근 시간으로 정한 것입니다. 근로 형태가 점점 다양해지고 있는데도 정부가 출퇴근 시간을 정의하는 무리수를 둔 셈입니다. 그리고 상생안은 플랫폼 기술이 철저하게 택시와 결합해야 한다는 방향을 못박았습니다.

즉 외국의 우버나 그랩처럼 자가용 유휴 자원을 이용하는 것은 허용되지 않는다는 뜻입니다. 플랫폼 기술을 장착한 업체가 영업을 할 경우 허가를 받아야 하며(허가제), 수익의 일부를 기여금으로 납부해야 하는데, 이 기여금은 기존 택시 면허권(2019년 3월 기준 약 7600만 원)을 매입해 감차하는 데 쓰입니다.

따라서 이들 모빌리티 플랫폼 사업자가 운행 대수를 늘리려면 감차비용을 더 부담해야 하며, 면허 가격이 떨어지지 않도록 택시 면허 총량 내에서만 사업 규모를 제한해야 합니다.

이런 상생안의 내용 중 두 가지에 주목할 필요가 있습니다. 첫 번째는 자가용 등 유휴 자원을 이용하는 승차공유 산업의 핵심은 차량 소유자의 진입이 자유롭다는 점이지만 상생안은 모빌리티 플랫폼의 운송수단을 택시로 제한함으로써 산업의 범위를 엄격히 한정했습니다.

두 번째는 상생안의 궁극적인 목표가 무엇을 향했는가 하는 것입니다. 상생안을 발표하면서 국토교통부는 "플랫폼과 택시의 혁신적인 결합을 통해 국민에게 안전하고 친절한 서비스를 제공한다"고 밝혔습니다. 그러나 실제의 내용은 신기술을 접합해 택시 산업을 현대화하는 계획이며, 택시 사업자에게 피해를 주지 않는 것에 초점을 맞춘 안입니다. 즉 모빌리티 플랫폼 기술의 대두를 그간 달성하지 못했던 '택시업의 현대화'에 활용한 셈입니다. 물론 택시업의 현대화 역시 국민 생활에 편리를 더하겠지만, 통상 공유경제sharing economy로 일컫는 커다란 흐름에 차단막을 세운 것과 같습니다.

한마디로 기술의 발전으로 인해 개인과 개인의 연결과 자유로운 진입이 가능해지면서 중앙 권력의 통제력이 약화되는 것과는 반대되는 방향을 취한 것입니다. 이제 플랫폼 기술 기반의 사업자들에게 남은 선택은 택시업 안으로 들어가는 것뿐입니다.

흔히 플랫폼 기술이 다른 기술과 결합해 어떤 사업 모델이 창출될지는 쉽게 예상할 수 없지만 그만큼 다양한 가능성이 존재한다고 할 수 있습니다. 반면 이번 상생안으로 우리나라의 모빌리티 플랫폼 사업 모델은 상당 부분 획일화되고, 흔히 공유경제라고 불리는 메가트렌드, '유휴 자원의 공유'와 멀어지게 되었습니다. 정부가 신산업의 잠재적인 폭을 기존 산업을 위해 획정해버린 것입니다.[19]

상생안 발표 이후 카카오는 카풀 서비스를 접고 기존 법인 택시 회사를 직접 인수하면서 택시업의 큰손이 되는 수순을 밟고 있습니다. 플랫폼 기술을 갖춘 대기업이 정체되어 있던 택시업에 혁신을 불러오리라는 기대와 함께 한편으로는 대기업 중심의 재편이 불가피해지리라 예상됩니다.[20]

진정한
상생의 의미
/

지는 산업과 뜨는 산업 모두 누군가의 생계를 가능하게 해주는 중요한 일거리입니다. 지금의 상태를 유지하는 것만을 목표로 하는 것도, 산업구조 변화에서 누락되는 사람을 무시하고 앞만 보고 돌진하는 것도 바람직하지 않습니다. 전체 국민의 안전과 편리를 증진시키는 길이라면 언젠가는 가야 할 길일 테니 되도록이면 빨리 움직여 선점할 수 있도록 신산업을 증진하되, 그것이 초래하는 피해를 최소화하도록 애써야 한다는 게 일반적 원칙일 것입니다.

그런데 국토교통부는 논의 과정에서 "택시제도 개편방안은 사회적 대타협 정신을 바탕으로 하고 있다. 택시와의 협업이 전제다"라고 강조한 바 있습니다. 우리 정부는 상생을 신기술이 발전하고 새로운 산업 지형으로의 대전환이 예상되어도 기존의 산업을 지키고 충격을 주지 않는 것으로 인식하는 것 같습니다.

사실 애초 모빌리티 플랫폼 산업과 택시업의 갈등을 중재하고 상생안을 마련할 책임 부처로 국토교통부가 배정된 것 자체가 이런 관점을 반영한다고 볼 수 있습니다. 신기술과 혁신 산업이 뻗어나갈 가능성이 무엇인지에 대한 이해가 상대적으로 깊지 않고, 국토교통부가 담당하는 전통산업의 유지를 더 중요하게 여길 것이 예상되는데도 이를 맡긴 것입니다. 이는 택시 산업 보호를 우선하면서 신기술을 받아들이는 게 현재 정부의 기본 방침인 것으로 해석됩니다.

기존 산업과 신산업 중 어느 쪽이 당장 우세할지와 상관없이, 국민의 편익을 최대화할 수 있는 길이 무엇인지 다양한 가능성을 놓고 찾은 뒤 그것에 따르는 갈등 관리를 적극 도모했어야 하는데, 우선순위가 아예 뒤바뀐 듯합니다. 인류가 이렇게 기존 산업을 지키는 한도 내에서만 신산업을 허용했다면, 우리는 어쩌면 아직도 마차를 타고 이동하고 있을 것입니다.

무엇보다 만약 산업적 가능성을 총체적으로 놓고 미래를 밝힐 수 있는 최선의 방안을 먼저 찾으려 했다면 사회적 갈등에 대한 정부의 접근은 판이했을 것입니다. 이 경우 갈등을 둘러싼 이해관계자들에게 기술 지형이 어떻게 변화하고 있고 미래의 비전으로 무엇을 공유할 필요가 있는지를 설명하는 것에 큰 노력을 기울였어야 합니다.

작년 택시기사들의 대국민 홍보 스티커에는 모빌리티 플랫폼 산업이 4차 산업혁명과 아무런 상관이 없으며 단지 불법일 뿐이라는 문구가 자주 쓰였습니다. 이들이 국민을 의도적으로 속이려 했을 가능성보다는 기술 변화에 대한 관심과 이해가 낮았고, 이들과의 소통을 통해 합리적인 대화 채널을 운영하려는 정부의 노력이 부족해 그런 인식 수준을 변화시키지 못했을 가능성이 훨씬 높습니다.

이런 문제는 대화 기구가 운영되는 과정에서 여실히 드러났습니다. 현장에 참여했던 전문가들은 공통적으로 우리 사회가 궁극적으로 가야 할 방향을 정부가 먼저 제시하고, 그에 수반되는 피해를 어떻게 지원할 것인지를 일정한 큰 원칙 속에서 논의했어야 했다는 점을 지적합니다.

그런데 방향 제시도 없고, 피해 보상의 대원칙도 없다 보니 조직적 세력들은 '목소리가 크면 어떤 변화도 막을 수 있고, 어떤 요구도 관철될 수 있다'는 방침 속에 갈등을 키우는 방식으로 여론을 이끌었습니다. 뚜렷한 목적을 가진 조직이 열심히 움직이는 이상, 왜곡된 정보가 유통, 확대되는 것을 견제하기 어렵습니다. 사실 많은 택시기사들은 각종 조직들이 유포하는 정보와 논리를 수동적으로 받아들이는 입장에서 혼란스러워하는 모습을 보였습니다.

이게 진정한 상생일까요? 혁신은 신기술 개발자와 신산업 종사자, 전통산업 종사자의 이해 충돌만이 아닙니다. 문재인 정부가 출범 초기부터 '혁신 성장'을 내건 것은 산업구조가 고도화되고 혁신 지향적인 경제구조를 만드는 것이 국민 전체에 널리 이롭다고 판단했기 때문입니다. 그렇다면 구체적인 갈등 과정 역시 국민 전체를 이롭게 하기 위한 길을 찾는 것에서부터 시작되어야 합니다.

즉 정부의 리더십이 매우 중요하다는 것입니다. 이번처럼 택시업과 승차공유업 관계자만 모아놓고 타협을 종용할 경우 국민 전체의 입장은 누락될 수밖에 없습니다. 그러니 정작 국민을 배제한 이해당사자 간 교섭 결과를 사회적 대타협이라 부르는 것 자체가 적절하지 않습니다.

진정한 상생 방안을 찾기 위해서는 국민 전체를 대표하는 입장에서 정확한 정보를 제공한 뒤 적극적 중재자로서 불필요한 갈등의 확산을 막고 미래 비전을 제시해 사회적 공론을 형성하는 노력이 절실합니다. 그런 방향 속에서 피해를 보는 사람과 이익을 보는 사람의 손익을 서로 납득이 가도록 적절히 나누고 새로운 가치를 창출하는 것이 진정한 상생 방안이 아닐까요.[21]

방향을 잃은
산업 정책
/

2019년 택시 산업 개편안은 국가의 핵심 정책 분야인 산업 정책의 관점에서도 심대한 의미를 갖습니다. 넓게 보자면 산업 정책이란 산업구조를 고도화시키기 위해 개입하는 정부의 모든 노력을 뜻합니다. 부가가치가 높거나 성장 전망이 좋은 산업으로 생산구조가 전환할 수 있도록 정부가 직간접으로 개입하는 것을 뜻합니다. 국내 기업이 국제 경쟁력을 높일 수 있도록 지원하는 직접적인 정책을 포함해 고급 기술을 개발하고 활용할 수 있을 만큼 국민의 인적자원을 제고하는 것도 넓게 보면 산업 정책이라 할 수 있습니다.

그런데 산업 정책이 어떤 방식이어야 하는지는 오랫동안 이어져온 논쟁입니다. 산업 발전을 위한 정부 역할은 크게 '수직적' 정책과 '수평적' 정책으로 나뉩니다. 수평적 정책은 혁신활동을 증진하고 훈련 기반을 강화하거나 산업 인프라를 구축하는 등 딱히 누가 수혜를 받을 것인지를 특정하지 않는 방식입니다. 다시 말해 '기능 중심'이라는 뜻입니다.

반대로 수직적 정책은 특정 산업이나 기업을 겨냥해 지원하는 방식입니다. 대상을 지원하는 것입니다. 과거의 산업 정책이란 주로 수직적 정책을 의미했습니다. 1950~60년대 많은 남미 국가에서 수입대체산업화를 도모했을 때 세금과 보조금 등이 내수산업에 집중된 것도 한 예입니다.

이 경우는 국내 산업이 경쟁력을 확보하는 데 오히려 해를 끼쳐 보조금은 낭비되고 산업적 경쟁력은 경쟁력대로 훼손한 실패 정책으로 꼽힙니다. 반면 산업화 초기의 독일, 미국, 일본, 특히 한국, 대만, 중국 등은 수직적 수단을 통해 선진국 추격에 성공한 국가들로 꼽힙니다.

수직적 산업 정책의 효과성에 대해 의문이 제기되기 시작한 것은 1980년대 이후입니다. 보호무역, R&D 보조금, 일반 보조금, 대출 특혜 등의 효과성을 관찰한 결과, 대상을 특정한 수직적 산업 정책이 그다지 성공적이지 못한 것으로 나타났기 때문입니다. 예를 들어 전후 유럽은 제조업 강국을 꿈꾸며 국내 산업에 많은 지원을 했습니다. 특히 미국과 경쟁할 정도의 대기업을 키우기 위한 지원을 아끼지 않았지만 결과적으로 기업이 사양 산업을 떠날 압력을 줄이고 혁신 유인을 약화시키는 등 변화에 대처하는 경제 주체들의 반응을 둔하게 만들었다는 문제점이 널리 지적되었습니다.

이후 1990년대부터는 대상 중심의 산업 정책보다는 시스템 중심의 사고가 대두되면서 혁신 생태계의 형성이 강조되었습니다. 특정 기업이나 산업을 키운다고 경제가 혁신되는 것이 아니라, 모든 주체들이 잘 기능하고 상호작용이 활발한 선순환 시스템이 중요하다는 인식입니다.

그러니 산업 정책이란 이런 시스템 형성을 지원하는 데 중점을 두어야 하는 것으로 강조점이 옮겨집니다. 새로운 아이디어가 활발히 시도되는 분위기, 기업가들이 서로를 자극하고 상호작용할 수 있는 환경, 실패의 위험이 적절히 분산될 수 있는 구조, 상시적인 구조 개혁이 가능하고, 그 속에서 탈락하는 개인과 기업이 매끄럽게 새로운 기술이나 자본을 장착해 다른 분야로 옮겨갈 수 있도록 하는 제도적 지원 시스템 등이 그것입니다. 결국 현대의 국가들은 수평적 접근을 기본으로 하되, 수직적 접근을 가미하면서 생태계 조성에 힘쓰는 경향이 관찰됩니다.[22]

근래에는 이에 더해 산업 정책의 맥락에서 사회적 자본의 중요성이 강조되고 있습니다. 이런 인식의 변화는 최근 중국 등 후발국과의 경쟁이 거세지고 광범위한 기술 변화 속에서 '선점'의 중요성이 부각되는 것과 무관하지 않습니다.

예를 들어 가장 포괄적이고 적극적인 산업 정책 청사진으로 주목받는 독일의 '인더스트리 4.0'은 이런 사회 통합 측면의 고려를 중요시합니다. 기술 변화의 흐름을 활용해 제조업과 서비스업의 결합을 공세적으로 추구하는 한편, 국민들이 미래 비전을 공유하고 혁신 압력을 공감해야 산업구조의 혁신이 가능하다는 관점을 내보이고 있습니다. 이런 관점에서 전사회적 담론의 형성과 방향성의 정립, 노사 협력과 동참이 산업 정책의 주된 기둥으로 강조되는 것입니다.

이런 흐름에 우리나라를 비춰본다면, 국가 주도로 산업화가 이루어지는 과정에서 수직적 정책은 과하고 수평적 개입은 약하다는 특징이 나타납니다. 고도로 산업화되었으나 요즘도 '육성과 지원'이라는 용어가 정부 문서에 심심찮게 나타날 정도로 수직적 지원의 관행이 강하고, 바로 이런 점이 시장 기능을 억압하는 문제로 지적되어왔습니다.

단적으로 그간 창업 지원이 대폭 늘었는데도 창업 이후의 단계로 기업이 발전하는 비율이 낮은 것은 기업 생태계, 혁신 생태계의 취약성을 보여주며, 비대한데다 구시대적 방식으로 이루어지는 정부 개입이 이를 오히려 지연시킨다는 것입니다.

유망한 기술이 쉽게 발견되고 자본이 원활하게 움직일 수 있는 금융시장의 역할, 위험을 무릅쓴 적극적 시도를 권장하는 제도 기반, 생태계 발전을 증진하는 규제 개혁, 실패에 관용적인 사회 분위기 등이 갖춰지지 않은 상태에서 몇 개 산업을 찍어 지원을 집중하는 것으로는 예전의 개발 시대와 같은 효과를 기대하기 어렵습니다.

즉 현대적 산업 정책이란 '승자를 골라 밀어주기picking winner' 방식의 시장 개입이 아니라, 누가 되었건 기회를 포착한 능력자들이 경쟁력을 확보하고 유지해 전체 국민의 '일자리 및 소득 창출'에 이바지할 수 있도록 기반을 조성하는 정책입니다.

그 기반 중 가장 중요한 것이 혁신적 시도에 대한 사회적·제도적 수용성입니다. 이를 높이기 위해서는 중요한 문제가 부각될 때 이런 방향 의식에 의거해 정부가 국민 전체의 편익을 대변하는 입장에서 당사자 간의 소통을 돕고, 올바른 정보를 활발히 유통시켜 갈등 관리의 경험과 지혜를 쌓아가는 것이 핵심입니다. 올해의 택시 산업 개편 결정과 스마트톨링의 축소는 이런 관점에서 큰 아쉬움을 남긴 사례라 하겠습니다.

상생을 위한
산업 정책이란
/

기술이 발전하면 다양한 산업에 신기술이 적용되어 생산성을 제고하고 소득 수준과 삶의 질을 높일 것이라는 게 일반적인 낙관주의입니다. 새로운 비즈니스가 출현하거나 기존 비즈니스가 대폭 변화할 테니 아직 기회를 잡지 못한 청년세대가 새로운 기회를 볼 수 있을 거라는 희망 섞인 관측도 자연스럽습니다.

그런데 기술 변화와 그것이 초래하는 현상들은 자연스러운 변화로 인지되기도 하지만, 한편에서는 그 변화를 촉진하거나 통제하는 정부의 역할이 요구되기도 합니다. 예를 들어 대외 의존도가 높은 한국 경제에서는 '국제 경쟁'이라는 환경적 요소가 우선적인 중요성을 갖는데, 이를 의식한 정책 담당자나 학계 그리고 업계로서는 신기술의 도입과 그를 기반으로 한 산업 지형의 변화가 최대한 촉진시켜야 할 목표입니다.

특히 이것이 새로운 산업적 기회, 비즈니스 혁신의 계기와 긴밀하게 연관되는 이상, 글로벌 차원의 '선점' 문제가 중요하게 대두됩니다. 선점 경쟁에서 뒤처질 경우 많은 기회를 포기해야 하며, 이는 새로운 산업 질서에서 뒤처지게 되리라는 함의를 갖기 때문입니다.

이는 플랫폼 산업 등 최근의 산업 경향에 대한 일반적 인식이기도 합니다. 더구나 철강, 조선, 석유화학, 자동차 등 그간 한국 경제를 받쳐온 중추 산업의 경쟁력과 잠재성장률이 급속히 하락하고 있는 상황이어서 신기술의 수용은 활용해야 할 큰 기회인 동시에 잘 대응하지 못할 경우 비용 역시 커지는 심각한 도전이기도 합니다.

반대로 어떤 이들은 기술 변화는 그 속도와 형태를 시장에 맡겨 놓는 게 아니라 정부가 통제하면서 늦춰야 할 대상으로 인식하기도 합니다. 특히 전통산업의 저생산성 근로자들의 고용 안정에 집중할 경우, 국가 경제 전체에 미치는 영향을 상대적으로 중시하는 입장과 상당 부분 충돌하게 됩니다. 택시 산업과 승차공유 산업을 둘러싼 갈등에서도 잘 나타나듯이 신산업의 출현으로 인해 경쟁력을 잃거나 영업 범위의 축소를 겪을 것으로 예상되는 기존 업종은 새로운 업태의 출현이 허용되지 않도록 제도적 환경을 고수해야 한다는 사회적 세력을 구성하고 있습니다.

한 가지 분명한 것은 변화의 속도와 과정을 통제해야 한다는 인식이 강한 전통산업 종사자와 노동계의 입장이 일방적으로 정책 결정을 좌우하는 것은 바람직하지 않다는 것입니다. 기술과 산업 지형이 빠르게 변화하는 상황에서 필요한 혁신을 추진하는 것 자체가 미래의 경쟁력을 좌우하고 청년 일자리에 큰 영향을 줄 거라는 점을 고려한다면, 이런 인식의 차이를 좁혀 혁신에 대한 전사회적 수용성을 제고하는 것이 무엇보다 중요합니다.

그런 만큼 이런 전환기 국면에서는 특정 산업을 육성하거나 연구개발을 촉진하는 전통적인 산업 정책을 넘어선 정부의 역할이 절실합니다. 보다 넓은 의미에서 구조 변화의 판도를 정확히 읽고 이에 대응하기 위한 개별 주체의 역량을 높여 기술혁신이 가져올 부가가치의 배분에서 소외되는 그룹을 최소화하는 것, 그런 노력을 통해 사회적 갈등을 줄이는 '긍정적 변화의 촉진자' 역할이 요구됩니다.

그러나 근래 갈등 현황을 볼 때 이런 점에서 정부가 성공적이라고 평가하기는 어렵습니다. 무엇보다 올해처럼 기존 산업을 지키는 한도 내에서 신기술을 수용하겠다는 입장이 계속될 경우 미래세대가 가질 수 있는 기회와 희망이 크게 제약될 것입니다. 지금 필요한 것은 기술과 산업이 급변하는 거대한 흐름 속에서 정부 역할에 대한 우리의 기대를 당당하게 요구하는 것입니다.

어떻게 하면 다양한 시도들이 활발하게 일어나고, 관련한 이해 득실을 조정하는 체계를 갖춘 생태계를 조성할 수 있을지를 고민하게 만들어야 합니다. 무엇보다 정부는 기존 산업을 둘러싼 이해관계자들에게 매몰되어 목소리가 큰 세력에 끌려가기보다 좀 더 미래지향적인 방향을 국민에게 제시하는 역할이 필요합니다.

2부 /

재정·복지·분배, 시대를 읽어라

1장

재정 정책—
청년에게
떠안긴
나라 빚

국가 재정에
들어온 적신호

/

흔히 돈쓰는 모양새를 보면 사람됨이 보인다고 합니다. 그중에서도 짜임새 있고 당당하게 쓰는 모습은 누구라도 보기 좋습니다. 국가도 다를 게 없지만 지금 우리나라 재정은 심각하게 우려되는 상태입니다. 구조 개혁 없이 정부가 재정 지출로만 경제를 일으킨다는 게 불가능하고, 빠른 고령화 속도로 인해 재정이 곧 어려워질 것을 스스로도 잘 알고 있기 때문에 돈쓰는 내용에 당당하지 못합니다. 아직 재정 여력이 있다는 말로 지출 행태의 문제점을 덮으려 하지만 뜻대로 되지 않습니다.

그런 와중에 2020년도 재정적자는 -3.6%로 계획되었습니다. 경제위기에 처했던 3개 연도를 제외하고는 존재하지도 않았고 감히 생각할 수도 없는 규모의 적자입니다. 이런 재정 적자는 그 다음 해에도 마찬가지여서 국채 비율은 현재 37.1%에서 2023년 46.4%로 9.3%나 증가하게 됩니다. 우리나라에서 재정 관리를 본격적으로 시작한 1980년대 이래 이렇게 적자 재정을 지속해 국채 비율을 늘리겠다고 미리 계획한 것은 유례없는 일입니다. 더구나 이렇게까지 해 가면서 사용하겠다는 지출의 상당 부문은 다가온 총선을 의식한 선심성 내용입니다. 그렇다 보니 복지 지출처럼 지속적으로 발생하는 지출은 빚을 내서가 아니라 증세로 재원을 조달해야 한다는 상위 원칙도 가벼이 무시되고 있습니다.

이런 현상은 현세대와 미래세대 간 균형을 맞춰야 하는 정부가 그 역할에 실패하고 있다는 것을 의미합니다. 사실 국가의 장기적인 발전이나 경제의 건강한 체질보다 당장의 인기를 높이기 위한 지출에 재원을 퍼붓는 것은 드물지 않습니다. 나라 살림이 휘청거리고 경제의 체력이 약화되는 것은 이후 정부와 미래세대의 부담이지 지금 권력의 명운에는 크게 영향이 없으니까요.

이게 바로 국가 경영에서 가장 경계해야 할 적자 편향deficit bias이라는 근본적인 재정 운용의 문제입니다. '선심은 지금 얻고, 부담은 이후 정부가 진다'는 셈입니다. 여기에 정치적 진영 논리까지 덧입혀지면 균형 잡힌 논의는 더 멀어집니다. 그래서는 안 되는 일이긴 하지만 진영 논리에 사로잡히거나 권력의 눈치를 보는 학자들까지 '돈을 써야 할 때다'라며 목소리를 높이면 미래세대를 고려한 재정 관리의 목소리는 사실상 사라지게 됩니다.

이런 '정권 재창출을 위한 지출 대잔치'는 방지하면서도 필요한 지출이 원활하게 이루어지게 하는 것이 바로 재정 정책의 목표이자 도전입니다. 그런데 정부가 '염치'를 갖도록 견제할 수 있는 기반은 눈을 크게 뜨고 이를 살피는 국민의 관심입니다. 특히 청년들은 현재 이루어지는 재정 관련 결정의 후폭풍을 감당해야 하는 세대이므로 무슨 결정이 이루어지는지 지켜보고 목소리를 내는 것이 중요합니다. 아직 자산도 권력도 갖추지 못한 젊은 세대가 목소리마저 내지 않는다면 현실적으로 의사결정 과정에서 소외되는 것을 막기 어렵습니다.

그러나 안타깝게도 목소리를 내기 위한 정보 자체가 재정 부문에서는 대단히 제한되어 있습니다. 그 원인 중 하나는 모든 것을 진영 논리로 전환시켜 유리한 이야기만 내보내기 때문입니다. 정치적으로 진보를 주장하면서 큰 정부를 지지하고, 재정건전성은 흘러간 옛노래로 치부하며, 국채 발행도 무조건적으로 지지하는 태도가 그렇습니다.

보수는 보수대로 작은 정부, 낮은 국민 부담률, 국채 발행 반대로 이어지는 논리이지요. 때로는 진보와 보수의 구도마저 흐릿해져 여당이면 큰 지출, 야당이면 지출 반대로 흐르기도 합니다. 일례로 4년 전 새정치민주연합의 문재인 대표는 2016년 정부 예산안을 비난하면서 "재정건전성을 지키는 마지노선인 40%가 깨졌다. 재정건전성 없는 예산안은 결코 받아들일 수 없다"고 했지만, 2019년 5월 재정 전략 회의 시 문재인 대통령은 확장 재정을 주문하면서 국채 비율 40% 마지노선의 근거가 무엇인지 따져 물었다는 보도가 있었습니다.

요즘 서울역에서는 국가 재정에 아무런 문제가 없으며 마음 편하게 지출을 늘려도 좋다는 취지의 영상 광고가 반복되고 있습니다. 이 광고는 고령화 정도와 속도 등 중요시해야 할 많은 요소들을 누락한 채 단순하게 국가 평균만 비교하고 있습니다. 놀라운 것은 우리나라 재정을 건강하게 지켜야 할 책임을 맡은 부처, 기획재정부가 광고의 주체라는 점입니다. 더구나 무엇을 근거로 이런 주장을 하는지 살펴보면, 도대체 일반인도 아닌 정부가 어떻게 이런 논리를 국민 앞에 내놓는지 의아할 정도입니다.

이런 현상들은 그간 우리 경제 발전의 받침목이었던 여러 규범들이 근래 들어 빠르게 무너지고 있다는 것을 보여줍니다. 빚을 내서라도 지금 편하게 쓰고, 안 그래도 힘들어질 미래세대 어깨에 짐을 지우자는 제안을 재정 관리 책임을 맡은 관료들이 앞서 한다는 것은 과거에는 감히 생각할 수도 없던 일입니다.

설사 정치권이 그런 주장을 하더라도 그로부터 초래될 여러 가지 문제를 점검해 합리적이고 신중하게 설득해야 하는 것이 이들의 고유 업무이기 때문입니다. 진영 논리가 강화되는 전반적인 흐름에 더해 관료 사회에서 준수되어야 할 규범인 '전문성을 기반으로 한 자율성'의 훼손 역시 위험한 수준에 이른 것으로 보입니다.

그러나 중요한 원칙들이 일부에서 허물어지든 말든, 젊은 세대들은 이것에 휘둘릴 여유가 없습니다. 지금의 재정 관련 결정은 불과 10~20년 후 그들이 한국 경제의 중추가 되었을 때의 경제 상황과 개인 부담에 지대한 영향을 미치게 됩니다. 우리의 국가 재정이 어떤 상황이고, 그것을 판단하기 위한 기준이 무엇인지, 현재 이루어지는 재정 관련 결정 중 무엇이 문제이고 무엇을 견제해야 하는지를 명확히 이해하고 자신의 목소리를 내야 합니다.

큰 정부, 작은 정부의
공허한 대립

/

흔히 보이는 '큰 정부냐 작은 정부냐'의 논쟁은 이데올로기적 근본
주의와 정치적 진영 논리로 이루어진 무의미한 대립의 전형이라 할
만합니다. 사실 정부가 할 일을 잘하는 것이 중요하지 정부의 규모
자체가 무슨 상관이겠습니까. 물론 무엇이 정부의 역할인지에 대해
보수와 진보 간에 의견이 갈리는 부분이 분명 존재합니다. 다만 서
로 간에 이런 차이를 인정한다고 해도 공통적으로 동의하는 부분
이 훨씬 큰 게 사실입니다. 그간의 역사에서도 상당한 정도의 수렴
현상이 진행되어왔기 때문입니다.

정부 역할에 관한 고찰이 시작된 것은 통상 산업혁명 초기로 거
슬러 올라갑니다. 이 시기는 계몽사상과 인권 개념이 확산되고 시
장경제가 발달하기 시작한 때이기도 합니다. 절대군주와 귀족계급
의 자의적인 권력 행사가 당연시되던 시대로부터 법치주의, 기본권,
계약의 자유, 사유 재산의 보호 등의 원칙을 존중하는 사회로 전환
한 것입니다.

정치 측면에서 이는 이전 시기 지배계급의 전횡을 '법과 기본권'
으로 견제하는 변화이지만, 다른 한편으로는 상호 간의 자유로운
거래를 기반으로 하는 시장경제 출현의 기본 전제이기도 합니다. 당
시 공적인 권력에 대한 지식인들의 관념은 '최소 정부'였습니다. '군

주로부터의 자유'와 '법 앞에서의 만인의 평등'이 당시 엘리트들의 혁명적 기치였으니 정부의 역할은 국방과 치안 등 최소한의 역할에 머물러야 한다고 생각한 게 당연합니다.

그러나 이런 관점은 20세기 초 산업혁명이 심화되고 사회적 문제가 악화되면서 상당한 변화를 겪게 됩니다. 소득 불평등이나 도시 슬럼, 아동학대, 국가 간의 경쟁 등을 해결하기 위해서는 더 이상 정부의 역할을 경시해서는 안 된다는 점이 명확해졌습니다.

더군다나 제2차 세계대전을 겪으면서 이런 흐름은 대폭 강화되었습니다. 6년에 걸친 전쟁 동안 고양된 사회적 연대의식, 공산주의와의 체제 경쟁, 전쟁 중에 강화된 국가의 징세력taxing power과 행정력, 정부에 대한 신뢰, 다른 무엇보다 전후 30여 년간의 유례없는 호황 등은 높은 세율과 재정 지출 급증, 정부 역할의 확대로 이어졌습니다.

이런 흐름이 다시 역전된 것은 1980년대 이후 신자유주의의 흐름 속에서였습니다. 당시 신자유주의 흐름이 확산될 수 있었던 것은 레이건 대통령과 대처 수상, 두 걸출한 인물의 영향뿐만이 아니라 그 자체가 보편적인 울림을 가진 덕이었습니다.

대표적으로 정부의 역할이 확대되는 과정에서 관료제의 경직성과 공공 부문의 이기적 행태, 정부 제공 서비스 질에 대한 불만 등이 누적되었고, 결정적으로 경제 상황이 나빠졌습니다. 개인과 나라의 살림이 팍팍해지면서 높은 세금이 왜 필요한지, 그것이 제대로 쓰이고 있는지, 정말 자격이 있는 사람들을 돕는 데 나의 세금이 쓰이고 있는지 등에 대한 진지한 질문들이 제기되기 시작한 것입니다.

그러나 그렇다고 해서 정부의 역할이 근본적으로 부정된 것은 절대 아닙니다. 오히려 몇몇 영역에서는 근래 정부 역할이 확장되는 모습이 관찰됩니다. 다만 이런 변화들을 겪으면서 널리 동의된 것은 자본주의 초기처럼 정부 역할이 최소 수준이어야 한다는 것도, 제2차 세계대전 후 30년 기간처럼 무엇이든 정부에 맡기면 된다는 믿음도 아닙니다.

국방이나 치안처럼 시스템 유지를 위한 기본 기능은 당연하지만, 그 외에도 약자를 돌보는 복지 기능, 미래 먹거리를 위한 R&D 투자, 개인의 능력을 개발하고 발휘할 수 있게 하는 교육 훈련 시스템 확립, 경제구조가 고도화되는 과정에서 발생하는 갈등 완화 등은 개인이나 민간에만 맡겨놓을 수 없는 기능입니다. 이들은 이제 거의 모든 정치 입장에서 정부의 필수 기능으로 인정받고 있습니다.

또한 정부가 일하는 방식에 대해서도 예전처럼 공무원이 뭐든 다 할 수 있다는 관점은 이제 더 이상 통용되지 않습니다. 오히려 다양한 민간의 역량을 적극 활용해 국민이 필요한 서비스를 제대로 제공받을 수 있도록 틀을 짜고 유인 체계를 설계하는 정부 역할이 훨씬 더 강조되는 추세이지요. 정부의 역할이 강조되어온 스웨덴에서도 요즘은 영리병원이나 영리학교가 활발히 작동하고 있고, 정부는 이런 시설을 이용하기 위한 비용을 보조해 국민들이 다양한 서비스를 받도록 노력하고 있습니다.

이런 흐름이 재정 정책에 대해 갖는 함의는 무엇일까요? 큰 정부냐, 작은 정부냐 같은 공허한 대립이 더 이상 의미 없다는 것입니다. 대신 국민들이 좋은 서비스를 적은 비용에 계속 이용할 수 있도록 정부가 영리하게 할 일을 하는 것이 중요합니다. 정부 역할을 다하기 위해 재원을 적극 투입해야 하지만, 낭비 없이 그리고 지속가능성을 보장하는 형태여야 한다는 것이지요. 경기 부양이 필요할 때는 경기 부양답게 한 뒤 재빨리 정상 모드로 복귀해야 지속성이 보장된다는 것도 중요합니다. 사실 보수건 진보건 쓸 데 쓰고 낭비가 없어야 한다는 생각에 반대하는 사람은 아무도 없습니다.

국가 재정 관리의
어려움
/

국가 재정 관리의 어려움은 본질적인 왜곡 요인으로 인해 지속가능성을 보장하기가 쉽지 않다는 점입니다. 거의 모든 정부는 매년의 예산안에 포함된 지출이 장기적으로 훨씬 더 큰 편익을 가져다줄 거라고 홍보합니다. 지금 쓰는 돈은 성장 잠재력을 높여 더 큰 수익으로 돌아올 것이니 지금 아끼려고 노력하지 않아도 된다는 것이지요. 그러나 과거 정부가 정말 그런 지출만 했다면 우리나라의 잠재성장률이 이렇게 빠르게 하락하지는 않을 것입니다.

비근한 예로 2년 전 2018년도 예산안을 제출하면서 김동연 부총리는 "지금은 구조조정을 뒷받침하기 위해 돈을 써야 할 때"라며

10%에 가까운 지출 증가율의 필요성을 역설했습니다. 당시로서는 인위적인 경기 부양의 필요성도 크지 않았으므로 대폭적인 예산 증가를 합리화하기 위해서는 구조 개혁의 필요성을 드는 것이 불가피했을 것입니다. 그리고 사실 구조 개혁으로 생산성을 대폭 높일 수만 있다면 일시적인 적자 재정을 수익률 높은 투자로 볼 수도 있습니다.

그러나 2년이 지난 지금 우리나라가 구조 개혁을 통해 잠재성장률을 높였는지를 사후적으로 돌아보았을 때 대답은 '그렇지 않다'입니다. 성과가 없을 뿐 아니라 이렇다 할 구조 개혁이 시도되었다고 보기도 어렵습니다.

왜 이렇게 무조건 지출을 늘려야 한다는 주장들이 빈번히 제기될까요? 근본적으로 재정이 공돈이기 때문입니다. 지출 결정을 하는 이들에게 '공公'돈은 '공空'돈으로 인식되기 쉽습니다. 공적 용도를 위해 여러 사람으로부터 모은 돈을 자기를 위해 쓴다는 것이지요. 이것이 바로 재정 정책에서 가장 핵심 개념인 '공공자금 전용의 문제common pool problem'입니다.

정치인이 지역구 사업을 예산 심의 막바지에 찔러 넣는 쪽지 예산 문제, 공무원이 유력인의 민원을 해결해주고 본인의 승진이나 소속 부처의 이익을 추구하는 경우는 드물지 않습니다. 공공자금 전용의 전형적인 사례들이지요.

그러나 공공자금 전용의 훨씬 더 심각한 경우는 정권이나 정부 전체 차원에서 기획되는 지출 결정 왜곡입니다. 근본적으로 재정 사업은 그 비용을 전 국민이 나누어 부담하는 데 비해 혜택은 특정 그룹에 집중되는 경우가 많습니다. 특정 지역의 인프라를 보강하는 사업이나 특정 계층의 복지를 증진하는 사업을 생각해보면 혜택을 보는 사람들이 결집된 목소리를 내는 것을 볼 수 있습니다. 비용은 많은 국민이 나누어 부담하니 수혜자만큼 관심을 쏟지 않는 것이지요. 그러니 이런 큰 목소리를 들어주거나 선심을 얻기 위해 앞장서 지출을 기획하는 것이 정권을 위해 유리하다고 판단되면 원칙을 구부려 지출 결정을 하는 일이 비일비재합니다.

특히 이런 경향이 국채 발행이 견제되지 않는 구조와 결합할 때 최악의 결과를 낳습니다. 지출을 위한 재원을 조달하기 위해서는 원칙적으로 세율을 올려야 하는데, 국채 발행으로 이를 우회하는 것은 정부가 국민으로 하여금 비용 문제는 신경 쓰지 않도록 권하는 것이나 마찬가지입니다. 조금 찜찜하더라도 비용은 나중 세대가 부담할 테니 걱정하지 않아도 된다는 말을 받아들이면 국민들도 당장은 마음이 편하지만, 그것이 바로 지속가능성을 훼손시키는 지름길입니다. 관련 제도와 견제 장치가 탄탄하지 않을 경우 어느 나라든 이 함정에 빠지기 쉽습니다.

결국 모든 정치권력은 자신의 정책이 가져올 성과를 과장해서 홍보하고 재정건전성을 후순위로 미룰 유인이 강합니다. 선거를 앞둔 시기에는 이런 욕구가 더 강해집니다. 정권 유지를 위한 공돈을 마음 편하게 사용하는 것이지요. 피해를 보는 것은 미래의 시간을 살아야 하는 세대입니다.

그러니 재정 관리의 본질적 어려움은 대의민주주의 아래에서 피할 수 없는 난제입니다. 대의민주주의를 채택하고 있는 이상, 권력 유지를 위한 선심성 지출을 도구로 삼는 '정치의 재정 지배'와 현 정부의 재정 상태가 어떻고 미래에 어떤 영향을 미칠 것인지를 국민들이 잘 파악하기 어려운 '정보 비대칭성'을 피할 수 없습니다. 예를 들어 선거를 앞둔 지금과 같은 상황에서는 아무리 재정 상황이 심각해도 지출 삭감이나 세율 인상을 추진하기는 어렵습니다. 게다가 정치인들은 굳이 거짓말이 아니더라도 돈을 써서 경제성장을 끌어올릴 수 있는 본인들의 능력을 과신하는 경향이 강합니다. 그러니 재정 기반을 영구적으로 훼손하고 경제의 체질을 망치는 지름길이 항상 열려 있는 셈입니다.

반면 이런 경향을 견제하는 역할을 담당해야 할 재정 당국의 영향력이 약하고 관련 규칙이 잘 정립되지 못하면 적자가 불어날 수밖에 없습니다. 그렇기 때문에 어느 선진국이나 재정 정책의 가장 중요한 내용은 이런 유인을 견제하고 국가 재정의 지속가능성을 보장할 수 있는 장치를 굳건히 한 뒤 이탈을 감시하는 것입니다.

스스로 포퓰리즘 정치라고 밝히는 정부는 없지만 포퓰리즘 여부를 판단하는 기준은 사실 명확합니다. 국가의 지속가능성을 유지하겠다는 의지를 가졌는가의 여부는, 재정 관리에 적극적으로 임하는가로 뚜렷이 나타나기 때문입니다.

대표적으로 재정 적자가 과도한지를 쉽게 판단할 수 있는 장치인 재정 준칙을 만들고 지키려 하는지, 지출 확대 시 재원 조달을 함께 모색하는지, 확대 재정이 불가피한 상황이라고 주장하면서 사실은 항구적 선심 지출을 늘려 재정 적자를 영구화하고 있지는 않은지, 잠재성장률 제고를 적자 재정의 사유로 들면서도 정작 구조 개혁은 미루고 있지 않은지, 지출 증가와 함께 지출 구조조정 노력도 함께 기울이고 있는지 등이 대표적인 주요 지표입니다.

국채 비율은
어느 정도가 안전한가

국채 비율을 높이면 무엇이 문제가 되느냐는 문재인 대통령의 질문은, 각 가정이 계속 빚을 내서 소비 수준을 높이면 왜 안 되느냐는 질문과 유사합니다. 쉽게 답하자면 안 갚아도 되는 빚은 존재하지 않으므로 부채에 짓눌리게 되고, 나아가 행태를 고치지 않는 한 희망이 없다는 것입니다.

우선 빚이 늘어나면 가구원들의 심리가 위축되어 미래를 위한 투자에 돈을 쓰는 것도 망설이게 됩니다. 게다가 빚을 돌려막아 변제 날짜를 미룬다 해도 갚아야 할 이자가 늘어나 소비 수준도 유지하기 힘들어 살림이 어려워집니다. 채권자들의 시선도 중요합니다. 빚이 많아도 소득이 안정적이고 장래 전망도 밝다면 채권자들도 느긋하겠지만, 소득활동도 흔들리는 데다 부채가 늘어나는 속도도 빠르고, 그 부채 내용도 낭비성이면 당장 빚을 갚으라고 가차 없이 달려들 것입니다. 취약한 가계부로는 작은 충격에도 흔들릴 테고 빚을 갚을 가능성이 사라지는 게 눈에 보이기 때문입니다. 이렇게 되면 신용불량자가 되는 수밖에 없는 것이지요.

국가 수준의 채무도 유사합니다. 빚이 쌓이면 국채 시장을 통해 이자율을 높여 민간의 경제활동을 위축시키고, 정부는 정부대로 이자 부담 때문에 재정 운용이 제약됩니다. 이렇게 빚이 쌓일 때 투자자들은 정부의 채무 상환 능력에 의구심을 갖게 되고 부도 가능성을 우려해 더는 국채를 사지 않고 보유한 채권마저 매각하려 들 것입니다. 이것은 위험 프리미엄을 발생시켜 국채 수익률을 올리고 정부의 상환 부담을 증가시키는 악순환을 초래합니다. 1970~80년 대의 중남미 국가와 글로벌 금융위기 당시의 그리스, 이탈리아 등이 이처럼 정부 부채가 과하게 축적되어 재정위기를 겪고 구제금융을 받았습니다.

더구나 국채 비율이 높다는 것은 정부의 위기 대응 능력 면에서도 심각한 문제를 야기합니다. 통상 국채 비율이 높아지는 이유가 만성적인 재정 적자인데, 이것이 지속될 경우 빚을 줄일 능력도 의지도 없는 나라라는 불신까지 받게 됩니다. 이런 상황에서는 경제에 충격이 왔을 때 안전판 역할을 해야 할 재정이 그 역할을 할 수 있을 거라고 기대하기 어렵습니다.

1990년대 말 외환위기 당시 금융 부문이 취약해졌을 때 우리 정부가 막대한 공적 자금을 투입하고 지급보증을 해 경제를 살렸던 것은 재정의 안전판 역할을 잘 보여줍니다. 앞으로도 예상치 못한 충격이 가해졌을 때 이 역할을 할 거라고 신뢰하는 것 자체가 경제의 안전판인데, 재정이 튼튼하지 못하면 정부의 이런 위기 대처 능력을 기대하기 어렵습니다.

이것이 문재인 대통령의 질문에 대한 교과서적인 대답입니다. 그러나 더 핵심적인 대답은 이런 질문의 본질이 무엇인지를 짚어봄으로써 찾을 수 있습니다. 그동안 우리나라는 국채 비율을 40% 미만으로 관리하겠다는 목표를 갖고 있었습니다. 그런데 올해 들어 대통령과 여당이 재정 당국에게 왜 40%를 상한으로 인식하느냐, 빚을 더 내는 것이 문제될 것 없지 않느냐고 힐난하면서 논란이 시작되었습니다. 이 문제는 두 가지로 구분해 생각해볼 필요가 있습니다.

첫째, 이 질문은 국채 비율이 높아져 나라가 정말 휘청거릴 정도의 한계가 어디인지를 묻고 있습니다. 곧이곧대로 이 질문에 답하자면, 사실 국가 공통의 국채 상한이 절대적 수치로 존재하지는 않는다는 게 중론입니다. 국가마다 사정이 다르고 그에 따라 큰 무리 없이 허용되는 수준도 달라집니다.

몇 년 전 케네스 로고프Kenneth Rogoff 교수와 카르멘 라인하트Carmen Reinhart 교수는 국가 부채가 GDP의 90%를 넘어서면 경제성장률이 눈에 띄게 떨어진다는 논문으로 큰 반향을 일으켰다가 엑셀 작업의 오류가 발견되었고, 이를 교정하고 나면 상한선의 존재 주장 자체가 현저히 약화된다는 사실이 밝혀진 바 있습니다. 그러나 사실 국가 간의 사정이 원체 다양하다는 것을 고려하면 이런 상한선을 찾는다는 것 자체가 큰 의미가 없습니다. 그런 상한선이 존재한다면 그것이 오히려 놀라운 것이지요.

미국이나 일본처럼 기축통화를 가진 국가들은 상당히 높은 수준의 국채 비율로도 신용불량자가 될 위험을 걱정하지는 않습니다. 요즘처럼 이자율이 낮게 유지되면 이자 부담도 경감되기 때문에 걱정이 더 감해질 것입니다. 물론 이들 국가들도 갑작스런 위기에 대한 우려로 짓눌리지 않을 뿐이지 국채 누적으로 인한 이자 부담과 재정 운용의 부담은 이미 큰 문제입니다.

결국 한 나라의 국채 비율 상한은 시장에서 정부의 상환 능력이 한계에 도달했다고 평가하는 지점입니다. 여러 가지 조건으로 정부의 상환 능력에 대한 신뢰가 존재하는 한 아직 나라를 위험에 빠뜨릴 정도는 아닌 셈입니다. 그러나 글로벌 금융위기 당시 아일랜드는 2008년 국채 비율이 40%에 불과했지만 2010년에 재정위기를 겪은 바 있습니다. 국채 비율이 높지 않아도 위험할 수 있다는 것을 보여준 사례입니다.

남유럽 국가들도 중요한 시사점을 갖습니다. 2009년 10월에 있었던 그리스 정부의 경제위기 요인으로 꼽히는 것은 만성 재정 적자가 지속되고, EU 실사에서 국가 부채가 추가로 발견되었으며, 산업 경쟁력도 떨어져 정부의 위기 대응 능력에 대한 신뢰도가 바닥을 쳤기 때문입니다. 한마디로 시장으로부터 믿음을 잃었기 때문이고, 정부가 재정을 건전하게 운영하려는 의지가 박약했다는 징후가 핵심 이유입니다.

반대로 싱가포르는 국채 비율이 100%를 훌쩍 넘지만 위험반영

가산금리CDS, 즉 투자자들이 바라보는 부도 위험은 세계에서 가장 낮은 수준입니다. 복지 지출이 아니라 특정한 사회간접자본 투자를 위해 국채가 발행되어 투자 효율성이 높은데다 만성적자로 이어지지 않을 거라는 믿음이 있기 때문입니다.

이런 예들을 살펴보면 국채 비율이 위험 수준인지 아닌지를 결정하는 핵심 원인은 채무 상환 능력에 대한 신뢰이며, 많은 요인들이 이 신뢰에 영향을 미친다는 점을 알 수 있습니다. 산업구조부터 시작해 혁신 정책, 재정 정책의 기조, 재정 지출의 내용 등에 따라 같은 국채 비율이라도 나라마다 경고 수준이 달라질 수밖에 없습니다.

우리나라의 경우는 어떨까요. 국채 수준의 위험성 판단에는 기축통화국이 아니라는 것도 중요하지만, 더 중요한 것은 국가가 재정 적자를 관리할 능력이 있는지, 즉 국채 비율이 만성적으로 계속 증가하는 추세인지가 제일 중요합니다. 이것은 요즘 적자 재정으로 현금 복지를 급증시키는 것을 우려하는 이유이기도 합니다. 특히 우리나라는 대외 의존도가 높아서 재정건전성이 국가의 신용 평가로 직결되는 구조입니다. 이런 상황에서 늘어난 부채의 내용이 항구적인 성격이라면 상황이 악화되었을 때 정부가 이를 관리할 재간이 별로 없는 것으로 평가됩니다.

이에 더해 우리나라는 글로벌 경제와의 연관이 강하기 때문에 경제 정책이 얼마나 건강한지도 중요합니다. 가계 부채 등 금융시장 안정성도 채권자들이 고려하는 요소이지만, 경제의 다른 펀더

멘털fundamental이 튼튼한지, 혁신 능력을 증가시키는 구조 개혁을 추구하고 있는지도 신뢰도에 영향을 줍니다.

한마디로 국채 비율의 상한이라는 것은 우리나라 고령화 속도를 비롯한 재정의 지속가능성을 보고 판단해야 할 문제이며, 경제 펀더멘털에 따라 달라지므로 예단하기 어렵다는 것입니다. 그러니 '재정 적자가 얼마면 나라가 위험한가' 하는 질문에 대한 답은 '나라마다 다르고 지금 우리가 재정 관리와 경제 운용을 어떻게 하고 있는지에 달려 있다'고 할 수 있습니다.

그런데 이 질문을 정확히 해석하기 위해서는 두 번째 관점이 더 중요합니다. 이것은 바로 국채 비율의 상한이 무엇인지에 집중하는 정치권과 언론이 놓치고 있는 점이기도 합니다. 국채 비율을 어떻게 관리해야 하는 것인지와 어디까지 올리면 나라가 위험해지는지는 사실 전혀 다른 질문입니다. 전자는 나라를 건강하게 운영하기 위해서는 국채를 어떻게 관리해야 하느냐는 질문입니다.

반면 상한이 어디인가 하는 질문은, 다른 나라와 비교해 국채 비율의 상한을 찍은 뒤 그로부터 우리나라는 아직 여유가 있으니 재정 적자를 크게 늘려도 상관없다는 결론을 끌어내 확장 재정을 주장하려는 의도가 강할 때 사용하는 전형적인 논리입니다.

그러나 재정의 여유 공간이 단기적으로 존재한다 해도 현재의 정부가 그것을 소진할 권리는 없습니다. 지금 여유 공간이 존재한다면 그것은 재정을 건전하게 유지하기 위해 애써온 과거 정부가 힘겹게 만들어준 것입니다. 그 여유 공간을 물려받은 현재의 정부는 그것을 탕진할 권리가 아니라 힘든 미래를 위해 잘 관리해야 할 의무가 있습니다. 정말 불가피하게 그 여유 공간을 허물어 써야 할 때에 한해 적자에 의존할 뿐, 앞선 정부처럼 재정을 최대한 건전하게 운영해야 한다는 것입니다.

우리 앞에 놓인 최대의 도전은 세계 최고 속도의 고령화입니다. 노인 관련 지출은 대부분 고령 비중이 늘어남에 따라 자동적으로 증가하기 때문에 그것이 늘어나는 속도를 고려한다면 조세와 사회보험료도 빠르게 상승할 수밖에 없습니다. 그러니 우리나라처럼 세계에 유례없는 속도로 고령화가 심화되는 나라에서는 항구적인 지출 수요가 계속 증가할 거라는 점을 염두에 두고 살림을 관리해야 합니다. 되도록 균형 재정을 준수해야 하며, 흑자가 나면 최대한 과거의 빚을 갚아나가야 한다는 뜻입니다.

지금 65세 이상 인구 비율은 14.9%, 생산 가능 인구(15~64세) 100명당 노인 비율(부양비)은 21명입니다. 다섯 명의 경제활동 인구가 노인 한 명을 부양하는 구조입니다. 언뜻 보기에 부담스러운 인구구조인 것 같지만, 미래에 비하면 정말 행복한 수치입니다. 2040년, 불과 20년 뒤에는 노인 비중이 34%, 2050년에는 40%에 달할 것으로 예측됩니다. 이때 부양비 예측치는 79입니다. 1.25명의 경제활동 인구가 노인 한 명을 부양하는 구조가 되는 것입니다.

과거에는 어땠을까요. 1990년 부양비가 7.4였으니 지난 30년 동안 부양비가 14 늘었을 뿐인데, 2050년에는 79가 되니 앞으로 30년 동안 60 가까이 늘어나는 것입니다. 정부 지출의 상당 비중이 노인 관련 지출인 것을 고려하면, 이것은 향후 인구구조 변화에 의한 자동적 지출 증가만 해도 어마어마한 속도로 늘어날 것이라는 의미입니다.

이렇게 급속히 지출이 늘어날 때 예상되는 상황은 두 가지입니다. 하나는 증세를 통해 지출 증가를 잘 따라잡아 국채 비율이 너무 높아지지 않도록 하는 것이지만 이 경우 국민 부담이 커지면서 경제에 부담을 주는 현상이 불가피합니다.

그런 문제 때문에 증세를 소극적으로 하면서 국채를 늘리는 것이 두 번째 경우인데, 국채 비율 급증을 방치하는 것은 기축통화국도 아니고, 대외 의존도도 높은 우리나라 상황에서 지속가능하지 않습니다. 예산 정책처 추계에 따르면, 국채 비율을 유지할 경우 1인당 조세 부담액이 2019년 1034만 원에서 2050년에는 4817만 원으로 불과 30년 만에 다섯 배에 가깝게 증가하게 됩니다. 반면 증세 대신 국채 발행을 택하면 국채 비율이 90%에 가까워져 현재 기축통화국이 아닌 선진국 평균보다 훨씬 높은 수준에 이르게 됩니다.

이를 달리 표현하면 현재 우리가 힘들다고 해도 불과 20~30년 후의 재정 상황에 비하면 감히 지금이 재원 조달이 어려워 빚을 져야 하는 상황이라고 말하기 어렵다는 뜻이기도 합니다. 그렇다면 지금 던져야 할 질문은 명확합니다. 대폭적인 적자 재정을 지속하며 과거에 쌓아놓은 것을 탕진한다면, 지금 청년이 중년이 되었을 때는 대체 어떻게 하라는 뜻입니까?

물론 경기가 악화되어 적자 재정으로 경기 부양을 해야 하는 상

황이 존재할 때도 있습니다. 경기 순환에도 불구하고 매년 균형 재
정을 운용해야 한다고 주장하는 사람은 아무도 없습니다. 그러나
빚을 늘려야 하는 때라면 이런 적자 재정을 어떤 조건에서 종료시
켜 어떤 수준으로 되돌릴 것인지를 함께 계획해야 합니다. 그러니
복지 지출처럼 계속 들어갈 돈을 빚을 내서 조달해서도 안 됩니다.
적어도 경기 순환이 한 사이클 도는 동안에는 기준 궤도로 돌아오
도록 계획해야 한다는 뜻입니다.

대한민국
재정 정책의 흐름
/

우리나라 재정은 빚더미에서 시작했습니다. 1949년도에 재정 수입
중 원조 자금과 차입금이 89%, 조세 수입은 11%에 불과했으니 사
실 재정이랄 것도 없었던 셈이지요. 이런 상황은 1960년대 초까지
계속 되었습니다. 한국전쟁 후 1961년까지 재정 수입 중 원조 자금
이 평균 50%에 달했으니 자력으로 나라 살림을 꾸리는 것과는 거
리가 멀었습니다.

　본격적인 경제개발이 시작된 이후에는 재정이 적극적으로 이를
뒷받침하는 역할을 했습니다. 당시에는 재정건전성이니 뭐니 하는
인식 자체가 희박했습니다. 일단 모든 가용 자원을 동원해 산업화

를 일으켜야 한다는 게 절대적인 목표였으니까요. 수출주도형 공업화를 추진하는 과정에서 재정 지출은 사회간접자본이나 산업자본 형성을 위한 재정투융자에 집중되었습니다. 전후 남북이 대치하던 상황이었으니 없는 살림에 국방 지출도 규모가 클 수밖에 없었습니다. 결국 1960년대와 1970년대를 통틀어 국방 지출과 경제 사업이 거의 전체 지출의 30%에 근접하는 지출구조가 지속되었습니다. 1970년대에 연평균 10%의 기록적인 고성장을 지속할 수 있었던 것은 재정의 적극적인 역할에 힘입은 바도 컸습니다.

1980년대 초반은 흔히 안정화시기라고 불리는데, 1970년대 고성장에도 불구하고 석유파동과 중동건설 붐, 중화학공업 육성과 집중 투자에 따른 인플레이션, 경상수지 악화 등 경기 과열의 징후가 확연해지면서 이때는 경제 운용의 기조가 전환되어야 할 필요성이 강해진 시기입니다. 재정 정책에 관해서는 큰 틀을 확립한 시기이기도 합니다.

당시의 안정화 기조는 경제성장만이 살길이라 믿었던 시기를 종료시키고 다음 단계로 넘어가야 한다는 것이었는데, 한 시기 동안 성장 신화를 써온 사람들에게는 받아들이기 힘든 변화였습니다. 그런데도 당시 관료와 학자들은 최고 권력자를 설득해 정책 기조를 바꾸는 데 성공했습니다. 고도성장이 아닌 물가 안정과 국제수지 개선으로 기조를 바꾼 것입니다. 요즘 같아서는 상상하기 힘들지만 1982년, 두 자릿수 물가 상승률에 허덕이던 당시 7%라는 한 자릿수 물가 상승률을 기록한 것은 놀라운 성과였습니다. 지금의 시각에서 볼 때 이때의 정책 기조 전환은 매우 적절했다고 평가됩니다.

재정 정책 역시 끌어 모을 수 있는 모든 것을 모아 경제성장을 뒷받침한다는 과거의 기조와 달리 체질을 개선하고 재정 운용방식을 체계화하는 단계로 진입하겠다는 의지를 보였습니다. 건전재정의 원칙이 표방된 것도 바로 이때입니다. 사실 어떤 의미에서는 드디어 나라꼴을 갖추었다고 볼 수도 있습니다.

그러나 이런 전환이 쉬웠을 리 없습니다. 재정을 적극적으로 써 왔다는 것은 돈을 받는 데 익숙해진 각 부처 공무원과 이해 그룹, 산업계의 생리가 이미 그렇게 형성되어 있었다는 것을 의미합니다. 그러니 재정의 기조를 바꾸는 것은 이들에게 고통스러울 수밖에 없는 경험인데, 그런 어려움을 돌파한 것은 사실 이 시기 정책 그룹의 혁혁한 공로라 할 수 있습니다.

들어오는 범위에서 돈을 쓴다는 세입 내 세출 원칙을 엄격히 준수하면서 안정 재정을 위한 정책이 이 시기에 강력히 추진되었습니다. 예산 편성을 제로베이스에서 출발하는 '영점기준예산편성제도Zero Base Budgeting System'도 시도되었습니다. 일단 예산 사업이 한번 채택된 뒤에는 대략 사업 지속을 전제하고 매년 일정 비율로 증액하는 점증주의 예산에 반대되는 개념입니다.

재정 정책의 기조를 전환하기 위해 마치 모든 것을 처음 시작하는 것처럼 사업의 효과와 비용을 원점에서 점검하겠다는 과격한 정책까지 동원된 것입니다. 총선을 앞두었음에도 1984년에는 예산을 동결시키기까지 했습니다. 이는 우리나라 재정사에서 이전이나 이후 모두 유례없는 일입니다.

그 결과 1970~82년 사이에 2~5%에 달하던 통합 재정수지 적자가 개선되어 1987년에는 처음으로 흑자 재정을 기록하는 등 경제의 체질을 개선하고 대외적인 신뢰도를 제고하는 데 크게 기여했다고 평가됩니다. 특히 이때 기초 체력이 보강되기 시작한 것은 십수 년 후 외환위기가 닥쳤을 때 큰 역할을 했습니다.

경제위기에 처한 김대중 정부에서는 적극적이고 선제적인 재정 정책을 운용했습니다. 기업이 줄도산을 할 때 이들에게 돈을 대출해준 금융기관도 위험해지는데, 이를 방치하면 멀쩡한 기업까지 금융 접근성이 막혀 도산하게 됩니다. 당시 정부가 168조 원의 대규모 공적 자금을 금융 부문과 기업의 구조조정에 과감하고 신속하게 투입한 것은 경제 위기 조기 탈출의 일등공신이라 할 만합니다.

대규모의 추가경정예산 편성과 예산의 조기 집행 등으로 실업자 구제와 사회복지 지출을 늘린 것도 조기 회복에 기여한 조치로 평가됩니다. 이 모든 것은 이전에 쌓아놓은 재정 여력이 없었다면 불가능했을 조치입니다. 외환위기 극복 후 다시 건전재정 모드로 복귀해 재정을 운영한 것은 이후 2007년 글로벌 경제위기 때 또 한 번 적극적 지출로 빠른 위기 극복을 가능케 했습니다.

경제위기 이후, 지금 우리는 또 새로운 시기를 지나고 있습니다. 위기 극복의 기억이 희미해져가는 가운데 재정 관리 환경이 근본적으로 변화하고 있습니다. 필요한 규범이 제대로 서지 못한 상태에서 정치적 지출이 늘고 통제력을 상실하는 것은 우려할 만한 상황입니다. 과거 비교적 정상 범위 내에서 세입과 세출을 유지했고, 지출 증가가 불가피할 때는 빚을 내기보다 가능한 세수 증대를 통해 재원을 마련하도록 떠받쳐온 규범이 약화되고 있는 것입니다.

우리나라의 재정은 지금 어떤 수준일까

/

우리나라 재정에 빨간불이 들어왔다고 판단하는 전문가들이 적지 않습니다. 국채 비율이 40%밖에 안 되니 마음 편하게 더 쓰자고 주장하는 이들도 정부 주변에 더러 있지만, 오늘날 진행되고 있는 초고속의 고령화를 감안하면 지금의 국채 비율이 적다고 보기는 어렵습니다. 그런데 가장 심각한 것은 고령화 추세가 본격화되기 시작하는 지금 재정 지출을 관리하려는 의지 자체가 별로 없어 보이는 정치권과 정부의 태도입니다.

2018년, 2019년, 2020년 연속 3년 모두 재정 지출 증가율이 경상 성장률의 두 배를 크게 초과하고 있습니다. 1980년 건전재정이라는 개념이 도입된 이후 재정 지출 증가율이 경상 성장률의 두 배를 넘은 것은 큼지막한 위기 상황이 발생했을 때뿐이었습니다.[23] 비상수단으로나 쓰였던 이런 일이 경제위기도 아니고, 특히 경제 상황이 문제가 없다고 반복적으로 말해온 정부 아래에서 발생하고 있는 것입니다.

올해 재정 적자는 GDP 대비 3.6%로 계획되었습니다. 재정 적자가 GDP의 3%를 초과하는 것도 경제위기 때인 3개년을 제외하면 발생한 적이 없습니다. 더군다나 '2019~2023년 국가재정운용계획'에 따르면 2020~2023년 중 재정 지출도 연평균 6.5% 증가로 경상 성장률을 크게 상회할 전망입니다. 그때 가서 더 증가할 가능성도 높지만, 현재의 재정 운용 계획만 보더라도 지출 증가가 연평균 3.9%로 예측되는 재정 수입 증가율을 크게 웃돌고 있어 정부에 의해 이미 급격하고 지속적인 재정 악화가 계획되어 있다는 것입니다.

왜 이런 일이 벌어지고 있는지는 두 가지로 나누어 생각해볼 수 있습니다. 첫 번째는 경제 정책으로 생긴 충격을 재정을 풀어 해결하려는 경향입니다. 최저임금 대폭 상승과 주 52시간 근로제의 급박한 시행, 비정규직의 정규직화 등은 대외 환경이 양호했던 2017년에도 경제에 엄청난 압박을 부과했습니다.

특히 경제의 허리를 받치는 중소기업들로서는 이런 조치로 인해 생존의 위협을 받는다고 합니다. 성장 잠재력을 확충하는 규제 완화는 답보인 상태로 말입니다. 개인의 정치적 입장이 무엇이든 현재 우리나라가 구조 개혁이나 성장 잠재력 확충에 성공하고 있다고 평가하는 사람은 아무도 없습니다.

미중 간의 무역 분쟁, 일본과의 마찰 등 대외 환경이 불리하게 돌아섰지만 그전부터도 이미 우리 정부 스스로 합리적으로 보기 어려운 정책들로 경제를 압박했습니다. 그런데 이런 부작용을 모두 재정 지출을 증가시켜 해결하겠다는 의도가 표출되고 있어서 걱정입니다. 경제 정책이 잘못되었다면 이를 먼저 시정하고 성장 잠재력을 높여야 하는데, 재정 지출을 대폭 증가시켜 문제를 해결하려는 것은 가능하지도 않으며, 재정까지 망가지는 결과를 초래하게 됩니다.

두 번째는 지출 내용의 문제입니다. 그동안 경제가 어렵다는 것을 일관되게 부정하던 정부마저 마침내 인정할 정도로 지금은 경제가 어렵습니다. 이렇게 일단 상황이 어려워지면 동원할 수 있는 수단을 잘 활용해야 합니다. 그러나 무조건 재정을 푼다고 해서 상황이 좋아지는 것도 아니므로 효과를 볼 수 있는 방식으로 지출하는 것이 중요합니다.

통상 V자형의 불황에서는 신속하고 과감한 재정 지출이 효과적이라고 알려져 있습니다. 흔히 3T라고 하는데, 정확하게 목표를 조준하고Targeted, 경기 부양 목적의 한시적인Temporary, 그러면서도 시의적절한Timely 지출이어야 한다는 뜻입니다. 통상 경기에 선제적으로 대응하는 것이 통화 정책의 역할이라고 동의하고 있지만, 일정 지점을 지나 재정 정책의 역할이 필요할 때가 존재한다는 것은 바로 통화 정책과 달리 이렇게 목표가 설정된 지출을 한시적으로 할수 있어 경기 부양에 효과적이라는 이유 때문입니다.

반면 L자형의 불황, 다시 말해 구조적인 요인에 의해 침체된 국면으로 금방 빠져나오지 못하는 성격의 불황이라면 구조 개혁을 해야마땅하지, 그렇지 않고 돈을 풀어봐야 침체에서 벗어나오지 못하고 재정만 망치게 됩니다. 그러니 L자형 경기 침체가 감지된다면 돈을 풀기보다는 경제의 구조적 병목이 무엇인지 파악해 이를 과감하게 해소하는 구조 개혁을 단행하고, 그로 인한 충격을 완화하는 데 재정적 뒷받침을 적극적으로 제공해야 합니다.

그런데 실제적인 어려움은 경기가 하강할 때 이것이 V자형인지 L자형인지를 사전적으로 알기가 매우 힘들다는 점입니다. 현재 우리나라 상황에서는 일시적인 경기 불황이기보다는 여러 가지 요인이 얽힌 구조적 불황의 성격이 더 강하다고 느끼는 전문가들이 많지만, 그렇다고 일시적 불황과 정확히 분리해 어느 쪽이 더 크다고 할 수 있는 것도 아닙니다.

그렇기 때문에 재정 지출을 통해 경기를 부양한다고 할 때는 통상 구조 개혁을 뒷받침하는 지출과 경기 부양 효과가 크면서도 한시적인 지출을 안배하게 됩니다. 다시 말해 영구적 선심성 지출을 확장 재정이라는 이름으로 끼워 넣어서는 안 되며, 만약 경기에 적극적으로 대응하기 위해서라는 명분으로 항구적 선심성 지출을 채운다면 그 의도를 의심해보아야 합니다. 또한 경제의 구조적 병목을 해소하는 구조 개혁 없이 재정만 푼다는 것 역시 효과성이나 진정성 모두를 의심하게 하는 행태입니다.

그런데 성장 잠재력 확충과 적극적인 경기 대응을 위해 작년보다 9.3%나 증가시켰다는 올해 예산을 보면, 공무원 증원이나 기초연금 증액 등 항구적인 지출이 상당한 비중을 차지하고 있습니다. 2020년 국가직 공무원을 1만 9000명 충원하는 데 더해, 소방이나 사회복지 분야 등 지방직 공무원 충원까지 더하면 그 규모는 더 커집니다.

재정 지출을 왜곡된 방식으로 사용하는 대표적인 예로 일자리 예산도 크게 증가하고 있습니다. 정부는 '일자리 창출을 적극 지원하기 위해' 작년보다도 21.3% 늘어난 25조 8000억 원을 책정했다고 하지만 내용을 보면 노동시장 자체를 정치화시키는 것과 같습니다. 실업급여를 빼면 비중이 제일 큰 것이 고용보조금인데, 고령자우대, 청년우대, 중년우대 사업을 모두 운영하고 있습니다.

고용보조금이란 취업에 어려움을 겪는 특정 소그룹을 우대한다는 것으로서, 누군가를 우대하는 것은 필연적으로 다른 누군가를 뒤로 미룬다는 뜻입니다. 그러니 다른 사람들을 조금씩 희생시키더라도 어려운 이들에 한해 취업보조금을 제공해 돕는 것인데, 이렇게 모든 국민을 대상으로 보조금을 양산하는 것은 전 국민을 희생시켜 전 국민을 우대하라는 것이니 그냥 돈을 뿌리는 것과 같습니다.

경제를 살려 일자리가 창출되도록 하는 것은 도외시하고, 일자리 창출을 위해 애쓰는 모양새를 위해 재정을 투입하다 보니 이렇게 선심성 지출을 늘리게 되는 것입니다.

무엇보다도 규제 개혁, 노동 개혁을 과감하게 단행해 경제 체질을 강화하면서 그 충격을 재정으로 완화하는 내용은 전혀 찾아볼 수 없습니다. 무엇을 위한 확장 재정인지 도무지 이해하기 어려운 지출 내용입니다. 국민의 혈세를 쓰고, 미래세대의 어깨에 짐을 지우면서까지 확장 재정을 할 때는 명확한 효과가 있어야 할 텐데, 총선이 다가오고 있다는 것을 제외하면 왜 이런 예산안을 세웠는지 추측하기조차 어려울 정도입니다.

이런 점들을 살펴보면, 과거 대체적으로 잘 관리되던 우리나라 재정은 지금 큰 구조적 변화를 맞고 있다고 보입니다. 최근 들어 정치적 동기로 정책적 합리성을 압도해버리는 경향이 심화되면서 적자 편향이 급격히 강화되고 있습니다. 문제는 세수 여건도 악화되고 있는데다 불과 20~30년 안에 고령화로 인한 재정 수요가 폭발할 것으로 예상되는지라 이렇게 재정을 비체계적으로 계속 확대하다가는 청년들의 미래가, 그리고 미래세대의 전망이 무척이나 어두울 것이라는 점입니다.

미래세대를
희생시키는 일은 없어야 한다
/

재정 지출이 빠르게 증가하는 것을 보면서 많은 사람들이 '이래도 되나' 하는 걱정을 합니다. 특히 요즘처럼 고령자를 위한 기초연금과 각종 보조금, 여성과 육아를 위한 보조금, 청년 구직 지원금, 중년 채용 지원금처럼 인구 그룹별로 현금 지원이 제공될 때는 어차피 나한테도 돌아오는 부분이 있다 보니 재정 상황에 대해 민감하게 살피지 않으려는 마음이 들기 쉽습니다.

그러나 오늘날의 인구구조 변화 속에서 지금과 같은 증가 패턴을 유지할 경우 불과 20~30년 안에 재정 부담이 눈덩이처럼 불어나 경제활동 인구를 짓누를 것으로 예측됩니다. 일례로 국민연금 보험료만 해도 지금 상태가 계속될 경우 현재 소득 대비 9%에서 2050년대에는 30% 수준으로 증가할 것이라는 예측입니다. 건강보험료도 지금 7% 수준에서 조만간 10%를 훌쩍 넘어갈 것입니다. 여기에 기초연금 증가, 각종 사회서비스 증가 등 고령인구 비중에 따라 증가하게 될 지출을 고려하면 현재 20% 수준인 조세부담률 역시 빠르게 증가할 것입니다.

공무원 증원 등 현재 적극적으로 늘리고 있는 지출을 빼고 단지 고령화 추세만 고려하더라도 불과 30년 후의 국민 부담은 감당할 수 있는 한계를 뛰어넘을 위험이 높습니다. 이렇게 빠르게 증가해야 하는 지출을 증세로 따라잡으면 높아지는 국민 부담이 문제가 되고, 증세로 따라잡지 않으면 국채 증가가 문제가 되니 우리나라의 재정은 생각할수록 걱정입니다.[24]

아무리 뜯어봐도 우리의 재정은 근래 빠르게 위험 지역으로 들어서고 있습니다.[25] 지출 패턴과 적자 규모에서 이런 위험이 이미 가시화되고 있습니다. 무엇보다 경제 정책의 실패를 재정 지출로 틀어막기 위해 재정 관리를 아예 포기하는 듯한 움직임을 보이는 것이 제일 큰 문제입니다. 재정으로 경제를 일으키는 것이 가능하다면 재정 지출로 경제성장을 달성하지 못할 나라가 없겠습니다만, 지구상에 그런 역사를 이룬 나라는 존재하지 않습니다.

비근한 예로 일본은 1990년대 경기 침체에서 탈출하기 위해 10여 년간 경기 부양책을 열두 번이나 실시하며 재정을 쏟아부었지만 재정 적자만 쌓고 0%대와 1%대 성장을 오가는 '잃어버린 30년'을 경험한 바 있습니다. 일본의 '잃어버린 30년'을 가까이에서 지켜봤으니 그 길을 따라가지 않을 수 있을 거라고 막연히 생각하지만, 우리 정부는 구조 개혁 없이 재정만 확대시키는 '장기 침체로의 길'을 이미 따르고 있어 암담합니다.

물론 어려움이 닥쳤을 때는 재정으로 최대한 고통을 완화시켜야 하지만 경제의 잠재력을 높이는 개혁을 과감하게 단행하고 재정으로 그것을 뒷받침하는 방식이 아닌 한, 돈을 많이 쓴다고 경제를 일으킬 수는 없습니다.

확장 재정이 필요하다는 정부의 주장에는 도대체 미래세대에게 어느 정도의 부담을 지울 계획으로 재정을 운영하고 있는지, 점점 더 강해지는 포퓰리즘적 지출 편향을 어떻게 관리해나갈 것인지, 휘발성 지출이 아닌 경제 체질 개선과 구조 개혁 계획이 무엇인지는 전혀 나타나 있지 않습니다. 바로 이런 것들이 미래의 부담을 짊어져야 하는 청년들이 질문하고 개선을 촉구해야 하는 부분입니다.

2장

모방형 복지—
선진국 따라쟁이
대한민국

후진국 콤플렉스,
무조건 따라하기

/

우리나라 청년들이 기성세대를 넘어서는 확실한 장점은 바로 콤플렉스가 적다는 것입니다. 가난한 변방의 나라에서 태어나 외국인을 보면 주눅부터 들었던 기성세대로서는 선진국들을 대등한 상대로 인식하기 어려웠습니다. 그러나 이것이 단지 기성세대의 개인적 한계에 그치지 않고 전 국민의 삶에 영향을 미친다는 점은 큰 문제입니다. 바로 정책 기획의 후진성입니다.

이 문제는 후진국 콤플렉스에서 상대적으로 자유로운 세대가 질문을 던짐으로써 극복할 수 있습니다. 다음 세대의 삶을 훨씬 더 고단하게 만드는 정책들이 양산되지 않도록 청년들이 매섭게 질문을 던지고 설명을 요구해야만 오랜 관성에서 벗어날 자극이 만들어질 수 있습니다.

후진국 콤플렉스가 지배하는 대표적인 영역이 바로 복지 정책입니다. 그간 많은 재원을 투입했지만 복지 정책을 통해 무엇을 달성하고 어디로 향할 것인지에 대한 생각이 아직 정립되지 못한 것입니다. 우리나라에서 복지 확대에 본격적으로 우선순위를 둔 것은 지난 20년 정도라 할 수 있는데, 그동안 반복된 구호는 'OECD 평균 수준의 지출을 달성하겠다'는 것입니다. 이 구호는 '선진국이 어디로 가고 있는지는 모르겠지만 일단 무조건 따라가겠다'는 맹목의 추종을 농축적으로 표현하고 있습니다.

'OECD 평균의 복지, OECD 평균 국민 부담률'이라는 목표가 처음 나타난 것은 참여정부 시기였습니다. 한마디로 선진국만큼 복지에 돈을 쓰겠다는 뜻입니다. 처음 이 구호가 나타났을 때는 국가가 발전하면서 사회개발이 중시되기 시작한 때였던 만큼 그런 방향 전환의 의지를 표현한 슬로건이리라 받아들여졌습니다. 구체적인 내용 없이 지출을 늘리겠다는 것이긴 하지만, 그것이 대략의 방향성을 제시한 정치적 수사에 불과하다면 그렇게 둥글려 들으면 되는 것이니까요.

그러나 거의 20년이 지난 지금도 같은 목표를 내세우는 것은 심각한 문제입니다. 2019년 초에 발표된 정부의 '사회보장 기본계획'에도 OECD 평균의 지출 수준을 달성하겠다는 목표가 여전히 나오고 있습니다. 얼마의 돈을 쓰고야 말겠다니, 정책 목표 치고는 정말 이상한 목표입니다. 돈을 어디다 쓰겠다는 것이 아니라 얼마나 쓰고야 말겠다는 계획을 먼저 세우다니, 가정 살림이라도 이상한 일입니다. 하물며 짜임새 있는 계획이 절실한 국가 살림은 더 말할 것도 없습니다. 제대로 된 목표라면, 우리 복지 중 어떤 기능은 한참 떨어져서 선진국과의 여러 가지 차이를 고려해도 대폭 보강이 필요하니, 재원이 어느 정도 필요하고 그 재원을 어떻게 조달하겠다는 식이어야 합니다.

그런데 우리의 핵심 문제가 무엇인지 파악해 극복하는 계획은 사실 어떤 미래를 만들고 어떻게 그 목표에 접근하겠다는 생각이 확립되어 있어야 가능합니다. 그런 의미에서 선진국만큼의 돈을 쓰겠다는 약속을 반복하는 것은 사실 우리 나름의 비전이 없다는 자기고백과 마찬가지입니다. 이것은 국민의 돈을 쓰는 정치가와 공무원들이 정말 치열하게 고민했어야 하는 문제인데도 말입니다.

이런 행태가 일차적으로 나타내는 바는 우리나라 정책 서클의 지적 나태함입니다. 이에 더해 이들에게 그것을 딱히 요구하지도 않는 세태 역시 이들을 긴장감 없는 '따라쟁이'로 머물게 한다는 점 또한 부정할 수 없습니다.

더구나 선진국을 따라가면 된다는 인식은 얼마나 시대착오인지요. 선진국들 중 스스로의 복지 지출 수준에 문제가 없다고 느끼는 국가는 찾아보기 어렵습니다. 그런데도 일단 따라하고 보자는 식입니다. 따라가다가 유턴해야 할 상황이면 그건 그때 생각하겠다는 태도지요.

이런 문제가 나타나는 것은 예전 국가 발전을 위해 우리가 선진국을 모방하는 추격자형 전략을 써온 것과 무관하지 않습니다. 지적인 인프라도 없고 정보도 한정된 가난한 나라에서 전방위적으로 선진국을 모방하는 것이 불가피하기는 했지만, 어느 정도 수준에 이르기까지는 시행착오를 줄이고 성과를 보장해주는 방식이기도 합니다. 그런 면에서 우리의 추격자 전략은 경제와 사회 양측에서 상당히 성공적이었다고 평가됩니다. 그러나 문제는 그 '어느 정도 수준'을 넘어섰을 때 발생합니다. 선진국과 우리가 현재의 모습을 이룬 데는 각자 나름의 사연이 있는 것인데, 그 사연을 고려한 해법을 찾아낼 도전 정신과 지적 능력을 갖추지 않은 채 과거의 마음 자세와 관행을 답습한다면 발전하기보다 미래를 크게 그르칠 위험이 커집니다.

이미 그들만큼 덩치가 커졌는데도 그들과 우리의 차이를 이해하지 못한 채 그저 따라하면 크게 실패할 일은 없을 거라고 생각하는 소극적 모방자로 머문다면 문제가 생길 수밖에 없습니다. 이런 행태는 사실 젊은 시절에 체계적인 공부를 하는 것이 요즘처럼 쉽지도 않았고, 선진국은 무조건 우월하다고 인식했던 기성세대들의 부끄러운 한계이기도 합니다.

사회 정책 부문은 특히 이 문제가 심각합니다. 개념만 수입해오고 그것이 자리한 맥락의 차이는 분석하지 않는 경향이 자주 나타납니다. 보편 복지나 기본 소득, 1차 분배 등 최근에 유행처럼 번져 정책으로 급히 흡수된 내용들이 대표적입니다. 그러니 사회 정책이 담당해야 할 과제가 엄중한데 방향 의식도 없이 엉뚱한 곳에 돈만 쓰다가 미래를 준비하지 못하게 되지 않을까 걱정입니다.

빠르게 변화하는 세상에서 앞이 안 보이는 청년들에게 길을 뚫어주기 위해서는 거대한 개혁과 그 충격을 완화할 재원이 필요합니다. 이들 청년들의 역량을 올려 어디든 적응할 수 있도록 돕는 것도 결국 막대한 재원이 투입되어야 합니다. 세계에서 가장 빠른 고령화 속에 국민들이 빈곤하거나 무력해지지 않고 활력 있는 삶을 살기 위해서도 재원이 필요합니다. 과거의 성공으로 쌓아놓은 것을 이런 곳에 투자해야 미래세대에 대한 책임을 지는 것인데, 이 책임을 다하지 못하는 것은 젊은 세대의 가능성을 많은 돈을 써가며 죽이는 것과 같습니다.

유감스럽게도 이렇게 허약한 지적 토양을 신속하게 선진화할 수 있는 길은 보이지 않습니다. 그 시간을 줄일 수 있는 방법은 손쉽게 따라쟁이의 길만 답습하려는 공무원과 정치가, 전문가 집단에게 긴장감을 불어넣는 것밖에는 없습니다. 무엇을 목표로 왜 이런 방식을 쓰며, 그 방식이 우리의 문제를 어떻게 해결하고 미래를 밝힐 수 있는지 날카롭게 질문하는 것입니다.

복지 지출 때문에
골머리 앓는 OECD 국가들
/

독일의 메르켈 총리는 유럽 복지의 문제점을 자주 지적하는 것으로 유명합니다. 세계 인구의 7%밖에 안 되는 유럽이 세계 GDP의 25%를 생산하지만 전 세계 복지비용의 50%나 지출한다는 점은 심각한 문제이며, 지금의 유럽은 대수술이 필요한 중환자라는 뜻입니다.

외부인에게 유럽이 선진국의 상징이고 선망의 대상인 것과 대조되는 시각입니다. 지난 수백 년간 유럽은 자유와 번영이라는 가치를 앞서 구현하며 인류 문명의 꽃이라 자부해왔습니다. 특히 제2차 세계대전 이후 약 30여 년에 걸친 자본주의 황금기 동안 유럽은 복지 확대로 여유와 안정을 추구하며 복지 혜택을 늘리는 것이 인류의 진보라 믿었고, 생산성 향상과 더불어 그 진보가 그치지 않을 거라고 믿어왔습니다. 개발도상국으로서는 그야말로 언젠가 꼭 따라잡고 싶은 멋진 미래를 엿보는 것과 같았습니다.

이런 흐름이 가능했던 가장 큰 원인은 뭐니 뭐니 해도 제2차 세계대전과 그 뒤에 이어진 전무후무한 경제 호황입니다. 옥스퍼드 백과는 선진 복지국가를 "제2차 세계대전의 산물"이라 단언한 바 있습니다. 6년에 걸친 전쟁 동안 국가가 국민의 생활을 보살피고 조직해 공동의 적을 대응한 과정은 국가와 국민의 관계를 근본적으로 바꾸었습니다. 자본주의 초기에 유행했던 '최소 개입의 국가minimal state'라는 인식은 이 시기 거의 자취를 감추었습니다.

이를 대신해 선진국 사회 정책의 기둥으로 자리 잡은 개념은 런던경제대학교 교수였던 T. H. 마샬T. H. Marshall이 1950년대에 주창한 '사회권' 개념입니다. 국가로부터 일정 수준의 복지를 조건 없이 보장받는 것은 기본권이라 할만큼 중요한 권리라는 뜻입니다.[26] 정부 역할의 대폭적인 확대가 새로운 규범으로 자리 잡은 것입니다.

이 당시 일부 선진국의 최고 소득세율이 90%에 가까울 정도로 상승했던 것을 보면 공권력에 대한 국민의 신뢰가 어느 정도였는지 짐작할 수 있습니다. 일정 수준 이상의 소득은 거의 모두 세금으로 내는 것에 국민들이 수긍했다는 것은 지금의 시각으로 보면 놀라운 일입니다. 그러나 무엇보다 곳간 사정이 좋아도 너무 좋았던 게 선진국 복지 확대의 가장 핵심 기여 요인이며, 이런 호황을 경험하지 못한 다른 개발도상국과 서유럽 국가들 간의 궤적을 크게 차이 나게 하는 요인이라는 점을 놓쳐서는 안 됩니다. 주요 선진국들은 종전 후 1970년대 후반 석유파동이 일어날 때까지 근 30년 동안 단 한 번의 경기 침체도 없을 정도로 유례없는 호시절을 누렸습니다.[27]

그러나 석유파동 이후 경제 상황이 악화되고 글로벌화가 진행되면서 복지 지출 규모나 높은 세율이 유지되기 어려워졌고 그런 만큼 기존의 사회 모델에 대한 재검토가 불가피해졌습니다. 물론 이미 사람들은 높은 복지 수준에 익숙해져 있는데다 연금 수급자와 같은 강력한 이해 집단이 형성되어버렸기 때문에 큰 폭의 개혁이나 혜택의 축소가 언제나 대폭적으로 진행된 것은 아닙니다.

말로는 무조건적 사회보장이 아닌 개인의 자립과 근로 의욕을 촉진하는 유연한 복지를 추구한다며 개혁을 시도해왔지만 많은 국가들이 사실 옴짝달싹하기 어려운 상황인 셈입니다. 세상은 변화하고 있고 지금 같은 복지는 지속가능하지 않다는 게 뻔히 보여도 이해 당사자의 저항 때문에 지출을 줄이지 못하는 상황이니 현재의 복지 지출 규모가 적절하다고 생각하는 선진국은 사실상 존재하지 않습니다.

더구나 이들 선진국으로서는 신흥국의 추격을 의식할 수밖에 없습니다. 과거에는 동아시아 국가의 복지 지출이 낮은 것에 대해 복지후진국welfare laggard이라는 비판적 딱지를 공공연하게 붙이곤 했지만, 요즘의 서구 언론이나 학자들은 오히려 과다한 복지 부담이 없고 서구라는 반면교사 덕에 시행착오 여지도 적은 아시아를 노골적으로 부러워하기도 합니다. 우리나라와 중국 등 기술력에서는 유럽과 어깨를 나란히 하면서도 훨씬 더 몸이 가벼운 국가들은 이제 그들에게 두려운 존재일 수밖에 없습니다. 복지 지출이 적은 것은 약점이 아니라 앞으로 보다 선진적인 복지 시스템을 구축할 수 있는 기회라는 관점으로 변한 것이지요. 이런 시각 변화의 밑바탕에는 아무리 계산기를 두드려도 지속가능하지 않은 선진국 복지 시스템의 어려움이 깔려 있습니다.

그러니 정작 우리가 선도자가 되기 위한 마음 자세나 지적 역량을 갖추지 못하고 여전히 추종자에 머물러 있는 것은 안타까운 일입니다. 이런 자세를 극복하고 우리에게 맞는 방안을 모색하기 위해서는 무엇보다 우리가 무엇을 지향할 것인지에 대한 비전이 필요합니다. 중요한 것은 앞서간 서구 선진국을 따르겠다는 맹목이 아니라 그들과 무엇을 다르게 해야 할지에 대한 계획입니다.

즉 복지 지출 규모가 아니라 '무엇을 위해 어디에 어떻게 사용해 지금 선진국들이 끌어안고 있는 문제를 피해갈 것인가' 하는 전략입니다. 그리고 그 '무엇과 어디'는 세계에서 가장 가난한 나라로 출발해 지금과 같은 수준에 이르기까지 우리가 발휘했던 핵심 능력이 무엇인지, 그것을 살려나가면서 문제를 해결할 수 있는 길을 찾는 것에 뿌리를 두어야 합니다.

보편 복지, 모방이 아닌 핵심을 살려야 한다

/

복지 정책에서 몇 가지의 개념은 수입과 함께 초고속으로 실제 정책으로 이어졌지만 그다지 바람직하다고 평가할 수 없는 결과를 낳았습니다. 대표적인 경우가 아직도 많은 이들이 정치 슬로건이나 종교적 구호처럼 반복하는 '보편 복지'입니다. 우리나라에서 보편 복지라는 개념이 광풍을 일으켰던 과정을 살펴보면 우리나라의 정책을 만드는 사람들이 얼마나 지적으로 나태하고 포퓰리즘을 따르는지를 여실히 느낄 수 있습니다.

2011년 8월, 오세훈 서울시장이 갑작스럽게 제안한 무상급식 주민투표를 많은 분들이 기억할 것입니다. 보편 복지가 중앙 정치의 주요 어젠다로 급부상한 사건이지요. 이보다 앞서 무상급식 논쟁은 2009년 경기도 교육감이 제시한 무상급식 예산안을 경기도 교육위원회와 의회가 삭감하면서 시작되었습니다. 이후 무상급식 이슈는 2010년 6월 지방선거와 교육감선거와 맞물려 중앙 정치로 이동했는데, 중앙으로 장을 옮기면서 보편 복지와 선별 복지, 복지 포퓰리즘 등 전반적인 복지 정책 방향에 관한 논쟁으로 확대되었습니다.

특히 오세훈 서울시장이 제안한 무상급식 주민투표에서 당시 여당이던 새누리당이 패배한 것은 사회 정책의 중요한 전환점이 되었습니다. 보수를 자처하던 새누리당이 패배 이후 갑자기 보편 복지로 방향을 선회했고, 2012년 대선 국면을 거치면서 '보편 복지'가 양당 공통의 화두로 부상했기 때문입니다.

당시 보편 복지 이슈와 가장 직접적으로 맞물린 정책 분야는 보육 지원입니다. 원래 2012년에 마련된 정부안은 맞벌이 실수요를 우선해 이용 시간을 차등화하고, 소득 수준에 따라 비용 부담을 차등화하는 내용을 담았습니다. 수요와 비용 부담 능력을 고려해 자원을 배분한다는 것이니 원칙적인 방향을 따르는 것이었고, 이는 대부분의 선진국이 사용하는 방식이기도 합니다.

그러나 여야가 모두 한목소리로 보편 복지를 외치기 시작하더니 2012년 말 대선을 거치면서 정치권이 주도해 모든 국민에게 동일하게 보육 지원을 확대하자는 주장이 경쟁적으로 제출되었습니다. 결국 '전 계층의 전 가구에 동일한 혜택을 부여하는' 안이 2013년부터 시행되었습니다. 모든 가구에 보편적으로 제공해야 하는 혜택의 내용이 무엇이고, 수요가 더 절실한 취업모에게 추가되어야 하는 부분이 무엇인지에 대한 고민이 없는 상태에서 '보편 복지는 모든 사람에게 같은 혜택'이라는 얄팍한 이해가 선거 전략이 되고 신속하게 정책이 되어버린 것입니다.

　사실 보편 복지의 종주국처럼 취급되는 스웨덴에서도 전 국민에게 보편적으로 제공하는 보육 서비스는 하루 3~4시간에 불과합니다. 반면 취업모에게는 퇴근까지 시간을 보장합니다. 취업모와 전업모 간 차등이 당연시되는 것입니다. 미래의 건강한 시민을 양육하는 책임은 전 사회가 공동으로 진다는 인식으로 전업모 가정에도 일정 시간의 보육 서비스는 공적으로 부여하지만 자녀 양육이 취업에 장애가 되지 않도록 보조하는 것도 핵심 목표이기 때문에 취업모에게 더 많은 혜택을 준다는 것입니다. 전체 국민을 배려하지만 필요가 절실하지 않은 사람에게까지 동일한 정도의 혜택을 보장하는 것을 보편 복지라고 여기지는 않는 것입니다.

　우리나라 역시 양육 부담을 줄이고, 여성 취업을 권장하겠다는 동일한 목표가 있었지만 보편 복지라는 개념을 수입하면서 이런 주요 정책 목표와 연관시키지 않은 채 마치 암기 과목을 공부하듯 '보편 복지는 모든 사람에게 똑같은 혜택'만 강조한 것입니다.

　그렇다면 보편 복지라는 개념은 원래 어떤 의미를 담고 있을까요? 보편 복지는 원래 사회적 맥락에 의해 결정되고 변화하는 탄력적인 개념입니다. 한 사회가 그 시기에 지향하는 목표가 무엇인지와 관련되는 개념이라는 뜻입니다. 제2차 세계대전 당시 복지 선진국이었던 영국에서 만들어진 비버리지 보고서는 보편 복지의 초기 인식을 담고 있습니다. 모든 국민이 교육과 의료 등 필수 서비스 수혜를 받는 것이 당시의 핵심 목표였기 때문에 '모든 국민이 동일한 비용을 부담하면서 사회보험에 포함되어 혜택을 받는 것'을 보편 복지라고 이해한 것이지요.

그러나 이런 이해가 문제를 갖는다는 것을 깨닫는 데 그리 긴 시간이 걸리지 않았습니다. 1950년대 들어 이런 보편적 혜택과 동일 부담 방식이 사회적 격차를 줄이는 데 도움이 되지 않는다는 게 명확해졌기 때문입니다. 따라서 당시의 보편 복지 논쟁에서는 보다 도움이 필요한 사람에게 더 혜택을 주는 것이 적절하다는 게 정치적 좌파의 입장이었고, 그것이 논쟁에서도 우위를 차지했습니다. 필요한 서비스로부터 아무도 배제하지 않되 능력이 있는 사람은 더 부담하고, 혜택 역시 어려운 사람을 대상으로 더 제공해야 한다는 것입니다.

현실의 문제를 해결하는 과정에서 보편 복지의 개념 자체가 신축적으로 변화한 것인데, 이 과정은 당시 관련 연구자와 정책 담당자들의 치열한 고민의 결과인 셈입니다. 우리나라에서 스스로 진보라고 밝히는 이들일수록 무조건 모든 사람에게 똑같은 혜택을 제공해야 한다고 주장하는 것은 해결해야 할 우리의 실제적인 문제가 무엇인지 들여다보지 않고 관념적인 제안을 하는 것입니다. 사실 자신들이 가진 문제와 그 맥락을 살펴 거기에 적합한 정책을 개발하는 능력은 사회 정책에서의 개념 설계 능력이라 할 만큼 중요한 역량입니다.

북구의 국가들 역시 보편 복지의 좋은 예입니다. 전후 복지 선진국이었던 영국이 1970~80년대에 이르러 복지 정책 규모나 보편 복지 담론에서 축소한 것과 달리, 북구는 보편 복지의 상징으로 대접받게 되었습니다. 이들 국가에서 보편 복지의 대표 영역은 사회 서비스의 접근성입니다. 이들 북구 국가들이 '사회 서비스 복지국가'라고 불리는 것도 이런 연유입니다.

그러나 주목해야 할 점은 이들 국가에서도 사회 서비스 이용 혜택이 동일해야 하고 비용 부담도 동일해야 한다는 경직성은 나타나지 않습니다. 필요한 사람이 이용하고 능력에 따라 비용을 부담하는 것이며, 보편 복지의 핵심은 서비스를 필요로 하는 사람 중 아무도 시스템으로부터 소외되지 않아야 한다는 것입니다.

더구나 근래에는 전 세계적으로 개인이나 집단별로 처한 상황과 복지 요구가 다양화되면서 모든 사람을 단일 시스템으로 포괄하는 것이 예전만큼 중요한지에 대한 회의가 증가하고 있습니다. 보편 복지에 관한 고민이 세 번째 단계를 거치고 있는 것입니다. 동일한 요구를 가진 이들을 배제나 차별 없이 시스템 내로 포괄하는 것은 여전히 중요하지만, 획일성을 줄이고 그룹별 특수성을 어떻게 시스템에 담을 것인가 하는 문제가 복지 서비스 부문의 핵심 이슈가 되고 있는 것입니다.

한마디로 '모두에게 동일한 혜택과 비용'이라는 주장은 오래전의 이슈였을 뿐, 정책의 목표와 사람들의 생활방식이 변하면서 보편 복지 개념 자체도 끊임없이 진화하고 있습니다. 그러니 훈고학처럼 접근해서는 절대로 우리에게 맞는 방식으로 그 핵심을 활용할 수 없습니다.

기본 소득, 청년을 위하지 않은
청년 지원 정책
/

지난 몇 년간 저명한 진보 인사 몇 분이 기본 소득을 열정적으로 설파했습니다. 보통사람들의 반응은 "그걸 감당할 수 있나?" 정도 였습니다. 그냥 이유 없이 주는 돈이라고 하니 받으면 좋긴 하겠지만 그걸 왜 나누어주며, 무슨 돈으로 충당할 것인지를 궁금해했습니다. 그나마도 아주 큰 관심을 기울이는 것은 아닙니다. 그 이유는 별로 현실성이 없다고 느끼기 때문인 것 같습니다. 세금으로 해결해야 할 일이나 도와야 할 사람이 얼마나 많은데, 모든 국민에게 그냥 돈을 나누어주는 정책이 실제로 시행되기는 어렵다고 생각하는 것이지요.

그러나 실제로는 경기도와 서울시가 이미 기본 소득을 표방한 제도를 운영하고 있습니다. 경기도의 '청년기본소득'과 서울시의 '청년 수당'이 그것입니다. 경기도의 청년기본소득은 만 24세 이하의 청년에게 분기별 25만 원씩 연간 최대 100만 원을 지급하며, 유흥업소나 백화점, 대형마트를 제외하고는 용도 제한 없이 현금처럼 자유롭게 사용할 수 있습니다. 서울시는 월 50만 원의 현금을 취업 의지나 구직활동 여부를 증명할 필요 없이 지급하고 있습니다. 조건 없이 개인에게, 그것도 다른 소득 여부와 상관없이 지급하는 소득이라는 점에서 '기본 소득'이며 '보편 복지'라고 홍보하고 있습니다.

사업 주체들이 시행한 조사를 보면 지급받은 청년들의 만족도도 상당히 높게 나타나고 있습니다. 경기도의 경우 응답자의 80%가 만족한다는 의견을 밝혔습니다. 어려운 사람들에게는 큰 도움이 되기 어렵고, 경제력이 좀 있는 이들에게는 가볍게 쓸 수 있는 정도의 액수인데도 지급받은 청년들은 본인들을 위한 현금 지원 제도가 존재한다는 것 자체를 긍정적으로 느끼고 있는 것으로 보입니다.

그렇다면 도대체 왜 딱히 어려운 계층도 아닌 사람들에게 조건 없이 돈을 나누어주는 것일까요? 그리고 청년들이 왜 이런 프로그램을 좋게 평가하는 것일까요? 원래 기본 소득은 모든 이가 사회에 대해 일종의 배당을 받을 권리가 있다는 생각을 기반으로 시작된 주장입니다. 보통 18세기 후반의 사상가인 토마스 페인을 이런 아이디어의 시작으로 봅니다.

지난 수십 년간 기본 소득의 전도사 역할을 하고 있는 벨기에 루뱅대학교의 필리프 판 파레이스Philippe Van Parijs 교수는 이를 기본권의 시각에서 주장해왔습니다. 여가를 갖는 것도 인간의 기본권이니 왜 도움이 필요한지 이유를 따질 필요 없이 공적인 지원을 받을 자격이 충분하다는 것입니다. 그가 든 사례는 하루 종일 말리부 해변에서 서핑을 하는 사람도 사회로부터 생계를 보장받을 권리가 있다는 이른바 '게으름에 대한 차별 금지'입니다. 그가 속한 그룹은 보편적 기본 소득을 '경제력 조사 없이, 근로조건 부과 없이, 모든 개인에게, 일정액의 현금을 정기적으로 지급하는 것'으로 정의하고 있습니다.

그런데 파레이스 교수의 기본권적 해석 말고도 기본 소득 아이디어는 사회경제적 맥락에 따라 좌파, 우파를 막론하고 다양한 입장의 논자들이 여러 근거로 주장해왔기 때문에 다양한 내용을 갖습니다. 1960년대 우파적 사상가이자 경제학자인 밀턴 프리드만Milton Friedman 교수는 복지제도가 너무 복잡하니 이것을 하나로 합쳐 일정 소득 이하의 사람들에게 단일한 종류의 현금 혜택을 주는 것을 제안했습니다. 그는 이왕 어려운 사람을 돕는 기능을 정부가 수행할 바에는 수많은 제도에 기생하는 업자들과 자신들의 이해를 추구하는 관료의 부작용을 최소화하면서 제도를 효율화할 방법을 구상한 것입니다. 이 생각은 요즘에도 많은 우파적 학자들의 지지를 받고 있습니다.

재미있는 것은 가장 시장 지향적이라고 알려져 있는 실리콘밸리 기업가들도 요즘 기본 소득 아이디어에 적극 찬성한다는 것입니다. 테슬라로 유명한 엘론 머스크Elon Musk 같은 이들은 수차례 기본 소득 제도의 도입을 주장했습니다. 이들의 문제의식은 사실 진보좌파와도 만나는 부분이 있습니다. 로봇의 확산 속에서 일자리가 줄어드는 마당에 이를 이용해 막대한 부를 버는 이들에게서 세금을 걷어 일자리가 없는 사람에게 나누어줌으로써 재분배를 강화해야 한다는 것이 진보좌파의 주장입니다.

반면 실리콘 밸리 기업가들은 일자리를 찾지 못하는 사람들의 기본적 생계를 국가가 책임지게 함으로써 고용 경직성이나 사회복지에 대한 책임에서 기업가들이 자유로워지기를 의도한다는 차이가 있습니다. 그러나 양자 모두 기본적으로 기술 변화와 일자리 축소 속에서 모든 이들의 기본 조건을 보장할 필요성에 관한 구상이라 할 수 있습니다.

그렇다면 실제로 이런 아이디어들이 국가의 정책으로 구현될 정도로 사회적 공감이나 정책의 구체성이 마련되어 있을까요? 아직 그래 보이지는 않습니다. 물론 현재 여러 국가들이 유사한 실험을 하고 있긴 하지만 기본권적 입장에서 모든 사람에게 현금을 지급하는 형태는 아직 나타나지 않고 있습니다. 철저한 형태의 기본 소득을 주장하는 학자들의 생각이 정책으로 구현되기에는 아직 가야 할 길이 상당하다는 점을 보여준다고 하겠습니다.

근래 주목받고 있는 선진국의 기본 소득 실험 역시 원래의 기본권적 시각과는 거리가 있습니다. 조건 없이 모든 국민에게 현금을 주는 방식이 아니기 때문입니다. 예를 들어 빈곤 지원 프로그램이나 실업급여 수급 조건으로 구직활동을 명시하는 것이 지난 수십 년간 정형화되었는데, 기본 소득 실험은 이런 수급 조건이 구직 요인을 오히려 훼손하는 것이 아닌지 점검하는 성격입니다. 행정 부담도 그렇지만, 더 나은 방식으로 경제활동을 지원하거나 빈곤 탈출을 도울 방식이 존재하는지를 모색하기 위한 실험인 것입니다.

다시 말해 이들 실험은 과거보다 수급 조건을 완화시키지만, 기본 목표는 경제활동에 참여하는 것을 권장하는 쪽으로 취약계층 대상의 복지제도를 개선하기 위한 실험입니다. 그러니 기본권적 의미에서 모두에게 보장하는 현금 지원과는 상당히 다르다고 할 수 있습니다.

대표적으로 2017년에 시작되어 얼마 전 종료된 핀란드의 기본 소득 실험은 말이 기본 소득일 뿐 소득활동을 하면 실업급여가 크게 줄어들도록 제도를 설계한 것이 오히려 구직 유인을 낮추는 것인지를 확인하는 목적이라 할 수 있습니다. 실업급여 수급자 중 구직활동을 의무화한 사람과 구직활동 증명 의무를 면제받는 수급자 실험군을 구성해 비교하도록 설계되었습니다. 네덜란드의 실험 역시 핀란드와 유사하게 설계되어 있고, 캐나다 온타리오 주의 경우는 빈곤 구제 프로그램의 효과를 높이기 위한 방안을 모색하는 목적입니다.

기본 소득이라는 아이디어가 실제 정책으로 구현되는 데 장애가 되는 것은 통상 두 가지입니다. 첫째는 왜 필요도 없는 이들에게 돈을 나누어줌으로써 재정 지출의 효율성을 떨어뜨리느냐는 지적입니다. 그런데 이는 사실 정서적인 반감에 가까울 뿐 마음만 먹으면 얼마든지 사실상의 대상을 목표로 하는 것이 가능합니다.

2019년 10월 어느 컨퍼런스에서 하버드대학교의 그레고리 맨큐 N. Gregory Mankiw 교수는 모든 이에게 현금을 지급하되 재원 조달 방식을 어떻게 설계하는지에 따라 전통적인 복지 정책처럼 기본 소득의 (비용 부담을 뺀) 순혜택을 특정 그룹에 제한할 수 있다는 것을 보였습니다. 최근 앤드루 양Andrew Yang이라는 미국의 민주당 대통령 후보가 기본 소득을 공약으로 제시한 것에 대해 편견 없이 진지하게 검토해보자는 시각이 많은 것도 이와 같은 맥락입니다.

그런데 대상 효율성보다 더 큰 장애는 사실 '게으름에 대한 차별

금지'라는 철학에 얼마나 많은 사람들이 공감하는가입니다. 복지 발전 수준이 높은 국가에서도 실제의 정책 결정 과정에 본격적으로 등장할 만큼 기본 소득 아이디어가 정치적 중력을 갖지 못한 것은 바로 이점 때문입니다. 열심히 일하며 생계를 꾸려가는 많은 사람들이 그렇지 않은 사람들을 부양할 책임을 무난히 받아들이기가 어려운 것이지요.

그러나 지금과 같은 인간 소외의 기술 변화가 훨씬 더 심화되어 일하고 싶어도 일자리를 찾을 수 없는 사람들의 비중이 높아지면 이런 아이디어들을 정책 서클에서 보다 전향적으로 검토하게 될 거라고 생각합니다.

다만 사회철학적 아이디어가 새로이 제기될 때 이를 정책으로 받아들이는 데는 하나의 층위만 있는 것이 아닙니다. 서구에서 이루어지는 실험들은 모든 사람들이 국가로부터 무조건 일정액을 받을 권리가 있다는 시각을 정책에 전적으로 받아들이지는 않았습니다. 하지만 그중 일부의 요소를 가져와 기존 제도를 개선할 수 있는지를 적극적으로 모색하고 있습니다. 현재의 구체적인 문제를 개선시키기 위해 미래지향적인 아이디어를 주체적으로 도입하는 방식이라 할 수 있습니다.

반면 우리나라는 이런 모습과 상당히 대조됩니다. 우리나라는 경제가 압축적으로 성장했기 때문에 부문 간 격차가 크고, 저생산성 사업체와 저숙련 근로자 비중이 상대적으로 높습니다. 다수 국민들의 저임금 노동으로 유지되는 저생산성 부문의 비중이 높다 보니 국가의 조건 없는 소득 보장이 경제활동 참여 의욕을 저하시킬 위험에 대해 조심스럽게 고려하는 것이 필요합니다.

무엇보다 근로를 통해 복지 필요를 충당하고 자립을 도와 빈곤을 해소한다는 기존의 큰 방향을 바꿔야 하는지, 다른 제도들과는 어떻게 조율해야 하는지에 대해 아직 제대로 논의가 이루어진 적도 없고 공감대가 형성되어 있지도 않습니다.

그러니 일부 지자체에서 기존 제도의 문제점 해결을 위해 부분적으로 요소를 차용하는 정도가 아니라 가구소득과 무관하게 현금을 지급하는 것은 상당히 돌출된 방식이라 할 수 있습니다. 게다가 한편으로는 청년층만을 대상으로 하기 때문에 정책 목표도 불분명합니다. 정말 기본권적 혜택이어야 한다는 믿음으로 만든 제도라면 청년층에 제한해야 할 이유가 없습니다. 추측컨대 취업에 어려움을 겪는 청년들의 마음을 위로해주는 수단으로 기본 소득을 활용하는 것으로 보이지만, 그렇다면 왜 그 어려움을 구조적으로 해소하는 노력은 기울이지 않는지 묻고 싶습니다.

청년들의 마음을 현금 지급으로 위로해주는 것은 매우 단기적이고 휘발성의 정책입니다. 지금 중요한 것은 기성세대와 청년들이 기회를 두고 공정하게 경쟁하지 못하게 하는 제도적 병목을 해결하는 것입니다. 취업과 해고, 임금체계, 정년제도, 정규직 전환 등 노동시장의 거의 모든 제도들을 재검토하고 합리화하는 것이 우리가 직면한 과제입니다.

청년들을 위한다면, 이들이 어떻게 기회에 공평하게 접근할 수 있을지를 고민해 제도를 개혁하는 것이 핵심이어야 합니다. 그러나 청년 기본 소득을 적극적으로 홍보하는 지자체일수록 기득권 근로자가 청년들보다 우위를 점하고 있는 구조를 개선하기는커녕 기득권 근로자의 처우와 목소리를 증대시키는 것을 강하게 추구하고 있습니다.

안타까운 것은 현금 혜택을 줌으로써 이런 구조적 문제에 대한 의문과 해결 요구를 잠잠하게 만드는 데 어느 정도 성공하고 있다는 점입니다. 기본 소득 아이디어는 경제 환경과 기술이 변화함에 따라 도입 필요성이 높아질 가능성을 염두에 두고 검토가 이루어져야 할 것입니다. 그러나 이것이 노동시장에서 청년들이 경험하는 불공정한 기회를 심리적으로 무마하는 수단으로 이용되는 것은 바람직하지 않습니다. 구조 개혁은 구조 개혁대로 우선되어야 하고, 기본 소득의 검토는 그것대로 진행되어야 합니다.

사전 분배와 재분배의
균형과 방향
/

지난 대선 국면에서 지금의 여당인 민주당이 '1차 분배'를 개선해야 한다는 주장을 펼친 바 있습니다. 국가가 세금을 걷어 필요한 곳에 이를 나누는 통상적인 '재분배'에 대조되는 개념으로 1차 분배를 강조하면서 이들은 '시장 소득이 결정되기 전에 불평등이 이미 결정된다'는 부분을 지적했습니다. 불평등의 구조적 원인이 더욱 중요해지고 있으니 이런 인식은 올바른 방향이라 할 수 있습니다.

이는 교육과 일자리 기회, 제도적 공정성 제고 등 '사전적 재분배'에 근래 각국의 정책 연구자나 정부가 각별히 주의를 기울이고 있는 것과 일맥상통합니다. 구조적 원인을 제대로 치유하지 않는이상 사회의 지속적인 발전이 위협받게 된다는 인식이 확대되었기 때문입니다.

최근 자주 언급되는 포용적 성장inclusive growth도 바로 시장 소득이 결정되기 한참 전부터 분배가 시작되고 있으며, 교육 개혁과 노동 개혁으로 이를 공정하게 만들어야 한다는 시각에 기반하고 있습니다.

그러나 아쉽고 이상하게도 우리나라에서 '1차 분배'를 선거 슬로건으로 활용한 이들은 이런 '역량과 기회의 공정' 대신 '현금 지원'과 '임금 인상'만을 강조했습니다. 수입된 개념을 '기득권 근로자 위주'인 본인들의 정치적 입장에 맞춰 재단해 제시함으로써 구조적개혁의 이슈들을 모두 수면 밑으로 끌어내려 숨긴 것입니다. 특히최저임금 인상을 과하게 추진함으로써 시장 충격을 우려할 필요가적은 대기업 조직근로자들의 임금 인상과 처우 개선만 전면에 내세우는 결과를 낳았습니다.

이런 문제는 우리 사회의 발전을 가로막는 병목이 무엇인지를 우리 눈으로 파악하고 구조적인 해결책을 모색하는 능력이 아직 각계에 뿌리내리지 못했기 때문으로 보입니다. 요즘처럼 큰 폭으로 사회가 변화하는 중차대한 시기에 기성세대의 역량이 이를 감당하지 못한다면, 아직 본 게임에 들어가지 않은 젊은 세대로서는 억울한 일입니다. 지금의 선택과 낭비의 대가는 대부분 지금 청년들이 본 게임에 들어갔을 때 치러야 하기 때문입니다.

그러나 기성세대가 지금껏 기대에 못 미치는 성과를 보인 데는 사회가 이들에게 요구하는 눈높이가 높지 않은 이유도 상당 부분 존재합니다. 그다지 합리적이지 않거나 우리 현실에 발을 내리지 않은 담론을 수입해 급하게 유통시킬 때 이를 견제하는 목소리가 나지 않으니 일사천리로 정책이 만들어지는 경우가 왕왕 있어왔습니다. '안이함이 허용되는 사회'였던 것이지요.

그렇다면 기성세대와 미래세대가 서로 힘을 합쳐 이런 한계를 극복하는 것 말고는 달리 해결책을 찾기 어렵습니다. 경험과 지식 그리고 결정권을 가진 기성세대가 본인들의 역량을 연마하고 발휘해 지혜로운 결정을 내리도록 참신한 시각의 청년들이 감시하고 예리하게 질문하며 적극적으로 결정에 참여하는 것이 그것입니다.

3장

소득 불평등 대책—
일자리 기회부터
넓혀라

소득 불평등 문제는
무엇인가

/

소득 불평등 문제만큼 감성적인 접근이 강력한 힘을 발휘하는 분야는 찾기 어렵습니다. 다른 분야와 달리 강자와 약자 간의 격차가 명확히 드러나기 때문입니다. 일반 국민뿐 아니라 전문가들도 분배적 불평등 문제를 판단함에 있어 냉정함을 유지하기 어렵습니다. 이렇게 우러난 측은지심, 수오지심은 마음을 세우고 문제를 해결하기 위한 훌륭한 동력을 제공하기도 합니다.

그러나 다른 한편으로 불평등 이슈는 사람의 마음을 조종하기도 쉬운 분야입니다. 인터넷과 소셜 네트워크가 고도로 발전하면서 정보와 감성을 조작하고 증폭시키는 것도 훨씬 용이해졌습니다. 게다가 글로벌화와 기술 변화는 기본적으로 고도의 인적자원을 가진 이들에게 높은 보수를 몰아주는 경향을 갖고 있습니다.

이들이 마음껏 재능을 발휘해 국가에 기여하도록 시장의 틀을 짜면서도 사회 통합을 해치지 않기 위해서는 예전보다 훨씬 지혜로운 접근이 필요합니다. '있는 자'들을 비난하거나 선심성 정책만 양산하는 것보다 훨씬 중요한 것은 불평등 문제를 구조적으로 개선하고 전체 파이를 키우는 것입니다.

그러나 근래 각국에서 나타나는 경향은 그간 누적된 불평등, 발전에서 소외되었다고 느끼는 사람들의 불만, 이를 조직적이고 체계적으로 이용하는 정치 세력, 이 세 가지가 결합해 합리적 정책 자체를 어렵게 하고 있습니다. 이런 흐름에 맞서 보다 지속가능하고 미래지향적인 사회를 가꾸겠다는 이들로서는 한층 대응하기 어려운 환경이 조성된 것이지요. 그런 의미에서 소득 불평등은 이제 모든 선진국에서 극단의 포퓰리스트나 건강한 중도 모두에게 가장 중요한 문제가 되었습니다.

게다가 소득 불평등 문제가 이해하기 까다로운 분야라는 점은 이런 어려움을 가중시킵니다. 현대 사회일수록 글로벌 경제 속에서 대내적 요인과 대외적 요인, 과거로부터의 원인과 근래 발생한 요인이 복잡하게 영향을 주고받으며 심화되기 때문에 딱 집어 단순하게 인과를 밝히기 어렵습니다.

그러니 국민들에게 문제를 제대로 알리고 이해하도록 돕는 것에 관심이 없는 포퓰리스트들이 이용하기 좋은 토양입니다. 양극단의 포퓰리스트들이 각국에서 위세를 떨치고 있는 것은 바로 분노의 정치에 진실 여부가 중요하지 않기 때문입니다. 본인들의 정치 자산을 확대하는 데 필요한 것들을 해법으로 제시하되 이것이 감성적 매력을 갖도록 정보를 재구성하는 것으로 충분합니다.

분노의 정치는 대략 두 가지 요소로 구성됩니다. 첫째는 불평등 현황에 대한 사실을 왜곡하고 중요한 사항을 누락하는 것입니다. 둘째는 불평등 심화의 원인과 해법을 제시한다면서 실제로는 본인들과 정치적 제휴관계에 있는 세력들의 이해에 복무하는 제안을 내놓는 것입니다. 공동체가 맞닥뜨린 어려움의 본질이 무엇인지 정확히 진단하고 어떤 미래를 만들어나갈 것인지에 긍정적인 에너지를 결집하는 데는 관심이 없는 것입니다.

물론 아무리 교묘한 꼼수를 부린다 해도 건강한 사회가 갑자기 분노의 사회로 변화하지는 않습니다. 소외되었다고 느끼는 이들이 많아지고 성장의 혜택이 특정 그룹에 집중되었다는 불만의 싹이 어느 정도 있어야 포퓰리즘이 뿌리내릴 수 있습니다. 선진국에서 포퓰리즘 세력이 준동하게 된 정치 지형의 변화는 무엇보다 중산층의 분노와 소외가 자리한 것으로 보입니다.

우리나라 역시 부정적인 에너지가 악순환의 동력이 되는 징후들이 나타나고 있습니다. 정치권의 불평등 담론은 우리가 처한 상황에 대한 냉정한 분석 없이 나라 안의 갈등을 키우는 데 집중되어 있고, 관료들의 대책은 방향성 없이 떠돌며 정치권의 슬로건을 뒷받침합니다.

그러나 더 중요한 것은 소득 불평등 문제가 이제 사회의 통합을 해치고 국가의 역량을 소진시키는 상태에 이르고 있다는 점입니다. 불평등 심화에 대한 분노가 엉뚱한 곳으로 향하거나 국민의 관심과 에너지를 개혁 과제로부터 비껴가게 하지 않으려면 무엇보다 구조적인 불평등 요인을 해결할 수 있다는 국민의 믿음을 다시 세워야 합니다.

단적으로 최근 상류층의 편법 대학 입학 문제가 일으킨 분노는 우리 사회의 중요한 단면을 보여줍니다. 가정 형편에 따라 교육의 질도 다르고, 부모의 관심과 인적 네트워크가 자녀들의 인적자원 격차를 만듭니다. 노동시장마저 경직되어 있어서 이동성이 너무 낮다 보니 어떤 대학을 나왔고 노동시장에 진입한 지점이 어디인지가 젊은이들의 인생에 결정적인 영향을 미칩니다.

이것이 현재 우리 사회 불평등이 생성되고 심화되는 주요 메커니즘입니다. 뿐만 아니라 그것이 공정하지 않다는 것에 대한 인식도 강화되었습니다. 이제는 이것을 정면으로 타개하는 비전과 전략을 세워야 사회의 지속적인 발전이 가능한 시점이 된 것입니다.

그러나 현실에서는 아직도 기득권 조직을 더 강화시키거나 '묻지마' 식의 재분배를 위한 지출이 대부분입니다. 청년에게 공정한 기회를 보장하는 개혁 대신 현금을 나눠주며 불만을 무마하는 것 역시 같은 맥락에서 긍정적으로 평가하기 어렵습니다. 이런 경향을 견제하고 방향을 세우기 위해서는 미래를 살아야 하는 세대들이 지금 우리가 어디를 향하고 있고, 기획되고 시행되는 정책의 세대 간·계층 간 손익 배분이 도대체 무엇인지를 질문해야 합니다.

다만 지속가능하고 공정한 사회를 위해 무엇을 해야 할지를 알아내고 요구하기 위해서는 우선 불평등 현황을 정확히 파악한 후 불평등을 심화시키는 원인을 냉철하게 인식해야 합니다. 그런 뒤 문제 해결을 위한 건강한 논의를 확산시켜야 할 것입니다.

소득 불평등 문제,
평가는 제각각

/

우리나라의 소득 불평등에 대한 관점은 크게 두 가지입니다. 고도 성장과 건강한 소득분배가 양립되어온 바람직한 사례라는 관점과 부익부 빈익빈의 논리가 관철되면서 소득 불평등이 악화되어온 불공정한 사회라는 관점입니다. 이렇게 우리나라의 소득분배가 일방적으로 훌륭했다거나 형편없었다고 주장하는 이들은 모두 한국 경제의 구조적 변화, 시기별 차이를 염두에 두지 않은 채 각자가 원하는 결론에 따라 소득 불평등이 높은 나라나 양호한 나라 중 양자택일로 판단하려는 경향을 보입니다.

그런데 이들 간의 관점 차이보다 중요한 것은 이런 차이가 줄어들지 않고 공존한다는 점입니다. 사실을 기반으로 이해와 의견 교환이 건강하게 일어나는 사회라면 이런 차이는 시간이 흐르면서 줄어드는 게 자연스럽습니다. 그런데 데이터를 토대로 한 논의가 아니라 각자의 신념을 바탕으로 한 주장이 공존하는 상태가 계속되니 이를 이기적인 동기로 활용하려는 세력도 쉽게 나타나는 것입니다.

[그림 1]은 우리나라의 소득 불평등이 변화해온 추이를 압축적으로 보여주고 있습니다. '지니계수'는 뒤에서 다시 언급하겠지만 소득 불평등 정도를 묘사하는 대표적 지표입니다. 그림에는 세 쌍의 선이 그려져 있는데 각 쌍의 흐린 선은 시장 소득의 불평등도를

그림 1 | 한국의 소득 불평등 추이(1990~2018)

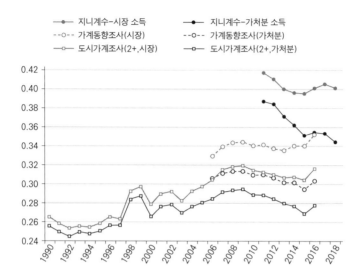

자료: KOSIS(2019)

나타내고, 그것과 대칭되는 짙은 선은 정부에 내거나 받는 돈(조세/이전지출)까지 반영된 가처분 소득의 불평등도를 나타냅니다. 즉 재분배 정책이 작동한 후의 최종적인 소득분배 상황이라 할 수 있습니다. 통상적으로 소득분배 현황을 판단하는 궁극적인 지표는 바로 이 가처분 소득 기준 지니계수입니다.

　세 쌍의 선이 모두 길이가 다른 것은 데이터 가용성 때문입니다. 1인 가구까지 포함한 전국 데이터는 2006년 이후에야 만들어졌는데, 그림에서 두 번째로 긴 쌍에 해당합니다. 보다 장기의 추이를 관찰하기 위해서는 2인 이상 도시 근로자 가구를 대상으로

1963년 이후 조사한 도시 가계 조사를 이용합니다(길이가 긴 쌍). 이 경우 1인 가구, 비근로자 가구가 제외되기 때문에 이들이 전체 가구에서 중요한 의미를 가질수록 그 유용성이 떨어지는 게 불가피하지만 시기에 따른 추이를 비교할 수 있다는 장점이 있습니다.[28]

반면 가장 짧은 길이의 쌍은 최근에 시작된 '가계금융복지조사'로 계산한 지니계수입니다. 가계금융복지조사가 새로 구축된 것은 상당 기간 동안 우리나라 소득분배를 파악하는 공식적 근간으로 사용된 가계 (동향) 조사가 소득 불평등을 저평가하고 있다는 문제점 때문입니다.

소득 불평등을 저평가하는 문제점은 가계 조사가 소득 파악이 아니라 가계의 수입과 지출 동향을 파악하려는 목적으로 만든 가계부 조사인 것과 관계가 깊습니다. 전 세계적으로 통계 불응률이 높아지고 있지만, 특히 가계부 기제 방식은 상당히 협조적인 사람도 고개를 저을 만큼 번거롭기 때문에 불응률이 높고 부유층일수록 응답률이 더 낮습니다. 부유층 데이터가 점점 더 누락되는 경향이 지속된다면 소득 불평등도는 실제보다 더 양호한 것으로 나타나게 됩니다.

결과적으로 가계금융복지조사를 이용할 경우 지니계수는 0.35 수준으로 증가해 과거 조사에서 0.3 근방이었던 것과 큰 폭으로 달라집니다. 실제로 우리나라는 그간 OECD 중에서도 분배 우등생에 속했다가 기준 데이터를 바꾼 뒤 지금은 OECD 국가 중 일곱 번째로 지니계수가 높아 분배 하위국으로 자리를 옮겼습니다.

그러나 우리나라의 분배 상황은 시기별로 상당한 차이를 보이기 때문에 소득분배가 좋은 나라라거나 형편없는 나라라고 단순하게 이름붙일 수는 없습니다. 대략 세 개의 기간으로 나누는데, 첫 번째 기간이 고도성장과 인적자본 대중화로 성장과 분배가 건강하게 양립되었던 시기, 두 번째 기간은 1990년대 초반부터의 분배 악화, 세 번째 기간은 2000년대 중반부터의 재분배 강화와 불평등도 개선/횡보 기간이라 할 수 있습니다.

고도성장기
소득분배 개선의 비밀
/

경제개발기의 소득분배에 관해서는 1970년대 후반을 제외하고는 1960년대 중반부터 1990년대 초반까지 지속적으로 개선되어왔다는 데 국내외적인 공감대가 대략 형성되어 있습니다. '대략'의 공감대란 데이터의 한계가 분명하기 때문입니다. 소득분배를 분석하기 위해 필요한 데이터가 존재하지 않다 보니 개발 초기의 소득분배에 대해서는 주학중(1979) 등의 연구와 1980년대 통계청이 몇 개의 샘플 연도를 뽑아 소득분배 상황을 직접 조사한 결과를 결합한 것이 공식적으로 통용되었습니다.

소득분배의 일반적인 경향성에 대해서는 사이먼 쿠즈네츠Simon Kuznets 교수의 가설이 오랫동안 받아들여졌습니다. 쿠즈네츠 교수의 역 U자형 곡선은 1950년대 말에 제시된 가설인데, 경제 발전과 함께 초기에는 소득 불평등이 증가하다가 어느 수준에 이른 뒤부터는 감소한다는 주장입니다. 그런데 우리나라의 경우 쿠즈네츠 가설이 실제와 들어맞지 않는다는 것을 여실히 보여준 사례로 유명했습니다.

1993년에 출판된 세계은행의 『아시아의 기적』은 우리나라의 사례를 성장과 분배 모두에 성공한 놀라운 국가로 소개한 바 있습니다. 사실 쿠즈네츠 가설은 1990년대 들어 보다 질 좋은 가구소득 데이터들이 가용해지면서 성장과 분배 간의 다양한 상호작용이 존재해왔다는 게 알려져 더 이상 학계에서 받아들여지지 않기도 했습니다. 하지만 한국을 비롯한 몇몇 동아시아 국가들의 성공 사례는 성장 초기에 성장과 분배가 상충되지 않을 수 있는 경로를 생생하게 보여준 사례로 소득 불평등 연구에 중요한 획을 그었습니다.

고도성장기의 분배가 상대적으로 건강할 수 있었던 것은 무엇보다 교육의 신속한 대중화로 산업화 과정의 과실을 국민 대다수가 거둘 수 있었다는 것, 산업화 이전 1950년대 초에 이루어진 토지 개혁의 성공으로 자영농이 광범위하게 창출되었다는 것, 농촌에 대한 투자와 지원으로 도농 간의 생산성 차이를 억제했다는 점 등이 꼽힙니다. 이 중 토지 개혁은 세계은행의 국제 비교에 따르면 제2차 세계대전 이후 토지 개혁을 단행한 30여 개국 중 그 범위와 정도에 있어 가장 성공적인 사례입니다.

그러나 이 중에서도 가장 중요한 기여 요인으로 많은 국가들이 이후 재현하려 노력했던 것은 교육 투자의 확대입니다. 국가의 역량을 집중해 교실과 교사, 교육 내용의 수준을 단시간에 끌어올려 국민 대다수를 산업 발전을 감당할 수 있는 인력으로 키워낸 것은 사실 대단한 성취입니다.

성인 문해교육의 성과 역시 경이로운 수준입니다. 해방 직후 80%에 달했던 문맹률이 불과 10여 년 만에 4%로 떨어진 것은 우리나라 국민의 배우고자 하는 열망과 국가의 체계적 노력이 만나 놀라운 결과를 낳았다는 것을 잘 보여주었습니다.

특히 교육 투자는 1952년 초등교육 보편화, 중학교 평준화(1968), 고등학교 평준화(1974), 직업훈련 확대 등 순차적 확대 과정을 거쳐 인적자원 고도화를 위한 인프라를 구축했는데, 이것은 1960년대 저기술 경공업, 1970년대 중화학공업, 1980년대 이후의 기술집약 산업의 발전 경로와 잘 조율되었습니다.

그런데 교육의 확대는 성장 동력일 뿐 아니라 취업 기회와 잘 연결되어 분배 측면에서도 국민 대다수가 경제 발전에서 소외되지 않게 하는 핵심 장치로 그 역할을 톡톡히 했습니다. 산업구조가 고도화되어 부가가치가 높은 일자리가 만들어지는 족족 그 일을 잘 수행할 수 있는 인력이 공급된다면 경제로서는 성장의 밑거름이고, 개인에게는 좋은 일자리에 진입하게 만드는 발판이 됩니다. 이들이 산업구조 고도화의 흐름을 타고 높은 소득을 창출하면 자녀의 교육 투자와 가구 소비를 늘려 다시 성장에 기여하게 되는 선순환이 이루어지기 때문입니다.

이런 선순환은 제2차 세계대전 이후 빈곤에 허덕이던 국가들이 부국으로 발돋움한 동아시아 국가 성공 스토리의 핵심이며, 급속한 경제성장이 분배 개선과 양립할 수 있었던 비결입니다. 경제가 빠르게 성장하는 과정과 광범위한 대중들의 교육 기회와 취업 기회가 확대되는 구조 변화가 동반된 것입니다.

이런 구조적 변화가 동반되지 않은 경제성장이라면 국민 대중의 소득 창출 능력이 확대되기 어렵고, 이들은 성장 과정으로부터 소외되기 쉽습니다. 우리나라의 고도성장기는 이런 구조 변화를 훌륭하게 성장과 조화시킨 사례이므로, 사실 한강의 기적이라는 성공 신화는 바로 이 '사람 중심의 성장'으로 전 세계의 주목을 받아왔습니다.

소득분배 악화의
요인

/

우리나라 소득 불평등은 1990년대 초반에 구조적 전환을 경험한 것으로 나타납니다. 이 시기는 경제성장과 취업 기회의 확대라는 선순환이 더 이상 원만하게 진행되기 어려워진 때였습니다. 국제적으로는 1990년대 초 중국과 인도, 동구권의 저생산성 산업이 글로벌 공급망에 거의 동시에 포함되기 시작했고, 우리나라의 저생산성 제조업은 중국 및 동남아국과의 경쟁 속에 빠르게 쇠퇴했습니다.

[그림 2]에 나타난 것처럼 세계에서 가장 빠른 공업화를 이룬 우

리나라는 이 시기 급격한 탈공업화를 맞았습니다. 어느 정도 제조업이 성숙한 후 서비스업으로 자본과 노동력이 옮겨가는 것은 자연스러운 변화지만, 우리나라는 이런 변화가 외부로부터의 충격에 의해 너무도 급작스럽게 이루어졌다는 게 큰 사회적 문제를 초래했습니다.

이때 기업들이 도산하거나 국외 이전이 늘어나면서 방출된 노동력이 저생산성 서비스업에 흡수되고 저임금 일자리가 양산되었습니다. 반면 고생산성 부문의 대기업들은 세계 수준의 첨단 기술에 진입해 안착함으로써 경제 내 생산성 격차가 증가한 시기이기도 합니다. 탈공업화와 함께 안정적 일자리 기회가 크게 줄었고, 대신 서비스 부문과 영세 사업체의 고용 비중이 증가했지만 영세 서비스 부문의 생산성이 낮은 수준에 머물러 있다 보니 노동시장 내 격차가 커진 것입니다. 영세 서비스업의 실질임금은 2000년대 내내 정체 상태에 머물렀을 정도입니다. 즉 대규모 제조업과 중규모·영세 제조업체 간의 격차, 제조업과 서비스업 간의 생산성 격차, 이들 분야에 속한 근로자들의 보수 격차 등 다양한 영역에서의 격차가 확대된 것도 이 시기입니다.

노사관계 변화 역시 근로자 간 격차를 확대시켜 이중구조를 고착시켰습니다. 1980년대 노동자 대투쟁을 겪으면서 강화된 조직력을 바탕으로 대기업 노조는 귀족노조화가 되기 시작했고, 1990년대 말 구조조정기까지 성공적으로 피해간 반면, 보호받지 못한 근로자들의 고용보호 수준은 낮아져 정규직·비정규직 간 격차가 증가하고 장기 미취업자도 증가하기 시작했습니다.

그림 2 | 주요국의 제조업 고용 비중

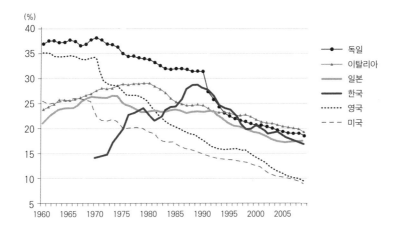

자료: 윤희숙(2012)

또한 저생산성 서비스업이 확대되면서 여성의 노동시장 진입이 증가해 남성 가구원의 실직으로 줄어든 소득을 보충하거나 맞벌이로 소득을 보태는 것이 증가하는 한편, 고령화의 진전으로 미취업 고령 가구도 증가하기 시작했습니다. 이런 변화 요인들이 노동시장 안팎에서 영향을 주고받으며 분배 상황에 영향을 미쳤는데, 결국 경제개발 과정 동안의 성장 분배 선순환이 벽에 부딪치면서 분배가 구조적으로 악화된 시기입니다.

일차적으로 세계화의 영향과 국내 산업 발전 단계적 요인의 결합이 주된 영향을 미쳤지만, 귀족노조의 부상과 노동시장의 이중구조 고착, 외환위기 후 실업과 불완전 고용의 증가, 고령화 등도 소득분배를 악화시킨 요인으로 꼽힙니다.

소득분배 개선,
아직 갈 길이 멀다

/

2000년대 중반부터는 시장 소득 불평등이 심화되던 흐름이 멈춰 시장소득 지니계수가 큰 변동을 보이지 않은 한편, 재분배 노력의 강화로 시장 소득 지니계수와 가처분 소득 지니계수의 차이도 벌어져 분배가 개선되기 시작한 것으로 나타납니다. 이는 정부의 재분배 수단이 불평등을 상당히 완화시켰다는 것을 의미합니다. 지니계수의 정확도가 더 높다고 평가되는 '가계금융복지조사'에서도 이런 추세가 명확히 나타나고 있습니다. 반면 최근 2~3년은 시장 소득에 한해 불평등도가 다시 악화되는 것으로 나타나고 있는데 이것이 일시적인 현상인지, 새로운 추세가 시작되고 있는 것인지를 판단하기 위해서는 관찰이 더 필요합니다.

또한 이 시기 고령화가 소득 불평등을 악화시키는 주된 압박 요인으로 작동하기 시작한 것 역시 우리 사회의 가장 중요한 구조적 변화입니다. 우리나라는 고령자 빈곤율이 40%를 훌쩍 넘어 다른 연령대(13%)에 비해 압도적으로 높습니다. 그런데다 고령화가 빠르게 진행되어 근래에는 빈곤층 구성에서 고령 가구주의 비중이 빠르게 확대되고 있습니다. 통계청에 따르면 가장 소득이 높은 소득 10분위의 평균 가구주 연령은 1990년 44세에서 2016년 49세로 5세 증가한 반면, 소득 1분위는 39세에서 65세로 증가했습니다. 이는 고령화와 함께 무취업자 가구나 단시간 근로의 유일 소득자 가구가 소득 불평등 심화에 미치는 영향이 점점 더 중요해지고 있다는 것을 나타냅니다.

시장 소득과 가처분 소득 간 차이가 확대되고 있는 것 역시 주목되는 흐름입니다. 여기에는 기초연금의 확대, 국민연금 수급자 증가, 고령자 경제활동 지원 등 복지 프로그램들이 작동하는 것으로 보입니다. 정부 부문의 개입이 소득분배에 눈에 띄는 영향력을 발휘하는 흐름이 시작된 것입니다. 이것은 앞으로도 막대한 재원을 들여 경제활동 능력을 상실한 고령자들이 건강하고 활력 있게 살아갈 수 있도록 노력해야 하는 부문입니다.

그런데 그간의 3단계를 요약하면 불평등 정책의 근간을 어느 정도 뽑아낼 수 있습니다. 무엇보다 고도성장기가 종료되고 저성장 단계로 진입한 것은 청년들에게 기회의 문이 크게 축소되었다는 것을 의미하는 한편, 분배 측면에서도 심대한 함의를 갖습니다. 경제개발기 동안에는 일자리가 풍부해 그 소득으로 자녀를 교육시키면 산업구조 고도화와 함께 더 좋은 일자리가 만들어졌고, 그곳에 취업해 계층 사다리를 올라가는 것이 대체적으로 가능했습니다.

반면 1990년대 초 글로벌화하는 세계 경제 속에서 우리의 산업구조가 급격하게 재편되고 노동시장 이중구조가 뿌리내리면서 이전 시기의 활력은 상당 부분 상실되었습니다. 비록 근래 들어 분배 악화 경향이 완만해졌다고는 하지만, 지금의 청년들은 과거 1970~80년대보다 훨씬 불평등이 심화된 사회를 살고 있습니다. 이들이 자라면서 보고 들은 것이 부모 세대의 '빈곤에서 중산층으로의 진입 신화'라는 것을 감안하면 지금처럼 상향 가능성이 낮고 현실의 불평등이 높은 상황을 받아들이는 것 자체가 고통스러운 일일 것입니다.

반면 고도성장기까지 우리가 세계에서 가장 활력 있는 분배구조를 만들어낸 요인이 교육과 일자리가 보조를 맞춰 확대되고 질이 높아졌기 때문이라는 것은 핵심적 시사점입니다. 태어난 가정환경에 구애되지 않고 질 좋은 교육에 접근 가능하고, 거기서 쌓은 인적자원이 향후 노동시장에서 좋은 일자리로 이어지는 구조를 회복시키는 것이 분배 문제의 근본적인 해결이었고, 이것은 앞으로도 마찬가지일 것입니다.

임금격차를 줄이면
소득 불평등이 완화될까
/

소득 불평등 완화를 위해 최저임금 대폭 인상이 필요하다는 주장은 문재인 정부 경제 정책의 핵심입니다. 그 주장을 강변하기 위한 근거로 사용된 것이 바로 임금 불평등이 악화되고 있다는 진단입니다. 그런데 실제로 우리나라 임금 불평등은 1990년대 중반 이후 증가하다가 금융위기 이후부터 지금까지 감소하는 추세를 보이고 있습니다.

[그림 3]은 노동시장 분석의 가장 기본 단위인 시간당 임금을

10개 분위로 나눈 뒤 상층 임금과 하층 임금 비율인 9분위 대비 1분위 임금, 상층과 중간과의 격차인 9분위 대비 5분위 비율, 중간과 하층 간 격차인 5분위 대비 1분위 비율을 표시한 것입니다. 이렇게 구분해 비교하는 방식은 노동시장의 어느 부분 임금 상승이 다른 부분보다 뒤처지거나 앞서는지를 관찰하기 위해서입니다. 임금격차를 표시한 좌측 그림에서 상층과 중간과의 격차가 유지되는 반면, 다른 두 격차는 모두 감소하고 있습니다. 이는 특히 저임금이 개선되고 있다는 것을 보여줍니다.

[그림 3]의 우측 그림은 시간당 임금에 근로시간을 곱한 월 급여인데, 상층과 중간 비율은 큰 변화가 없는 반면, 중간과 하층, 상층과 하층 격차 모두 증가하고 있습니다.

이는 근로시간이 짧은 단시간 근로자나 간헐적 일용직이 늘어나 노동시장 전체의 근로소득 격차가 증가하고 있다는 것을 보여줍니다. 이는 임금격차는 실제로 개선되는 반면, 근로시간의 격차 등 다른 요인이 급여의 격차를 주도하고 있다는 의미입니다. 일자리 질의 격차, 일할 기회의 격차 등 더 근본적이고 본질적인 차원의 격차가 근래 노동시장 근로소득 격차 확대를 설명하는 큰 부분이라는 점을 파악할 수 있습니다. 이는 최저임금처럼 단지 시간당 임금을 인위적으로 올리는 것으로 해소되기 어려운 구조적 격차입니다.

일할 기회에 격차가 생기는 것을 임금격차와 혼동하는 것은 사실 소득 불평등 연구의 가장 출발점이라 할 만큼 기본적이고 중요한 사항입니다. 근로자 간 시간당 임금을 비교하는 것이 노동시장 상황을

그림 3 | 임금격차 추이(시간당 임금과 월 급여, 로그임금격차)

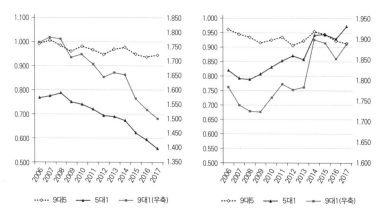

자료: 노동연구원(2018)

분석하는 기본 도구이지만, 한 나라의 소득 불평등을 관찰하기 위해서는 근로소득이 없는 사람, 근로시간이 짧은 사람, 본인뿐 아니라 집안에 아무도 일을 하지 않거나 소득원이 없는 사람들 모두를 포괄해야 합니다. 이를 유념하지 않을 경우 각자가 원하는 결론을 뒷받침할 수 있는 분석을 남용하는 경향이 나타납니다.

대표적으로 최저임금 인상의 효과를 분석하면서 근로자 90%의 소득이 향상되었다며 최저임금이 분배에 긍정적 효과를 미쳤다고 평가한 2018년 청와대의 논평은 소득 불평등 분석의 기본적 틀을 한참 벗어난 내용이라 할 수 있습니다. 결과적으로 이는 근로자, 그것도 일자리를 잃을 염려가 없는 핵심 근로자에게만 시야가 제한되어, 소득분배 상황을 파악하기 위해 가장 중요한 부분인 미취업 가구를 누락했기 때문입니다.

이렇게 최저임금으로 인해 일자리를 잃은 가구원과 자영자들의 소득이 감소하는 것을 포함하지 않을 경우 분배 상황을 심각하게 왜곡할 위험이 높습니다. 그런데도 임금에 국한해 소득 불평등을 논하는 관행이 지속되는 것은 의도적이든 부지불식간이든, 일자리 기회 불평등과 기득권 노조를 둘러싼 이해 상충의 문제를 숨기는 효과를 낳습니다.

일자리가
복지이자 불평등 대책이다
/

일자리가 곧 복지라는 슬로건이 우리나라나 다른 선진국의 정책 서클에 확산된 것은 가구 내 취업자 수가 소득 불평등과 빈곤에서 차지하는 중요성이 증가했기 때문입니다. 일자리가 최선의 복지인 이상 일자리가 활발히 만들어질 수 있도록 경제를 운용하는 것이 최선의 복지 정책이자 소득 불평등 대책인 셈입니다. 그리고 최대한 많은 시장 일자리가 창출될 수 있도록 각종 규제를 완화하는 것, 형편이 좋지 않은 가정의 아이들도 미래에 좋은 일자리를 가질 수 있도록 좋은 공교육을 제공하는 것이 분배 정책의 핵심입니다.

이는 근래 최저임금을 대폭 인상하면서 근로자의 임금을 일괄적으로 높이는 것이 소득 불평등 대책이라는 정부의 주장이 정당화되기 어려운 이유이기도 합니다. 그런데 저임금 근로자뿐 아니라 고임금 근로자를 포함한 전체 근로자의 임금을 올리는 것이 분배 개선이라는 주장은 현대 사회와는 부합하지 않지만, 이는 사실 오랜 기원을 갖습니다. 노동소득분배율과 관련한 담론이 대표적입니다.

노동소득분배율은 전체 국민소득 중 임금이 차지하는 비중을 뜻하는데, 애초 근로자는 노동소득을, 자본가는 자본소득만을 가짐으로써 개인이 보유한 소득 원천에 따라 각자가 속한 소득 계층이 대략 결정되던 시절에 중요한 의미를 가질 수 있었습니다. 이는 자본주의 초기 근로자 전체가 상대적으로 취약 계층이어서 이들에게 귀속되는 노동소득이 줄어드는 것이 분배 악화와 직결되었기 때문이기도 하지만, 당시의 경제학자들이 계급론을 기반으로 세상을 이해했기 때문입니다.

그러나 현대 경제로 오면서 몇 가지 중요한 변화가 진행되었습니다. 우선 1980년대 이후 대기업 CEO나 전문직 등 근로자 간의 소득 격차가 전체 소득 격차를 주도하게 되었습니다. 동시에 인적자원이라는 용어가 내포하는 것처럼 제일 중요한 자본은 바로 근로소득의 차이를 가져오는 인적 역량입니다. 사람에 내재된 자본인 인적 역량이 투자와 축적, 세대 간 이전 등 자본적 속성을 함께 가짐으로써 생산 요소별 구분이 희미해진 것입니다.

더구나 주택 보유 증가, 주식과 연금 등 자본 보유의 보편화, 조세·이전 지출의 중요성 증가, 자영자 소득의 중요성 등 개인의 소득 원천이 임금에만 머물지 않고 다양해졌습니다. 이런 변화 속에서 노동소득 비중이 개인소득분배로 직접 이어진다고는 더 이상 보기 어려워진 것입니다.

즉 근로자 간 격차가 커지고 소득 종류도 다양해졌으니 전체 임금을 인상하는 것이 불평등 대책이 되기는 어려운 반면, 근로자와 미취업자를 통틀어 어려운 사람을 보조하는 것이 중요합니다.

결국 임금소득을 받는 근로자와 이윤을 소득원으로 하는 자본가로 국가 경제가 선명히 갈라질 수 있다는 계급주의적 관점이 무의미해지면서 노동소득분배율로 개인의 분배 상황을 추측하는 것은 별 의미가 없다고 하겠습니다. 물론 기술 진보 속에서 노동소득분배율은 여전히 자본과 노동의 세력관계나 자본의 노동 대체 등 중요한 변화를 보여주는 핵심 지표입니다. 하지만 소득 불평등에 이것이 어떤 영향을 미칠 것인지는 사전에 알 수 있는 게 아니라 실제로 분배 상황을 분석해야만 파악할 수 있습니다.

불평등 심화를
막아라
/

지난 8월 청와대 경제수석은 OECD 선진국들의 지니계수 개선율 평균이 32.9%인데 반해 우리는 12.6%에 그치고 있기 때문에 정부 지출을 늘려야 한다고 밝혔습니다. 지니계수 개선율이란 조세를 걷어 재분배 지출을 하면 지니계수가 개선되니 조세 납부 전단계인 시장 소득 지니계수와 재분배 이후 단계인 가처분 소득 지니계수를 비교해 얼마나 개선되었는지를 계산한 것입니다. 그러나 이를 지출 증가의 필요성을 뒷받침하는 근거로 강조할 경우 제대로 된 방향을 잡기가 더 어려워집니다.

이는 지니계수 개선율 자체가 큰 함의를 담고 있지 않기 때문입니다. [그림 4]는 선진국의 지니계수가 개선되는 통로를 파악한 것입니다. 여기서 사용된 룩셈부르크 소득 조사는 각국의 가구소득 데이터를 모아놓았는데, 몇몇 국가는 재분배 항목을 세분화해 지니계수가 어떤 지출을 통해 주로 개선되는지를 볼 수 있습니다.

그런데 정책 수단별로 지니계수 개선 효과를 분해하면, 공적연금이 기여하는 바가 지배적이라는 점을 확인할 수 있습니다. 네덜란드는 재분배로 지니계수가 44.9% 줄어드는데 무려 73.7%가 공적연금 때문입니다. 이탈리아는 80.3%(=39.6/49.3)였습니다. 즉 공적연금이 성숙한 국가에서는 재분배의 압도적인 부분을 공적연금이 담당하는 것입니다.[29]

그렇다면 지니계수 개선율이 낮으니 복지 예산에 돈을 더 써야 한다는 주장은 앞뒤가 맞지 않습니다. 서구 국가들의 지니계수 개선율을 주도하는 공적연금은 자동 지출이어서 매년의 재분배 예산 편성과는 상관없기 때문입니다.[30]

더구나 지니계수 개선율은 개별 가구로 귀속된 부분만을 측정하

그림 4 | 조세·이전 지출로 인한 지니계수 감소 정도 비교

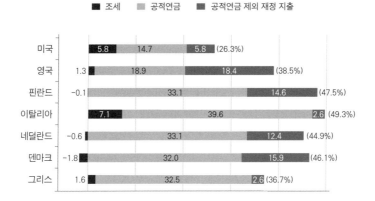

자료: 윤희숙(2016)

기 때문에 분배 악화의 구조적 원인을 해소하고 계층 이동성을 높이기 위한 사회적 인프라를 구축하는 노력은 반영되지 않습니다. 대표적으로 공교육 개선처럼 가장 중요한 재분배 정책도 개별 가구로 관련 지출이 귀속되지 않기 때문입니다. 즉 미래세대의 잠재력을 키우기 위한 사회적 인프라 지출은 재분배 정책의 최우선순위가 부여되어야 하는데도 이런 방식의 비교로는 그런 노력을 평가하기도, 필요성을 제기하기도 어렵습니다.

그렇다면 중요한 것은 불평등 대책의 방향을 분명히 하고, 이에 적합한 지표로 관리하는 것입니다. 재분배 정책은 이미 발생한 소득 불평등을 완화하는 것과 그 구조적 원인을 해소하기 위한 노력 두 가지로 구성됩니다. 이미 심화된 빈곤과 소득 불평등을 위해서

는 이들의 가처분 소득을 늘리는 현금 지원, 이들을 돌보는 각종 사회 서비스와 일자리 매칭을 강화하는 것에 의존할 수밖에 없습니다. 특히 우리나라처럼 빈곤 고령 인구가 급속히 늘고 있는 상황에서는 이들에 대한 소득 지원은 빈곤 정책의 중요 부분입니다.

반면 구조적인 원인을 해소하기 위한 재분배는 불평등이 심화되는 메커니즘에 대한 깊은 이해가 필요합니다. 빈곤이나 소득 격차는 단시간에 만들어지는 문제가 아니라 구조적인 문제이며, 일단 격차가 큰 사회가 되면 이런 격차는 구조적 원인을 타고 대물림되기 때문에 현상에만 매몰될 것이 아니라 그 원인을 해소해야 한다는 것입니다.

구조적 원인은 주로 소득 창출 역량의 격차를 발생시키는 요소들입니다. 전형적인 불평등 심화 경로는 어릴 때부터 인적 역량의 차이가 벌어지고, 이런 차이가 노동시장에서 증폭되는 것입니다. 그러나 금전적 지원만으로 이를 치유하기란 불가능합니다. 자녀 교육에 대한 부모의 관심과 시간 할애, 인적 네트워크와 주변 환경 등이 모두 중요한 영향을 미칩니다. 그런 만큼 계층별 차이를 완화시키기 위해서는 금전적 투자와 제도의 공정한 운영 등을 포함한 종합적인 노력이 필요합니다.[31]

그런 의미에서 더 이상 개천에서 용이 나지 않는다는 세간의 인식은 매우 중요한 함의를 갖습니다. 부모의 경제력이 자녀의 미래에 어느 정도의 결정력을 갖는지는 한 나라의 사회적 이동성을 대표하는 지표입니다. 이동성이 떨어지는 사회는 사회적 활력이 감퇴하고 분노가 쌓일 수밖에 없습니다. 붕어나 가재, 개구리도 행복한 사회가 되어야 한다는 것에 다수가 적극 동의하겠지만, 더 중요한 전제는 용이 되려고 노력하면 그럴 수 있는 길이 열려 있어야 한다는 것입니다. 스스로의 선택에 의해 붕어나 가재, 개구리로 살면 모르되, 어쩔 수 없이 가재로 살아가야 하는 이에게 행복하라고 위로하는 행위는 정신 승리를 강요하는 것일 뿐입니다.

현재 우리나라는 소득 이동성 측면에서도 구조적인 전환을 겪고 있습니다. 고도성장기에 우리는 이동성이 가장 양호한 국가로 꼽혔습니다만 근래에는 구조적으로 하락하고 있다고 널리 공감되고 있습니다. 그간의 실증 연구들도 우리나라의 세대 간 소득 이동성이 국제적으로 아직 상당히 양호한 수준이나 근래 들어 하락하고 있다는 점을 나타내고 있습니다.

과거 이것이 양호했던 것은 주로 경제가 빠르게 성장하는 과정에서 교육 기회와 취업 기회가 크게 확대되었기 때문입니다. 부모 세대는 대체로 가난했지만 열심히 자녀를 가르쳤고, 경제가 빠르게 발전하는 과정에서 자녀들이 부모 세대보다 부가가치가 높은 산업의 일자리를 얻는 선순환에서 성공했다는 게 주된 요인입니다. 통상 우리나라를 비롯한 동아시아 국가의 경우 국민 대중의 소득 창출 능력을 확대하는 성장 유형을 보였기 때문에 소득 이동성이 높게 나타나는 반면, 남미 등의 개발도상국은 이런 선순환이 미미해 사회적 이동성이 낮게 나타납니다.

더 이상 개천에서 용이 나지 않는다는 인식처럼, 근래 명문대 입학생의 경제적 계층 구성은 계층적 지위가 교육을 통해 대물림되는 모습을 보이고 있습니다. 부모의 교육 수준과 자녀의 소득 수준을 관찰한 연구도 유사한 결론을 제시합니다. 이 결과들을 종합하면 교육을 통해 계층별 지위가 대물림되어 상층 진입의 경로가 좁아지고 이동성이 하락하는 현상이 여러 가지 방식으로 확인되고 있습니다.

그렇다면 구조적 재분배의 주된 대상은 무엇이어야 할까요? 구조적 원인이란 결국 가정환경, 교육 투자, 노동시장에서의 기회, 제도적 변수 등입니다. 특히 인적 자본 투자는 어릴 적 환경 변수의 차이를 증폭시키고, 노동시장에서의 기회 격차는 제도교육 시기까지의 차이를 증폭시키는 주된 통로입니다. 여기에 글로벌화와 기술 변화 역시 개인 간 격차를 증폭시키고 역량이 낮은 이들을 낙오시키는 영향을 미칩니다.

그러니 이렇게 불확실하고 변화무쌍한 환경에서 인적 역량과 적응력이 계층 간에 구조적으로 차이나지 않도록 하는 것이 바로 세대 간 소득 이동성을 증진하고 구조적인 소득 불평등을 완화할 수 있는 길입니다. 그러나 상류층은 보통사람들이 상상하기 어려울 정도의 시간과 노력을 자녀 교육에 쏟고 자신의 인적 네트워크를 동원해 자녀의 기회를 사방팔방으로 넓히기 때문에 모든 국민의 역량과 자질을 키우고 꽃피우는 것은 국가가 전력을 다해야 할 정도로 어려운 일입니다.

그렇다고 아무 단서가 없는 것은 아닙니다. 사교육이 창궐하는 나라의 공통점은 공교육에 대한 신뢰가 낮다는 점입니다. 그러니 공교육의 질을 높이는 것은 최대의 사회 정책입니다.

이와 함께 노동시장에서의 공정한 경쟁을 막는 장애물을 제거하는 것도 중요합니다. 사실 이렇게 일자리 접근성을 높이는 구조 개혁은 중요한 재분배 정책입니다. 거의 모든 소득분배가 근로소득이 있는지 없는지, 있다면 그 차이가 어느 정도인지에 따라 결정되는 이상 일자리 기회를 공정하게 만드는 것은 최고의 재분배 정책이기 때문입니다. 그러니 이를 위한 구조 개혁의 갈등을 완화하기 위한 지출은 당연히 중요한 재분배 지출로 고려되어야 하고 그것이 포용적 성장의 주요 부분이기도 합니다.

제도적 변수 역시 중요합니다. 박근혜 정부와 문재인 정부를 통틀어 국민의 공분을 산 가장 큰 사건은 권력층이 자녀를 위해 진학에 부당한 영향력을 행사했거나 편법, 위법을 썼다는 것입니다. 이렇게 부유층이나 권력층이 규칙을 준수하지 않고 나아가 사회적 규칙을 본인들에게 맞게 빈번히 구부리는 나라는 국민들의 희망을 꺾는 강력한 메커니즘을 갖고 있는 것과 같습니다.

일단 상류층에 진입하고 나서 그 진입 기회를 다른 사람에게 개방하지 않는 것을 방치하는 사회는 점점 더 부와 권력이 그들에게 집중되고 대물림되도록 만듭니다. 더구나 그들만의 재능으로 사회를 운영하니 경쟁을 통한 성과 향상이나 창조적 파괴가 어려워 전체 파이가 제대로 커지기 어렵습니다. 결국 모든 사람들이 동일한 규칙으로 경쟁하고 재능과 노력만으로 얼마든지 신규 진입이 가능하도록 사회의 개방성을 유지하는 것이 최고의 분배 정책이자 성장 정책입니다.

소득 불평등 대책이
나아갈 길

/

우리나라는 고도성장기 동안의 소득 불평등이 양호했던 시기를 지나 1990년대 급속한 세계화와 맞물린 산업구조 변화 속에서 소득 불평등이 악화되는 구조적 전환을 경험했습니다. 2000년대 후반 금융위기 이후에는 또 다른 양상들이 관찰되고 있습니다. 고령화로 인한 불평등 심화 요인이 지배적인 가운데, 노동시장에서는 임금격차 완화, 가구 내 소득 창출자 분포의 변화, 이전 소득 확대로 인한 영향 등이 종합적으로 작용하고 있습니다.

이는 중요한 시사점을 갖습니다. 고도성장 과정에서 소득분배가 양호할 수 있었던 것은 국민 대중의 인적자본 확대와 일자리 간의 선순환 때문이었다는 점, 이후 글로벌 경제 환경의 변화 속에서 상당 부문의 산업 경쟁력 상실로 일자리 기회가 축소됨으로써 과거 선순환의 종료를 가져왔다는 점은 앞으로의 대응에 대해 곱씹어보아야 할 문제입니다.

국내적 요인과 글로벌 요인이 얼마나 긴밀하고 복잡하게 얽혀 있는지를 제대로 파악하지 않고서는 대응책을 마련하기 어려운 세상입니다. 더구나 그간 형성된 상류층이 사회적 상향 이동의 진입 경로를 폐쇄적으로 운용하며 제도를 왜곡하는 정황들이 빈번히 관찰되고 있는 것 역시 주목됩니다. 이는 수치적으로 나타난 소득 불평등을 넘어 실제 사회가 체감하는 불평등을 증폭시키고 사회 통합을 해칩니다.

그러니 이제는 소득 불평등 정책의 중심을 분명히 해야 할 때입니다. 우선 근래 직면한 세계화와 기술 변화, 고령화라는 거대 트렌드를 헤쳐나감에 있어서 이런 글로벌 요인을 고려하면서도 개인이 가진 경제활동 기회와 잠재력을 최대한 살리도록 제도의 공정성을 세우고 산업의 경쟁력을 제고하는 방식이어야 합니다. 한마디로 역량 중심, 일자리 중심, 공정한 기회를 보장하는 제도 중심의 정책이 필요하다는 것입니다. 이는 궁극적으로 변화의 흐름에 잘 적응할 수 있도록 개인의 인적자원과 일자리를 어떻게 원활하게 연결시키고 확대할 것인지로 소득분배 정책이 귀결되기 때문입니다.

그렇기 때문에 불평등 대책은 결국 기술 변화와 산업구조, 인구구조 변화, 교육과 훈련 정책 등 국가 시스템 차원의 전면적인 전략 수립과 집행입니다. 이에 더해 교육 기회와 일자리 기회에 있어서의 공정한 접근성을 굳건히 보장하는 제도적 개혁도 강조되어야 합니다.

최근 일련의 사태는 대학 입학이나 이후 고등교육 기회의 불공정에 대한 국민의 분노와 소외감이 얼마나 큰지를 여실히 보여줍니다. 바로 이런 분노가 소득 불평등에 대한 실제적 체감 정도를 높이고 합리적 정책 기획의 여지를 줄일 수 있다는 것을 고려하면, 사회제도의 공정성을 중시해야 할 필요성을 절감하게 됩니다.

그런 만큼 근래 우리나라의 소득 불평등 관련 정책 담론이 글로벌 요인들을 도외시하면서 임금 상승에만 집중해 정책 대안을 한정해온 것은 매우 우려스러운 일입니다. 일자리가 이미 높은 수준으로 보호되고 있는 특정 집단의 이해가 전체 국가 전략을 압도하고 왜곡하는 상황이라 할 수 있습니다.

뚜렷한 비전을 확립하고 공감대를 형성해 갓길로 벗어난 소득 불평등 담론을 하루 빨리 바로 잡아야 합니다. 좋은 일자리, 능력 있는 부모, 좋은 학벌 등의 아무런 기득권이 없는 사람들도 스스로의 노력과 능력으로 가고자 하는 곳에 갈 수 있는 사회가 우리의 목표라면, 국민의 역량을 높이는 데 재원을 투입하고 구조를 개혁할 것을 강하게 요구해야 합니다. 그것이 바로 사회적 자본을 쌓아 미래를 열고 성장 동력을 찾아내는 길입니다.

대한민국,
이제는 구조 개혁 요구에 응답할 때다

근래 시행된 경제 정책들에 대해 많은 이들이 느껴온 궁금증을 한 마디로 요약하면 '몰라서일까, 알면서도일까'입니다. 전체 시스템에 막대한 충격을 주지만 긍정적인 효과는 기대하기 어려운 정책들이 폭탄처럼 연이어 투하되었기 때문입니다.

어마어마한 규모의 재정 지출이 이루어졌음에도 경제 활력은 급격히 떨어졌고 세금으로 만들어낸 일자리를 빼면 제대로된 일자리를 찾기도 어려워졌습니다. 더구나 고령화와 장기 침체 그림자가 크게 드리워지는 가운데 절박하게 요구되는 구조 개혁은 노동 개혁, 규제 개혁, 교육 개혁, 연금 개혁, 공공 부문 개혁 중 어느 하나 제대로 시도조차 되지 않았습니다. 정책 결정자들이 정말 역량이 모자라는 것인지, 아니면 정치공학적인 계산 때문에 그냥 입장을 고수하는 것인지에 대한 의문이 자주 회자될 수밖에 없습니다.

정권 창출에 기여한 특정 당파를 보호하고 계층 간 갈등을 증폭시켜 정치적 자산으로 삼으려는 의도가 경제 정책을 지배하는 기본축이라는 추측은 더 이상 추측이 아닌 듯합니다. 노조와 '386' 그룹이 담합해 서로를 보호하고 세력을 넓히며 정책의 진짜 의도와 내용을 숨긴 채 국민들을 고단하고 가난하게 만들고 있는 것 같아 걱정입니다.

경제개발이 시작된 이래로 요즘처럼 경제 정책이 정치에 종속되었던 적은 단연코 없었습니다. 정치적 행위가 아닌 것이 하늘 아래 어디 있느냐고 반문할 수도 있겠지만, 적어도 전체 시스템을 망가뜨리면서까지 정치적 목표만을 추구해서는 안 된다는 것은 그간 당연히 전제되었던 원칙입니다. 정부 성향이 무엇이든, 우리 국민은 이 땅에서 삶을 계속해나갈 것이기에 그 터전을 유지하고 발전시키는 것은 보수든, 진보든 각자의 정치적 지향보다 더 우선되는 목표여야 합니다.

지금 엄청난 속도로 세상이 변하고 있습니다. 기술 환경과 산업 지형, 통상 환경과 세계 질서까지, 튼튼했던 과거의 규범 중 변하지 않는 것이 없을 정도입니다.

바깥만 변하는 것이 아니라 우리 내부도 급변하고 있습니다. 고령화가 본격적으로 시작되면서 경제의 활력이 감퇴하고, 저성장의 시대로 진입하면서 기회 부족에서 오는 사회적 갈등이 가시화되고 있습니다.

일자리를 못 찾아 힘겨워하는 청년들의 절망은 기본적으로 경제 구조 변화에 맞게 몸피와 체질을 조정하는 각종 개혁을 미뤄온 기성세대의 책임입니다. 고속성장 시대에 확립된 각종 제도와 법규를 전면적으로 개비하지 않고는 대내외적 변화의 높은 파고를 무사히 넘기를 바랄 수 없습니다. 이런 상황을 제대로 인식하지 못할 정도로 정책 담당자들의 역량과 식견이 부족하다면 서로 돕고 지혜를 모아 극복할 일입니다. 그러나 정치적 목적을 위해 국가가 직면한 위험을 외면하고 구조 개혁이란 시대적 사명을 회피하는 것을 묵과해서는 안 됩니다. 표 계산에 매몰되어 국가 정책의 원칙을 비틀고 정치적 동반자 그룹의 세력을 키워주기 위해 청년의 미래를 뺏는 행태는 매섭게 질타하는 것이 제대로 된 국민의 의무입니다.

그나마 희망적인 변화의 싹이 돋아나고 있는 것 같아 위안입니다. 정부 정책에 대해 큰 관심을 갖지 않던 많은 이들이 적극적으로 이슈를 이해하려 애쓰는 모습들이 나타나고 있습니다. 지금과 같은 대전환기에 나라의 운명이 폭삭 내려앉을 수도 있고, 국민의 수동성이 이를 방치함으로써 상황을 더 악화시킬 수도 있다는 경각심 때문일 것입니다. 국민이 편안하게 생업에 집중하지 못하는 것 자체는 안타까운 일이지만, 반대로 그것이 적극적인 시민의 자세로 이어져 정치권력을 감시할 실제적인 영향력을 갖게 되는 것은 우리 사회가 보다 건강하고 합리적인 경로로 향하게 만드는 힘이 될 수 있다는 의미에서 반가운 일입니다.

그것을 위한 첫걸음으로, 주요 정책이 정치 논리에 지배되어 왜곡된 내역을 구체적으로 드러내는 것이 이 책의 의도입니다. 국가에 미친 손상을 어떻게 복구할 것인지에 대해 고민할 재료와 근거를 제공하는 것이 진정한 진보로 향하는 걸음이라고 생각했습니다. 시민 간의 건강한 공론의 장이 만들어지는 데 이 책이 조금이라도 기여하기를 희망합니다.

1부 대한민국을 병들게 한 6가지 정책

1장 | 최저임금-경제적 약자를 외면하다

1   취업 역량이 조금이라도 있는 가구라면, 현금 지원뿐 아니라 이들이 지속적으로 근로소득을 창출할 수 있도록 돕는 정책이 점점 더 중요시되고 있습니다. 특히 이미 취업자가 있는 가구 중에서도 임금이 낮아 빈곤에서 벗어나기 어렵다면 현금 지원으로 저임금을 보조하면서 보다 좋은 일자리로 이동할 수 있도록 훈련이나 고용서비스 등을 함께 제공하는 것이 필요합니다.

2   최저임금 대폭 인상에 뒤이은 최근의 산입 범위 논쟁은 최저임금 인상을 주장했던 노조의 진의가 어디에 있는지를 잘 보여준 예입니다. 산입 범위란 최저임금 산정 시 상여금과 각종 수당을 포함시킬 것인지에 관한 논쟁으로, 노조의 논리는 산입 범위를 변화시킬 경우 최저임금으로 인해 늘어난 임금 상승분이 감소된다는 것이었습니다.

그런데 산입 범위로 영향을 받는 것은 주로 수당과 상여금의 종류와 비중이 높은 대기업입니다. 이 점을 상기하면 최저임금의 인상 의도가 저임금 근로자의 임금 보조보다 상층 근로자의 임금을 인상하는 목표에 상당한 초점을 두었다는 게 드러난 셈입니다. 예를 들어 대표적 대기업인 현대모비스의 경우 대졸 신입사원 초봉이 5000만 원대인데도 최저임금을 주지 않고 있다며 시정 명령을 받았을 정도로 산입 범위를 벗어난 소득 비중이 높습니다.

보도에 따르면 평균 연봉 9200만 원인 현대차는 비정기 상여금 비중이 높아서 생긴 '최저임금 미달 사태'로 인해 2019년 9월 직원들에게 200~600만 원씩의 보상금을 지급했다고 합니다.

3 일본은 지방 수준에서 최저임금을 결정한다고 흔히 알려져 있지만, 그 기준액과 관련 정보를 중앙 최저임금심의회에서 제공하고 지방 최저임금심의회의 결정이 그 기준액에서 크게 벗어나지 않기 때문에 사실상 중앙 최저임금심의회의 역할이 큽니다. 게다가 중앙 정부의 후생대신이 중앙 최저임금심의회에 자문을 공식적으로 요청할 때도 상당한 방향성을 제시합니다.

2016년 이후로는 '연 3% 정도를 목표로 명목 GDP 성장률을 고려하면서 최저임금을 인상해나간다'라는 내용이 매년 전달되었습니다. 즉 최종적인 최저임금액을 결정하는 권한은 지방에 있는 셈이지만, 중앙 정부가 뚜렷한 방향성을 제시하고, 중앙 최저임금위원회가 기준액을 제공하는 구조이기 때문에 각각의 책임성이 선명합니다.

뿐만 아니라 기준액을 정함에 있어서는 평균임금 인상률, 물가 상승률, 경제 성장률, 취업자 증가율과 실업률, 도산 건수, 지역별 최저임금 격차 등 경제의 전반적인 상황을 중시하기 때문에 자의적인 판단이나 정치 다툼이 끼어들 여지도 거의 없습니다. 또한 산업별 차등화도 가능한 구조입니다. 여러 면에서 한국의 결정구조와는 대조되는데, 이렇게 거시 변수를 기반으로 담담하게 인상하는 방식은 지금 우리에게 많은 시사점을 제공합니다.

4 미국은 최저임금 인상 폭이 크다며 뉴스가 되기도 하지만 이는 오랫동안 최저임금을 동결시켜온 특성 때문이기도 합니다. 2019년 7월, 현재 7.25달러인 연방 최저임금을 15달러로 올리는 법안이 하원을 통과한 상태입니다. 이번 역시 100%가 넘는 인상률이지만 그다지 큰 우려를 낳고 있지는 않습니다. 현재 경제 상황이 양호해서 노동 수요가 높을 뿐 아니라, 2025년까지 점진적인 인상 스케줄이라는 점, 게다가 2007년 이후 연방 최저임금 인상이 동결되었다는 점 등이 이유입니다.

5 정부가 2019년 상반기 최저임금의 2단계 결정안을 제안했습니다. 전문가를 중심으로 인상률 구간을 먼저 도출한 뒤 현재와 같은 노사 중심의 위원회가 최종 수치를 정한다는 것입니다. 2년간의 대폭 인상을 목도한 후 구조 개혁이 필요하다는 논리지만 책임성 회피를 위해 구간이 넓게 제공될 것이 예측

되고, 여전히 노사 간 교섭에 결정을 맡긴다는 점에서 본질적인 문제를 건드리지 못한 편의주의적 발상이라 평가됩니다.

2장 | 주 52시간제-현실과 멀어진 장시간 근로 개선 정책

6   오랫동안 일본의 노동시장은 국제 사회에서 경직된 규제의 대명사처럼 인식되어왔습니다. 하지만 최근 글로벌화 된 경제 환경에 적응하는 방식으로 상당 정도 변화하고 있습니다. 근로시간 규제의 경우 일본은 2018년 우리와 비슷한 시기에 노동법을 개정했는데, 노사 합의 시 월 100시간, 연 720시간까지 초과 근로를 허용하고, 연구개발 업무는 아예 규제로부터 제외하는 등 보완 장치를 폭넓게 내장했습니다(조승래, 2018). 이것은 초과 근로를 획일적으로 주 12시간으로 제한하고 특례 업종을 대폭 축소한 우리나라와 극적으로 대조됩니다. 경직된 규제의 대명사로 이제 우리나라가 단연 돋보이는 형국입니다.

7   근로시간 단축이 노동비용을 상승시키는 구조는 다음과 같습니다.

1) 근로시간이 단축될 때 근로자는 소득을 보전하려 하기 때문에 실제로는 임금이 오릅니다.

2) 고정 비용 때문에 근로시간 단축 시 생산품당 노동비용이 증가합니다.

3) 업무 시작과 마무리에 들어가는 시간은 줄어들지 않는 경향이 있어서 근로시간이 단축되어도 노동 생산성을 향상시키기는 어렵습니다.

4) 자본과 노동 간의 보완성이 높을수록 근로시간을 줄일 때 자본 활용률도 하락해 생산비용을 높입니다.

8   근로시간 단축 논의에서 '주 40시간 이상의 노동은 불법'이라 단언하며 경직되고 획일적인 규제를 옹호하는 이들이 많습니다만, 이는 법정 근로시간에 대한 부정확한 이해 때문으로 보입니다. 주 40시간은 기준 시간, 이를 초과하는 주 12시간까지의 노동시간은 가산 임금률을 적용하는 구간일 뿐 그 자체로 합법입니다. 나아가 주 52시간을 초과했다고 해도 그간 휴일 근로를 어떻게 취급하는지에 대해 혼란이 있어 법 개정 필요성이 제기된 만큼 불법인지 합법인지의 여부를 단호하게 구분하기 어려웠습니다.

물론 김대중 정부, 노무현 정부, 박근혜 정부 모두 행정 해석을 통해 휴일 근로를 주당 52시간으로부터 분리해 16시간을 추가 허용해온 것은 지금의 시각에서 보면 편법인 우회책에 불과합니다. 그러나 기본적으로 경제 내 저생산성 부문의 비중이 높고 평균적 생산성도 낮은 상태에서 법정 근로시간 규정이 실제적인 구속력을 발휘할 수 없었던 현실에서 나온 고육지책으로 보아야 할 것입니다.

9 고용노동부가 50~299인 기업 1300개 사를 대상으로 실시한 실태 조사에서 10곳 중 4곳이 아직 대책을 마련하지 못한 것으로 나타났습니다. 중소기업중앙회 조사에서도 '근로시간 단축'을 경영 위협 요인으로 꼽은 비율이 38.4%에 달했습니다.(《서울경제》 2019. 9. 20일자)

3장 | 비정규직 대책-정규직 전환이 좋은 일자리 창출이라는 환상

10 브루노 팔리에Bruno Palier 교수와 캐슬린 실렌Kathleen Thelen 교수가 공저한 「Institutionalizing Dualism」(2010)은 독일과 프랑스 노동시장의 이중구조가 어떻게 이층 사회로 확장되었는지를 상세히 살펴본 대표적인 연구입니다. 이 연구에서 묘사된 비정규직 창출과 확대 과정은 우리나라에서도 유사하게 진행된 바 있습니다. 외환위기 직후 1998년 '국난 극복과 경제 회생을 위한 노사정위원회'에서 파견 근로 허용에 노사가 합의했습니다. 경제위기가 닥쳤을 때 새로운 주변부를 창출해 대응했다는 점에서 우리나라 역시 비슷한 방식을 택한 것입니다.

11 고용보호법제가 과할 경우 경기가 나빠져도 고용 조정이 어렵기 때문에 기업가로 하여금 고용을 두려워하게 만드는 부작용이 있습니다. 고용을 위축시키고 실업 기간을 연장시키는 부작용입니다. 기업 생산성과 근로자 간 격차도 영향을 받습니다. 고용이 보장되어 있으니 열심히 근무할 유인이 낮아지는 한편, 정규직의 목소리가 크기 때문에 비정규직과의 임금 격차가 커도 단체 협상 시 정규직 임금에 영향을 주지 않기 때문입니다.

12 경제개발이 시작된 이후 생산성과 임금은 엎치락덮치락하면서 대략 같은 속도로 증가해왔습니다. 최근 글로벌 금융위기 이후 노동생산성보다 임금 증가율이 낮아지는 괴리가 나타났다고 관찰한 연구들이 있었으나(박종규, 장하성 교수 등) 서강대 박정수 교수의 최근 연구는 이마저도 두 변수를 실질화하

는 과정에서 다른 물가지수를 사용한 데서 생겨난 착시일 뿐 괴리가 나타나지 않았다고 밝힌 바 있습니다.

13 2017년 기아자동차 노조가 비정규직 근로자를 조합원에서 제외하기로 결정한 것은 정규직과 비정규직 간 격차에 대한 정규직 노조의 입장을 잘 보여준 사례입니다. 1980년대 말 정부 출연의 연구기관 노조 결성을 주도한 박태주 박사의 저서 『현대자동차에는 한국 노사관계가 있다』에서는 사례를 이용해 이런 행태를 풍부하게 관찰한 바 있습니다.

그는 현대자동차 노사관계를 노사가 담합해 하청기업 근로자와 비정규직을 희생시켜온 과정이라고 서술합니다. 우리나라에서 가장 좋은 대우를 받는 근로자들이 가장 격렬한 투쟁을 주도하지만, 그것은 결국 배타적으로 본인들의 이해를 추구하는 도구로 활용하고 있다는 관찰입니다. 한성대학교 김상조 교수의 연구에 의하면 4대 재벌의 1인당 인건비는 2011~13년 기간에 이미 연 9500만 원에 달했습니다.

4장 | 국민연금-미래세대의 무거운 어깨

14 이 방식에서는 동일 기간 동안 동일 기여금을 납부해도 기대여명에 따라 수급액이 달라지기 때문에 연금 재정 충격을 흡수할 수 있습니다. 기여금은 개인별 가상계좌에 적립되고 매년 경제성장률을 감안해 정부가 정하는 가상이자율(3년 실질소득 상승률)이 적용되는데, 결국 개인이 지급받는 연금액은 총 적립금을 퇴직 시점의 기대여명으로 나눈 값입니다.

이 방식에서는 급여액과 보험료 납부액 간의 연계도 크게 강화됩니다. 또한 연금 지급이 시작된 후의 연금액 역시 경제성장률과 물가지수에 따라 변동하도록 설계해 실질 경제성장률이 낮을 경우 연금액 인상이 물가 상승률에 못 미쳐 실질 가치가 하락할 수 있는 구조입니다.

15 2018년 12월부터 시작된 경제사회노동위원회 국민연금 개편특위는 2019년 8월 말 합의안을 내지 못한 채 논의를 종료하고 국회로 공을 넘겼습니다. 결국 사회적 합의를 이루어야 한다며 국민연금 개혁을 미룬 것은 세월만 낭비한 셈입니다. 이는 애초 3월에 종료 예정이었던 것을 정부가 6개월 논의 연장을 요청한 결과이기도 합니다.

그런데 이때쯤이면 총선이 근접했기 때문에 국회가 이런 규모의 개혁 과제를 다루는 것이 어렵다는 점은 충분히 예상된 바입니다. 즉 5년마다 재정 재계산을 수행하고 그 결과에 따라 보험료를 조정해 장기 균형을 도모해야 한다는 국민연금법을 정부가 시간을 끌며 회피한 것으로 비춰질 여지가 상당합니다.

2019년 10월, 보건복지부 국정감사장에서는 정부와 국회가 서로 상대방에게 개혁 책임을 미룸으로써 양쪽 모두 연금 개혁에 대한 책임감과 의지가 희박하다는 것을 여실히 드러낸 바 있습니다. 이와 함께 현재 정부가 개혁안에 대해 언급할 때 사용하는 수치들 역시 많은 문제가 지적되고 있습니다. 연금 재정 현황과 예측에 대한 불투명성과 부정확성은 제대로 된 논의가 시작되기 위해 시급히 시정되어야 할 문제입니다.

5장 | 정년 연장-청년도 중장년층도 슬프다

16 우리나라 대기업의 하락세를 가장 가까이서 지켜보고 있는 KDB 산업은행 이동걸 회장이 12월 5일 기자 간담회에서 한 발언이 화제가 되었습니다. "호봉제 때문에 생산직 노조의 나이 드신 분들 월급이 어린 사람들의 세 배인데, 생산성은 세 배가 아니다. 고高경력 직원들의 임금을 생각해보면 대한민국 제조업이 얼마나 버틸지 의문이다. 대한민국은 이러다 망한다"는 소회를 밝혔다고 합니다. 이는 현재 우리나라의 임금구조가 얼마나 비정상적인지를 잘 관찰한 표현입니다. 이런 상황에서 정년을 연장하는 것은 기형적 구조를 더 악화시킬 위험이 높습니다.

17 '2019 고령자 통계'에 따르면 정년 60세 의무화가 시행된 2016년 이후 정년 퇴직자는 오히려 줄고, 권고사직이나 명예퇴직, 정리해고 등 조기퇴직으로 회사를 떠난 사람은 늘어난 것으로 나타났습니다. 경제 상황 변화를 분리한 엄밀한 분석 결과는 아니지만 보다 심층적인 관찰의 필요성을 나타내는 통계라고 할 수 있습니다.

18 OECD는 『Live Longer Work Longer』(2006)에서 청년 임금에 비교한 중장년 근로자 임금의 상대적 비율이 중장년의 고용 유지율과 음의 상관관계를 보인다는 관찰을 제시합니다. 그러니 노동시장에서 중장년이 기피되지 않고

오래 머물기 위해서는 생산성과 임금 간 차이를 줄여야 할 필요가 있다는 것입니다. 이들은 OECD 국가 중 생산성과 임금이 가장 큰 괴리를 보이는 국가로 한국을 꼽으며, 이것이 고령자가 기업에서 퇴출되는 시기가 이른 주된 이유라고 해석합니다.

6장 | 신산업 정책-왜 환대받지 못하는가

19 이에 반발한 기업 '타다'는 10월 29일, 검찰에 의해 기소되었습니다. 신산업의 위법 시비는 드문 경우가 아니지만, 이번처럼 택시업의 업역을 최우선으로 보호한다는 정부 결정이 내려지는 과정에서 행정부의 역할이 미진했던 것은 비판받을 만합니다.

20 카카오가 모집하는 택시기사는 면접 통과자에 제한되고, 사납금이 아닌 완전 월급제가 적용될 것이며, 승차 거부를 막는 등 기존 택시업의 문제를 개선할 수 있는 경영방식을 택할 거라고 합니다. 이런 움직임이 택시업의 집중도를 어떻게 바꿀 것인지, 채용되는 기사의 특성이 어떻게 바뀔지는 아직 예상하기 어렵습니다.

그러나 기존 택시업 종사자 중에는 퇴직을 하거나 자영업에 실패해 마지막 생계 수단으로 택시운전을 선택한 고령자 비율이 다른 업종보다 상대적으로 높았습니다. 운행 수익금 중 일정 금액을 회사에 내고 나머지를 개인이 취하는 사납금 구조 속에서는 급여 수준이 낮고 불안정할 수밖에 없어 그간 택시업은 취업 시 경쟁이 거의 없고, 노동시장에서 어려움을 겪는 인력을 스크리닝 없이 받아들였기 때문입니다. 그런 만큼 월급제 확산을 필두로 한 택시 산업의 현대화가 향후 우리나라 저숙련 노동시장에도 상당한 파급효과를 미칠 것으로 보입니다.

21 스마트톨링을 둘러싼 갈등도 유사한 구도를 보입니다. 스마트톨링은 주행속도 그대로 요금소를 진입 통과하고 요금은 사후 정산하는 시스템입니다. 차량 처리량이 대폭 증가해 필요 차선 수도 줄고, 나들목도 필요 없다는 게 매력이지만, 무엇보다 톨게이트의 협소한 공간을 지나기 위해 속도를 늦추고 억지로 차선을 바꾸느라 발생하는 사고를 줄이고, 정체를 개선하는 장점이 큽니다. 영상감지센서, 무선통신, 이동통신 등의 기술이 발전했기에 가능해

진 시스템입니다.

그러나 요금수납 업무가 불필요해진다는 것 때문에 사회적 갈등의 소지가 크다는 문제가 있었습니다. 그런 이유로 스마트톨링은 문재인 대통령의 대선공약이었지만 2018년 국토교통부와 도로공사는 수납 업무를 존속시키는 방향으로 이를 크게 축소하고 연기했습니다. 정규직 전환 문제로 농성 중인 민노총 관련자는 9월 한 언론 인터뷰에서 수납원의 평균연령이 50이 넘으니 이들이 정년퇴직할 때까지 스마트톨링 시행을 기다려야 한다는 취지의 주장을 폈습니다.

그러나 톨게이트를 들고나는 과정에서 사고를 당하는 국민도 많고 낭비되는 시간도 큽니다. 즉 전체 국민의 안전과 편리를 증가시킬 수 있는 기술 도입 문제에 있어서 기존 종사자가 어떤 양보도 할 수 없다는 태도를 보이는 것은 썩 적절하지 않습니다. 이런 갈등 양상은 스마트톨링의 편익과 가능한 갈등 관리 방안에 대해 정확한 정보를 유통시키고 사회적 공론을 형성시키는 정부 노력의 부족이 일차적인 원인으로 보입니다.

22 근래 OECD 국가의 산업 정책 동향을 보면, 교육 기반과 정보 기반 등 수평적인 기능 중심 지원이 중시되는 가운데 국가에 따라 우주 산업, 바이오, 재생에너지, 문화 산업 등의 지원도 강조되고 있습니다. 수평적 지원의 기본 틀 속에 신산업 위주의 타깃 산업 지원을 가미하는 형태입니다.

2부 재정·복지·분배, 시대를 읽어라

1장 | 재정 정책-청년에게 떠안긴 나라 빚

23 조세재정연구원장을 지낸 박형수 교수에 따르면, 이렇게 재정 지출 증가율이 3년 연속으로 경제성장률의 두 배를 초과한 것은 두 번의 경제위기와 신용카드위기로 경제가 휘청거렸을 때뿐이었습니다. 현재 우리 경제가 글로벌 경제위기에 필적할 만큼의 상황이 아닌 점을 고려할 때 재정 지출 증가율이 얼마나 이례적인 수준인지를 짐작하게 합니다.

24 지난 10월 8일 국제통화기금IMF 신임 총재 크리스탈리나 게오르기에바는 총

재로서의 첫 공식 연설에서 동시적인 글로벌 경기 둔화를 경고하며 한국과 독일, 네덜란드에 대해 적극적인 재정 확대를 권고했습니다. 이들 국가는 정부 예산 여력이 있는 만큼 인프라와 연구개발 분야에 과감한 확장적 재정 정책을 펴라고 권고한 것입니다.

IMF와 같은 기구는 글로벌 경제를 중시하는 입장에서 정책을 권고하고, 그들이 생산하는 국가 비교 통계와 분석은 그 나름대로 중요한 통찰을 주는 경우가 많지만, 한계 또한 분명합니다. 우리 재정의 현재와 미래에 대해 그들이 우리만큼 잘 아는 게 아니며, 우리 청년의 미래를 우리만큼 중시하지 않는다는 것이 그 이유입니다. 재정 정책은 국가별 수치의 평면적 비교보다는 우리 스스로의 과거와 현재, 미래를 기반으로 방향을 정하는 게 중요합니다.

25 현재 세대의 선심을 얻기 위해 미래세대를 희생시키는 경향을 견제하기 위한 제도적 장치가 미비한 것도 지금 이런 문제가 불거진 원인 중 하나입니다. 재정 관리의 주요 제도적 장치로는 총량 준칙, 지출구조 조정 장치, 지출 효율성 제고 장치가 꼽히는데, 우리는 첫째와 둘째는 마련하지 못했고, 셋째는 작년의 대대적인 예비타당성 면제 사업 결정처럼 쉽게 우회해버리고 있습니다.

그러니 제도적 관리 체계라는 면에서 우리나라는 재정 후진국이라 할 수 있습니다. 제도적 장치가 부재하니 재정이 망가지는지를 점검할 기준도 없고, 이를 구조적으로 개선시킬 장치도 없는 셈입니다. 재정 준칙 명시가 포함된 재정건전화법은 2016년 당시 야당의원(현재 여당)이 발의해 국회에 계류 중입니다만 이제는 더 이상 여당이 입법 의지를 보이지 않고 있습니다.

2장 | 모방형 복지-선진국 따라쟁이 대한민국

26 마샬 교수는 산업혁명 이후의 역사에 비춰 인간의 기본권 개념이 3단계에 걸쳐 확장되었다는 주장을 펼쳤습니다. 국가로부터 인신의 자유를 침해받지 않고 안전을 보장받는 시민권과 투표권을 행사할 권리인 참정권의 단계를 거쳐 일정한 수준의 삶의 질을 국가로부터 보장받는 사회권으로 발전한다는 것입니다. 얼마나 '무조건적으로' 국가로부터 생계를 보장받아야 하는지, 그 보장 수준이 무엇인지에 대해서는 시기별, 국가별로 다르게 구현되었지

만 이 개념의 핵심은 이후 널리 받아들여졌습니다.

27 경제사학자이자 언론인인 마크 레빈슨Marc Levinson이 쓴 『세계 경제의 황금기는 다시 오지 않는다An Extraordinary Time』(2016)는 전후 30년 동안 서구 선진국의 경제 상황이 얼마나 예외적으로 좋았는지를 객관적 수치를 근거로 들며 흥미롭게 서술하고 있습니다. 무엇보다 이 기간에 생산성 향상이 놀라울 정도로 지속되었다는 것인데, 그것이 그토록 예외적이라는 것은 서구와 여타 지역 간에 존재하는 사회제도의 차이를 설명하는 요인이기도 하지만, 서구 선진국 스스로도 과거와 같은 방식으로 국가를 운영하는 것이 더 이상 가능하지 않다는 함의를 갖습니다.

3장 | 소득 불평등 대책-일자리 기회부터 넓혀라

28 소득분배 상황을 파악하기 위해서는 '전국의 모든 유형별 가구' 대상으로 '모든 종류의 소득이 포괄적으로' 조사된 데이터가 구비되어 있어야 합니다. 이런 기준에 부합하는 데이터 인프라는 사실상 가계동향조사와 최근의 가계금융복지조사 정도인데, 조사 기간이 길지 않습니다. 가계동향조사에 1인 가구를 포함한 것은 2006년부터입니다.

29 급여 규모가 크기 때문이기도 하지만 이것이 개인의 행태에 영향을 주기 때문이기도 합니다. 공적연금제도 규모가 큰 국가에서는 고령자들이 경제활동을 할 유인이 현저히 낮기 때문에 시장 소득 단계의 불평등도가 훨씬 높아집니다. 이들 국가는 고령자 중 시장 소득이 0인 사람 비중이 우리보다 훨씬 높으며, 그렇기 때문에 연금의 규모는 시장 소득 불평등도와 가처분 소득 불평등도 간의 차이를 증가시키는 요인이 됩니다.

30 지니계수 개선율을 비교해 정책적 함의를 끌어내는 것은 복지 구성이 유사하고 발전 단계가 비슷한 국가들 간에는 상당히 유용하겠지만, 이질성이 큰 국가들 간에는 한계가 뚜렷합니다. 사실 OECD도 이 지니계수 개선율을 활용해 각국의 정부에 훈수를 두곤 하는데 지수 비교의 편리함에 그저 기대는 것이기도 하고, 발전 단계가 다른 개별 국가의 사정에 그리 밝지 않은 그들의 한계이기도 합니다.

31 이런 인식은 근래 우리나라를 포함한 다수 선진국에서 정책 목표로 강조하

고 있는 포용적 성장과 직결됩니다. 포용적 성장은 사후적으로 소득을 재분배하는 것보다 시장에서 소득을 창출하는 개인 역량의 차이에 투자하고, 일자리 기회도 공정하게 경쟁하는 구조를 갖춰야 한다는 주장입니다.

소득분배의 악화가 단기적으로 부자에게 돈을 거두어 빈곤층에 나누어주는 것으로 해결되지 않는다는 오랜 정책 경험의 산물이기도 합니다. 빈곤 가구에 현금을 지급하는 정책만으로 이들을 빈곤의 함정에서 벗어나게 할 수는 없기 때문입니다.

KI신서 8955

정책의 배신

1판 1쇄 발행 2020년 3월 23일
1판 7쇄 발행 2021년 8월 23일

지은이 윤희숙
펴낸이 김영곤
펴낸곳 (주)북이십일 21세기북스

출판사업부문 이사 정지은
유니브스타본부장 장보라
인문기획팀 양으녕 최유진 **디자인** 이수정
유니브스타사업팀 엄재욱 이정인 나은경 이다솔 김경은
영업팀 김수현 최명열
제작팀 이영민 권경민

출판등록 2000년 5월 6일 제406-2003-061호
주소 (10881)경기도 파주시 회동길 201(문발동)
대표전화 031-955-2100 **팩스** 031-955-2151 **이메일** book21@book21.co.kr

(주)북이십일 경계를 허무는 콘텐츠 리더

21세기북스 채널에서 도서 정보와 다양한 영상자료, 이벤트를 만나세요!
페이스북 facebook.com/jiinpill21 **포스트** post.naver.com/21c_editors
인스타그램 instagram.com/jiinpill21 **홈페이지** www.book21.com
유튜브 youtube.com/book21pub

당신의 인생을 빛내줄 명강의! <유니브스타>
유니브스타는 <서가명강>과 <인생명강>이 함께합니다.
유튜브, 네이버, 팟캐스트에서 '유니브스타'를 검색해보세요!

ⓒ윤희숙, 2020

ISBN 978-89-509-8637-7 03300